Frederik Obermaier

Sex, Kommerz und Revolution

Frederik Obermaier

Sex, Kommerz und Revolution

Vom Aufstieg und Untergang der Zeitschrift „konkret“ (1957-1973)

Tectum Verlag

Frederik Obermaier
Sex, Kommerz und Revolution. Vom Aufstieg und Untergang der Zeitschrift „konkret" (1957-1973)

ISBN: 978-3-8288-2671-7

Printed in Germany

Besuchen Sie uns im Internet
www.tectum-verlag.de

Bibliografische Informationen der Deutschen Nationalbibliothek
Die Deutsche Nationalbibliothek verzeichnet diese Publikation in der Deutschen Nationalbibliografie; detaillierte bibliografische Angaben sind im Internet über http://dnb.ddb.de abrufbar.

Inhaltsverzeichnis

1 Thematische Einführung

Im Jahr 2007 feierte die Zeitschrift *konkret* als „einzige linke Publikumszeitschrift Deutschlands“[1] ihren 50. Geburtstag. Der Blick auf fünf Jahrzehnte des „am wenigsten angepasste[n] Intelligenzblatt[s] in der gesamten Bundesrepublik“[2] zeigt eine irrungs- und wirrungsvolle Geschichte, die eng mit der Nachkriegsgeschichte Deutschlands verwoben ist und die stets von ihren Autoren geprägt wurde. Neben dem Namen der wohl bekanntesten *konkret*-Autorin und späteren RAF-Terroristin Ulrike Meinhof seien an dieser Stelle beispielhaft nur der spätere *Spiegel*-Chefredakteur Stefan Aust, die Undercover-Ikone Günter Wallraff, die Feministinnen Simone de Beauvoir und Alice Schwarzer, die Philosophen Theodor Adorno und Jean-Paul Sartre, die Schriftsteller Heinrich Böll und Hans Magnus Enzensberger sowie der spätere Bundespräsident Gustav Heinemann genannt. Das Autorenverzeichnis liest sich heute wie das *Who-is-Who* der linken Intelligenzia der BRD - oder wie es der *konkret*-Mitarbeiter der ersten Stunde, Peter Rühmkorf, einmal ausdrückte: „Wer [...] für die Zeitschrift geschrieben hat, ist [...] kaum noch zu fassen“[3].

Hervorgegangen aus der Flugblatt-Zeitschrift *Der Untertan*, dem literarischen Intelligenzblatt *Zwischen den Kriegen* sowie den Studentenzeitschriften *Das Plädoyer* und *Studenten-Kurier* wurde die Zeitschrift *konkret* 1957 in Hamburg von einer Gruppe kommunistisch-pazifistischer Studenten gegründet. Sie erschien zunächst nur in den Semestermonaten, später monatlich, dann vierzehntägig und schließlich im Wahljahr 1972 wöchentlich. Unter der Leitung von Klaus Rainer Röhl, dem späteren Ehemann von Ulrike Meinhof, entwickelte das Blatt sich vom Hamburger Studentenmagazin zu einem bundesweit angesehen Polit-Kulturmagazin und „Sprachrohr der APO“[4] bzw. besser gesagt: der APOs. Denn seit seiner Gründung diente *konkret* zahlreichen außerparlamentarischen Oppositions-Bewegungen der jungen Bonner Republik als publizistische Plattform: Den Atomkraftgegnern der 50er Jahre, den Anhängern der 1956 verbotenen West-KPD, den Ostermärschlern, den umtriebigen Haschrebellen, den vom Establishment gefürchteten K-Grup-

---

1 konkret [Editorische Notiz: Bei Literaturangaben mit unbekanntem Erscheinungsjahr wird im Folgenden der leichteren Lesbarkeit halber auf den Zusatz „o.J.“ verzichtet.]

2 Rühmkorf 2007: 14.

3 Rühmkorf 2007: 12.

4 Bohrmann 1975: 132.

pen oder den Gewalt-Apologeten der Post-68er - ihnen allen bot *konkret* bereitwillig ein Forum, jedoch nicht ohne sie zeitweilig auch scharf zu kritisieren. Im „restaurativen Muff“[5] der Adenauer-Republik trug die wenig kaschierte Linksausrichtung des Blattes seinen Machern allerdings immer wieder den Vorwurf ein, ein kommunistisches Tarnblatt zu sein. 1974, nach jahrelangen Dementis, bestätigte Klaus Rainer Röhl schließlich, was viele schon lange geahnt hatten:

> Als Herausgeber der Studentenzeitung *konkret*, die im Jahre 1955 unter dem Namen *Studentenkurier* in Hamburg gegründet wurde, hatte ich von Anfang an Beziehungen zu Kommunisten und erhielt von ihnen Geldspenden, ohne die der Druck der Zeitung nicht hätte finanziert werden können. Anfangs wurde ich über die Herkunft der Spenden im unklaren [sic] gelassen, aber sehr bald erfuhr ich, daß diese Gelder direkt aus der DDR kamen.[6]

Die Ostfinanzierung endete 1964, das Blatt musste sich in den Folgejahren ausschließlich über Werbung und den Kioskverkauf finanzieren. Das gelang Röhl unter der Maxime „Marx und Muschis“[7]. Mit immer freizügiger werdenden Titelbildern kurbelte er den Absatz rapide an. Zu seinen besten Zeiten erreichte *konkret* auf diese Weise eine Auflage von 173 000 Exemplaren.[8] Gleichzeitig handelte sich *konkret*-Chef Röhl aber auch Ärger mit einigen seiner Autoren ein. Während sich Röhl-Intimus Stefan Aust ganz der neuen Blattlinie verschrieb, probte beispielsweise Ulrike Meinhof die Revolution in der Redaktion - und scheiterte. Sie verließ *konkret* 1969 im Streit. Die Entmachtung ihres Ex-Manns sollte vier Jahre später dann erst dem ehemaligen *Spiegel*-Redakteur Hermann Gremliza gelingen. Denn mit dem Zerfall der Studentenbewegung begann auch der Niedergang der linken Porno-Postille. *konkret* ging 1973 pleite - nach einem radikalen Kurswechsel weg von den Nackedeis hin zum orthodoxen Sozial(demokrat)ismus.

Seit 1974 wird *konkret* von Gremliza herausgegeben und ist seither ein im politischen Spektrum weit links angesiedeltes Nischenblatt. Genau ge-

---

5 Roth/Rucht 2008: 69. Einer der wenigen Autoren, die den „Muff“ der 50er und beginnenden 60er Jahre negieren, ist Klaus Harpprecht (2009). Er sieht darin ein Vorurteil junger Intellektueller und „manch vergessliche[r] Zeitzeugen wie Günter Grass“ (2009: 11).

6 Röhl, Klaus Rainer 1998: 9.

7 U.A. 1973c: 83.

8 Vgl. U.A. 1988: 77.

nommen besteht die Geschichte der *konkret* damit aus „mindestens zwei Geschichten"[9]: Während die erste Phase (1957-1973) untrennbar mit dem Namen Röhl verbunden ist, bestimmt die Zweite (ab 1974) sein Kontrahent Gremliza. Die sowohl an Auflage als auch an Rezeption gemessen bedeutsamere Epoche war nach gängiger Meinung die Ära Röhl.[10] Die verworrene und bewegte Geschichte dieser Zeitspanne, mit all ihren Kontinuitäten, Brüchen und Konflikten, soll in der vorliegenden Arbeit beschrieben werden.

9 Gallus 2001: 227.

10 Vgl. beispielhaft Gallus 2001a: 247 sowie Rössler 1998a.

2 Methodik und Konzeption

In diesem Kapitel wird die Forschungs- und Quellenlage beschrieben und die Fragestellung präzisiert. Weiter sollen der Forschungsrahmen abgesteckt sowie der Aufbau und die Methodik der vorliegenden Arbeit beschrieben werden.

2.1 Forschungs- und Quellenlage

Angesichts eines regelrechten „Boom[s] medien- und kommunikationsgeschichtlicher Studien"[11] überrascht es umso mehr, dass die Zeitschrift *konkret* wissenschaftlich betrachtet nach wie vor ein „unbeschriebenes Blatt"[12] ist. Während die Geschichte zeitgenössischer Publikationen wie der legendären *twen* oder der linken *taz* in rund zwei Dutzend Büchern, Diplom-, Magister- und Promotionsarbeiten dokumentiert ist, gibt es bislang keine umfassende kommunikationswissenschaftliche Arbeit über die Zeitschrift *konkret*.[13]

Lediglich Schütt (2009a) befasst sich mit dem Vorläuferblatt *Zwischen den Kriegen*, wobei sein Fokus auf dem Autor und Expressionisten Kurt Hiller liegt. Einen ersten - wenn auch rudimentären - Ansatz zu *konkret* lieferte nur die unveröffentlichte Magisterarbeit von Thomas Goebel (1999). Sie umfasst jedoch nur den Zeitraum November 1957 bis Juni 1964 und legt einen Schwerpunkt auf die politische Kultur während der Ära Adenauer. Der Wandel des inhaltlichen und gestalterischen Konzepts von *konkret* spielt darin jedoch nur eine untergeordnete Rolle. Ansonsten wurde die Zeitschrift *konkret* bisher lediglich Objekt kurzer und entsprechend holzschnittartiger Betrachtungen. So handeln Rössler (1998a) und Gallus (2001a) die Geschichte des Blattes in kurzen Aufsätzen bzw. Siegfried (2006b: 294-310) in einem Buchkapitel ab. Die oppositionelle Politik der *konkret* gegenüber der Regierung Adenauer beschreibt Rupp (1980) knapp. Krebs (1988) und Wesemann (2007) stellen in ihren Biografien der späteren Terroristin Ulrike Meinhof die Phase ihrer Zeit als Chefredakteurin dar. Die Finanzierung und Beeinflussung der *konkret*-Redaktion durch offizielle Stellen der DDR wird in Knabe (2001: 147-149 und 2002: 318-326) angeschnitten.

---

11 Führer/Hickethier/Schildt 2001: 1.

12 Gallus 2001a: 247.

13 Vgl. Bröckers/Berentzen/Brugger 1989, Tolmein/Winkel 1989, Flieger 1992 und Koetzle 1995.

Sehr umfangreich und persönlich eingefärbt befasst sich hingegen Bettina Röhl (2006), die gemeinsame Tochter von Ulrike Meinhof und Klaus Rainer Röhl, mit ihren Eltern und deren „Firma" - der Zeitschrift *konkret*. Auch wenn Bettina Röhl der Verdienst der Entdeckung der sogenannten *Akte konkret* im Bundesarchiv zuzuschreiben ist, wird das Buch dem wissenschaftlichen Anspruch der Objektivität ebenso wenig gerecht wie die Publikationen des heutigen *konkret*-Herausgebers und ehemaligen *Spiegel*-Redakteurs Hermann Gremliza (1987 und 1997). Gremlizas Bücher liefern jedoch einen guten Überblick über die inhaltliche Entwicklung der Zeitschrift.

Mit wissenschaftlicher Vorsicht und der nötigen Distanz ist Klaus Rainer Röhls Abrechnung mit der Linken in seinem Buch „Fünf Finger sind keine Faust" (1998) und dessen Neuauflage „Mein langer Marsch durch die Illusionen" (2009a) zu betrachten. Als Autobiographie stellt sie - ebenso wie diejenige des *konkret*-Autors Rühmkorf (1972) - allein schon aufgrund ihrer Materialfülle eine „Königsquelle"[14] dar.

Gerade für die Zeit von 1955 bis 1964, in der der *Studenten-Kurier* bzw. sein Nachfolger *konkret* aus Ostberlin finanziert und teils auch gelenkt wurde, liefern die in der Stiftung Archiv der Parteien und Massenorganisationen der DDR (SAPMO) des Bundesarchivs in Berlin vorhandenen Unterlagen wichtige Informationen. Die zwei Mappen - häufig zitiert als *Akte konkret 1* (BArch BY 1/3894) und *Akte konkret 2* (BArch BY 1/3895) - bestehen aus ungeordneten und teils undatierten Protokollen und Briefen, welche die West-KPD und deren östliche Instrukteure über den *Studenten-Kurier* und dessen Nachfolger *konkret* angelegt hatte. Weitere Dokumente dürften im Bundesarchiv zwar vorhanden sein, jedoch sind diese aufgrund der immer noch nicht vollständigen Erschließung aller Akten derzeit nicht auffindbar. Ohnehin halten diese Bestände einer wissenschaftlichen Quellenkritik nicht stand, da die Verfasser der Akten ihre Aktionen oft schönfärbten und übertrieben, um bei ihren Vorgesetzten mehr Anerkennung bzw. Lohn zu bekommen.[15]

Mehrmonatige Recherchen bei der Behörde der Bundesbeauftragten für die Unterlagen des Staatssicherheitsdienstes der ehemaligen Deutschen Demokratischen Republik (BStU), der sogenannten Birthler-Behörde, haben bis zum 30. September 2009 mit Ausnahme von Günter Wallraffs Akte (BStU, MfS, HA XX, Nr. 2921) wenige brauchbare Informationen zutage gefördert. Dies dürfte mitunter auch darin begründet liegen, dass

14 Austermann 1995: 7.

15 Vgl. zum Problem der Schönfärberei in den Akten des Bundesarchivs SAPMO: Wesemann 2007: 39 und Röhl, Klaus Rainer 2009b: 6.

die Unterlagen der für West-Spionage und -Zusammenarbeit zuständigen Hauptverwaltung A des Ministeriums für Staatssicherheit (MfS) während der Wendewirren zum größten Teil vernichtet wurden.[16] Auch die vor wenigen Jahren aus den USA rückgeführte sogenannte Rosenholz-Datei brachte wenig verwertbare Hinweise. So enthält beispielsweise die Stasi-Restakte zu Klaus Rainer Röhl (BStU, MfS, HA XX/AIG, Nr. 2362) lediglich eine belanglose Analyse seines 1974 veröffentlichten Buches „Fünf Finger sind keine Faust".

Die Primärquellenarbeit für die vorliegende Arbeit wurde zudem insofern erschwert, als die Mehrzahl der Ausgaben von *Zwischen den Kriegen* und der einmalig erschienene *Untertan* nicht erhalten sind und daher selbstredend nur über Sekundärpublikationen wie Schütt (2009b) erschlossen werden konnten. Als Quelle standen jedoch die einzige Ausgabe von *Das Plädoyer* sowie sämtliche *konkret*-Ausgaben der Jahrgänge 1957 bis 1973 zur Verfügung, die in der Staats- und Universitätsbibliothek Carl von Ossietzky in Hamburg bzw. teils auch in der Bayerischen Staatsbibliothek in München archiviert sind.

2.2 Präzisierung der Fragestellung

Die vorliegende historiographische Arbeit soll die „Biographie" der *konkret* mit dem Werdegang der bekanntesten Autoren sowie dem historischen Hintergrund verknüpfen. Denn wie nur wenige andere Zeitschriften wurde *konkret* von der bundesdeutschen Geschichte und DDR-Historie beeinflusst - sowie auch umgekehrt. *konkret* prägte die deutsche Presselandschaft, war stilbildend, und ist noch heute vielzitiert, aber dennoch bislang nicht analysiert worden.[17] Genau dies soll die vorliegende Publikation ändern.

Neben der Detailgenauigkeit wird dabei besonderes Augenmerk auf die Lesbarkeit gelegt. Denn es ist das erklärte Ziel dieser Arbeit, auch über den engen Kreis der kommunikationswissenschaftlichen *Scientific Community* hinaus gelesen zu werden. Und wie v.a. Theodor Mommsens Werke zeigen, werden geschichtliche Arbeiten v.a. dann einem breiteren Leserkreis vermittelbar, wenn sie auch angenehm lesbar sind. Eine gewisse Vorbildung wird dennoch vorausgesetzt, da aufgrund des be-

---

16 Vgl. Knabe 2000: 11.

17 Beispiele für stilbildende Innovationen sind die so genannten Zangenreportagen (vgl. Kapitel 5.5.7), die *konkret*schen Sex-Pol-Protokolle (vgl. Kapitel 5.10) und *Political Fiction*.

schränkten Umfangs der vorliegenden Arbeit nicht alle fachspezifischen Begriffe und historischen wie politischen Hintergründe ausführlich erklärt und erläutert werden können.

Im Zentrum der Betrachtung stehen die Vorgänger *Der Untertan, Zwischen den Kriegen, Das Plädoyer* und der *Studenten-Kurier* sowie die Zeitschrift *konkret* selbst unter der Leitung von Klaus Rainer Röhl, also in den Jahren 1957 bis 1973. Eine zusätzliche Betrachtung der späteren *konkret* unter der Ägide von Hermann Gremliza würde den Rahmen sprengen.

Aufgrund der Komplexität und Vielschichtigkeit des Themas wäre die Fokussierung auf eine einzelne Leitfrage nicht zielführend. In Anlehnung an die Diplomarbeit Reiner Burgers sowie Patrick Rösslers Beschreibungs-Kategorien für Multiplikator-Illustrierte erfolgt die Annäherung an die Thematik daher mittels eines multidimensionalen Frageansatzes:[18] Wie gestaltete und wandelte sich der historische und soziale Kontext und der organisatorische Rahmen von *konkret*? Wie war sie formal und inhaltlich konzipiert? Welche Änderungen fanden über die Jahre statt? Wie wandelte *konkret* sich im Laufe der Zeit? Fragen wie diese sollen in der vorliegenden Arbeit systematisch untersucht und beantwortet werden.

Auf die Rolle im Bereich Kunst und Literatur - v.a. dem *konkret*en Plädoyer für Realismus - soll in dieser Arbeit nur peripher eingegangen werden. Eine entsprechende Betrachtung ist aufgrund des begrenzten Rahmens nicht möglich und müsste eher im Fachbereich der Germanistik bzw. der Kulturwissenschaft angesiedelt werden.

2.3 Methodisches Vorgehen

Bei der vorliegenden Arbeit handelt es sich um eine Zeitschriftenmonographie. Sie soll mit der Geschichte der Zeitschrift *konkret* einen Beitrag zur Journalismusgeschichte liefern. Zwar hatten derartige Arbeiten ebenso wie Journalisten-Biographien „in der älteren Zeitungs- und Publizistikwissenschaft durchaus ihren Platz“[19] und ihre Bedeutung, ihr Ansehen nahm mit Beginn der 1960er Jahre jedoch ab. Grund dürfte der Paradigmenwechsel von der eher historisch-hermeneutischen Publizistik zur empirisch-analytischen Kommunikationswissenschaft sein. 1987

---

[18] Vgl. Burger 1996 und Rössler 1998b.

[19] Frei 1989: 110f.

sprach Langenbucher noch von einer regelrechten „Historiophobie"[20] in der Kommunikationswissenschaft - denn abgesehen von Walter Hömberg, Horst Pöttker und Gunter Reus fand die Geschichte nur wenig Unterstützer. Arnold, Behmer und Semrad kommen jedoch im Jahr 2008 zu dem Schluss: „Seit Ende des letzten Jahrzehnts tut sich Einiges."[21] Sie sehen „Anzeichen, dass in der Kommunikations- und Informationsgesellschaft, zu der sich die Bundesrepublik immer stärker entwickelt, die historische Genese der Medien, die Entwicklung der Strukturen und die sich wandelnde Bedeutung der öffentlichen Kommunikation für die und in der Gesellschaft als wichtige Themenbereiche wahrgenommen werden"[22]. Langenbuchers Appell, „Kommunikationsgeschichte endlich zu schreiben!"[23], hat offenbar schließlich doch gefruchtet.

Dennoch gibt es bislang kaum methodische Ansätze und theoretische Perspektiven innerhalb dieses Forschungsbereichs.[24] Die vorliegende Arbeit kann und soll aufgrund ihres begrenzten Umfangs und der spezifischen Themenstellung daran auch nichts ändern. Der Verfasser schließt sich Arnolds Plädoyer gegen theorielose und ideografische Fokussierung an, wonach sich Kommunikations- und Journalismusgeschichte nicht in der Beschreibung einzelner Phänomene erschöpfen sollte, da sie als Gesellschaftswissenschaft „nomothetisch, also auf der Suche nach verallgemeinerbaren Aussagen oder Gesetzen"[25] ist. Dabei darf dennoch die Individualität geschichtlicher Phänomene nicht übersehen werden. Eine Verallgemeinerung setzt schließlich die Betrachtung mehrerer Einzelphänomene voraus.[26] Bevor man die Fragen nach dem *Warum* beantworten kann, muss man erst wissen, *was* geschehen ist. Oder in anderen Worten: Bevor eine Mediengeschichte geschrieben werden kann, muss Einzelmediengeschichte geschrieben werden.

Mit der vorliegenden Arbeit soll die Journalismusgeschichte um das Kapitel *konkret (1957-1973)* erweitert werden. Zugrunde liegt dabei das „deskriptive Verfahren der individualisierenden (monographischen) Geschichtsschreibung über publizistische Persönlichkeiten, ihre[.] Aus-

---

20 Langenbucher 1987a: 13.

21 Arnold/Behmer/Semrad 2008a: 8.

22 Arnold/Behmer/Semrad 2008a: 9.

23 Langenbucher 1987b.

24 Gute Ansätze in dennoch geringem Umfang bieten Schmolke 2004 und Koszyk 2008.

25 Arnold 2008: 111.

26 Vgl. zur Diskussion zwischen historistischem und stärker systematischen Zugriff auf die Geschichte: Bruch 2003: 129 und Seiffert 1996: 234-270.

sageorgane und -organisationen, oder auch der publizistischen Mittel ganzer Zeitabschnitte“[27]. Da es sich - wie bereits dargelegt - bei der Geschichte der Zeitschrift *konkret* um ein bisher kaum erschlossenes Forschungsfeld handelt, wurde ein qualitativer, teilweise explorativer Ansatz zur Annäherung an das Thema gewählt. Ziel war es, erschlossene wie unerschlossene Quellen zu verknüpfen, um eine umfassende Darstellung der *konkret*-Geschichte zu erlangen.

Statt einer allumfassenden Analyse erfolgt eine kritische historische Bewertung, um basierend auf einer historisch-hermeneutischen Zielsetzung, geschichtliche Wirklichkeit zu rekonstruieren.[28] Die Methode der Inhaltsanalyse soll dabei nur bedingt herangezogen werden, da eine mikrostrukturelle Analyse des journalistischen Gesamtwerks von 16 Jahren *konkret* aufgrund der Materialfülle den Rahmen bei Weitem sprengen und vom umfassenderen Erkenntnisinteresse einer Monographie wegführen würde. Vielmehr sollen die im ersten Abschnitt erwähnten Forschungsfragen in Anlehnung an die biografische Methode beantwortet werden.

Das Forschungsobjekt - in diesem Fall die Zeitschrift *konkret* bzw. deren Vorgänger und Macher - wird dabei anhand von Zeitzeugenberichten, Archivmaterial und vor allem den 16 *konkret*-Jahrgängen, die insgesamt 332 Ausgaben umfassen, im Kontext der politischen und gesellschaftlichen Gegebenheiten der entsprechenden Zeit erfasst. Auch wenn die so genannte biografische Methode in der Kommunikationswissenschaft bislang nur „ein marginaler Seitenstrang“[29] ist, bietet sie sich für die historische Betrachtung von *konkret* an. Da das Archivmaterial und die gesammelten *konkret*-Jahrgänge nur „Rohdaten einer Seinsweise [darstellen], die für das Denken, Erfahren und Handeln dieser Menschen weitgehend blind bleiben“[30], die Geschichte von *konkret* aber maßgeblich von ihren charakteristischen (und charakterstarken) Wegbereitern und -begleitern geprägt wurde, stellen diese Personen eine wichtige Quellen dar.

---

27 Dröge 1967, zitiert nach: Fischer 1981: 21.

28 Vgl. ausführlich zur Hermeneutik: Gadamer 1965.

29 Hirzinger 1991: 33.

30 Niethammer 1985: 7.

Sie werden mit Hilfe des Instrumentariums der sogenannten *Oral History* erschlossen.[31] Zwar hat es in der Kommunikationswissenschaft noch keine feste Tradition und spielte lange Zeit „eine relativ geringe Rolle“[32]. Für zeitgeschichtliche Aufarbeitungen stellt *Oral History* jedoch die „einzig mögliche Methode“[33] dar und ist aus dem entsprechenden Forschungsbereich „nicht mehr wegzudenken“[34]. Dabei stellt der international eingebürgerte Titel *Oral History* einen „Verlegenheitsbegriff“[35] dar. Treffender wären „mündliche Lebensgeschichte, diachrones Interview, erinnerte Geschichte, historische Gedächtnisforschung“[36] oder „[m]ündlich erfragte Geschichte“[37]. Schlussendlich ist es „a field of study and a method of gathering, preserving and interpreting the voices and memories of people, communities, and participants in past events"[38]. Ursprünglich nicht fixierte Erinnerungen werden dokumentiert und werden dadurch zu „selbsterzeugte[n] Primärquellen“[39].

Die Erfassung der „[m]ündliche[n] Geschichte“[40] erfolgt über narrative Gespräche. Dieses Forschungsinstrument wurde von Fritz Schütze (1976 und 1977) ursprünglich im Rahmen einer gemeindesoziologischen Untersuchung entwickelt, hat sich aber mittlerweile als ernsthafte heuristische Methode v.a. in der zeitgeschichtlichen Forschung durchgesetzt.[41] Sie besticht durch ihre allgegenwärtige Kommunikationsform und ist eng verwandt mit dem journalistischen Interview, folgt jedoch strengeren Regeln. So ist der Interviewer letztlich nur als Initiator einer Spon-

---

31 Entsprechend kenntlich gemachte Ausnahmen stellen Klaus Hübotter und Manfred Kapluck dar. Hübotter bestand auf eine schriftliche Befragung, die postalisch im Sinne eines Self Administered Survey durchgeführt wurde. Der Nachteil der Befragungsmethode, nämlich die allgemein sehr geringe Rücklaufquote, entfiel entsprechend (Vgl. zu Vor- und Nachteilen: Atteslander 1975: 117). Kapluck verfasste ein schriftliches Statement zu seiner Zeit als FDJ- bzw. KPD-Kontaktmann für *konkret* und wurde anschließend ebenfalls schriftlichbefragt.

32 Behmer 2008: 356.

33 Hirzinger 1991: 33.

34 Stöckle 1990: 131.

35 Vorländer 1990b: 7.

36 Niethammer 1985: 26.

37 Vorländer 1990b.

38 OHAa. Vgl. zu den Richtlinien der Gesellschaft: OHAb.

39 Starr 1985: 38. Sowie eine ausführliche Darstellung der Geschichte der *Oral History* in: Thompson 1984.

40 Botz 1988: 24.

41 Vgl. Schütze 1977.

tanerzählung zu verstehen, der ansonsten das „[m]onologische[.] Rederecht“[42] beachtet und lediglich im Bilanzierungsteil verstärkt nachfragt.

Da es keine objektive Erinnerung gibt – „Man kann sich nur an etwas erinnern, wenn man dem Erlebten eine *Bedeutung* zumißt“[43] – und narrative Gespräche aufgrund ihrer Abhängigkeit vom Kontext bei Wiederholung keine identischen Ergebnisse zutage bringen, können sie selbstredend quantitativen Gütekriterien nicht gerecht werden. Dies müssen sie aber auch nicht. Denn abgesehen davon, dass sich auch qualitative Daten zum Teil widersprechen und sich nur selten vernünftige Prognosen daraus ziehen lassen, ist „[d]ie Unmöglichkeit von Objektivität [...] ja nicht ein Mangel, sondern Ausgangspunkt qualitativer Forschung, daher kann es nicht um anzustrebende *Objektivität* gehen, sondern um einen anzustrebenden *angemessenen Umgang mit Subjektivität*“[44].

Die Datenerhebung, also die narrativen Gespräche, der vorliegenden Arbeit fanden zwischen April und September 2009 in Köln, Hamburg, München und Berlin statt. Da bei der Methode der *Oral History* Interviewpersonen nicht danach ausgewählt werden, ob sie einer statistischen Norm entsprechen, „sondern vielmehr danach, ob sie bestimmte historische Prozesse exemplarisch verdeutlichen können“[45], basiert die Selektion auf einer Sichtung von Artikeln der Jahre 1955 bzw. 1957 bis 1973 sowie auf einer umfangreichen Literaturrecherche.[46] Ausschlaggebend für die Auswahl der Interviewpartner war dabei deren Position in der *konkret*-Redaktion, ihr Einblick in die Geschehnisse und ihre Importanz für große Ereignisse und etwaige Schlaglichter in der Geschichte der *konkret*.

Trotz der vergleichsweise jungen Geschichte von *konkret* und der scheinbar großen Fülle an möglichen Gesprächspartner ist festzustellen, dass auch hier die Zeit der größte Feind des Wissenschaftlers ist.[47] So sind wichtige und *konkret* prägende Personen – wie Werner Riegel, Peter Rühmkorf und Peter Neuhauser – bereits verstorben. Die Notwendigkeit

---

42 Lucius-Hoene/Deppermann 2002: 83.

43 Bertaux/Bertaux-Wiame 1985: 151.

44 Helfferich 2005: 138. Vgl. allgemein zur Debatte zwischen qualitativer und quantitativer Forschung: Küchler 1980 sowie Lamnek 1988.

45 Grele 1985: 200.

46 Vgl. zur angewandten vierphasigen *Oral-History*-Herangehensweise: Behmer 2009: 351f.

47 Vgl. dazu die Auflistung sämtlicher *konkret*-Autoren 1957-1973 im Anhang (Kapitel 8.3).

einer Konservierung der *Oral History* der *konkret*-Zeitzeugen wird dadurch untermauert.

Die geführten narrativen Gespräche haben eine durchschnittliche Dauer von einer eindreiviertel Stunde, wobei das kürzeste eine halbe Stunde (Manfred Bissinger und Günter Wallraff), das längste fünf Stunden (Klaus Rainer Röhl) gedauert hat. Alle Interviews wurden mit einem digitalen Aufzeichnungsgerät mitgeschnitten und im Anschluss transkribiert.[48] Da der Inhalt im Vordergrund stand, wurde als Verfahren die „Übertragung ins normale Schriftdeutsch"[49] gewählt. Grobe Syntaxfehler wurden also behoben, Dialekt größtenteils bereinigt. Parasprachliche Laute (Brummen, Räuspern oder Lachen) sowie Interjektionen - wie etwa „ähhh" und „uhhh" - fanden keinen Eingang in die Transkripte.

Wichtigster Gesprächspartner war der frühere *konkret*-Herausgeber und -Chefredakteur Klaus Rainer Röhl. Denn so wie Augstein „Mr. Spiegel"[50] war, war Röhl in der Zeit von 1957 bis 1973 „Mr. *konkret*". Er gab die redaktionelle Linie vor und drückte dem Linksorgan seinen unverkennbaren Stempel auf. Noch heute wird die *konkret*e Mischung von Sex und Politik fast ausschließlich mit seinem Namen verbunden.

Zur schleichenden Entmachtung Röhls Anfang der 70er Jahre, der Abkehr von der sogenannten Röhlschen Mischung und dem folgenden Konkurs stellte der heutige Herausgeber Hermann Gremliza eine wichtige Quelle dar. Ebenso konnte hierzu Klaus Hübotter wichtige Informationen geben. Er hat das Blatt mitgegründet und später durch eine Millioneninvestition kurzzeitig gerettet.

Klaus Rainer Röhls erste Ex-Frau Brunhild Röhl und der ehemalige KPD- und FDJ-Funktionär Manfred Kapluck waren auskunftsfreudige Zeitzeugen bezüglich des *Studenten-Kuriers* sowie der frühen *konkret*. Gleichermaßen wichtige Gesprächspartner für die *konkret*-Entwicklung in den 60er und frühen 70er Jahren waren der *Stern*-Autor und jüngere Bruder Klaus Rainer Röhls, Wolfgang Röhl, die Gerichtsreporterin und Meinhof-Freundin Peggy Parnass, die damalige Jungredakteurin Heike Doutiné, der Schriftsteller Hermann Piwitt sowie Günter Wallraff, der seine journalistische Prominenz in erster Linie bei *konkret* erlangte. Das Gespräch mit APO-Ikone Rainer Langhans diente der Einordnung des Blattes in den Kontext der Studentenrebellion der späten 60er Jahre.

---

48 Eine Ausnahme stellte hier Brunhild Röhl dar. Sie untersagte eine Aufzeichnung des Gesprächs.

49 Mayring 1993: 65.

50 Merseburger 2009: 7.

2.4 Anlage und Aufbau der Arbeit

Die vorliegende Untersuchung umfasst schwerpunktmäßig den Zeitraum von 1957-1973. Diese Jahre stellen einen abgeschlossenen Zeitraum dar und sind daher leichter wissenschaftlich zu erfassen. Gleichzeitig werden aber auch die Vorläufer der *konkret* betrachtet, da sich bereits in diesen Publikationen die spätere Entwicklung der *konkret* abzeichnete. Auch beginnt die Jahrgangs- und Heftnummerierung von *konkret* bereits mit dem *Plädoyer* und wurde mit dem *Studenten-Kurier* fortgesetzt. Kontinuität ist somit sowohl formell als auch inhaltlich gegeben, weswegen alle drei Publikationen zu Recht meist in einem Atemzug genannt werden.

Mit Hilfe der oben beschriebenen Methodik werden die Entwicklungslinien und Schlaglichter in der Geschichte der *konkret* herausgearbeitet. Der Aufbau der vorliegenden Arbeit orientiert sich dabei am chronologischen Verlauf. Entsprechend werden in Kapitel 3 die Vorgänger-Publikationen *Untertan, Zwischen den Kriegen, Plädoyer* und *Studenten-Kurier* behandelt. Kapitel 4 widmet sich der ostfinanzierten Periode bis 1964 bevor sich Kapitel 5 mit der Zeit nach dem wirtschaftlichen Neubeginn bis zum Konkurs 1973 befasst. Beide Perioden werden getrennt voneinander behandelt, da sich mit dem Versiegen der Geldquelle im Osten sowohl das inhaltliche wie auch das gestalterische Konzept der Zeitschrift geändert haben. Entsprechend ihrer herausragenden Bedeutung zur Zeit der sogenannten 68er stellt der zuletzt genannte Zeitraum einen Schwerpunkt von Kapitel 5 dar. Insbesondere steht hier die Frage im Mittelpunkt, ob die Titulierung der *konkret* als „Vereinsblatt“[51] der APO zutreffend ist.

Da die vorliegende Arbeit den Anspruch erhebt, die Zeitschriftenhistorie der *konkret* mit dem geschichtlichen Hintergrund zu verknüpfen, werden beide Stränge in einer Art Parallelmontage nebeneinander gelegt. In eingefügten Infokästen werden zudem die Biografien der *konkret* besonders prägenden Personen beleuchtet und deren weiterer beruflicher Werdegang umrissen.

An Ende der Kapitel 3, 4 und 5 wird jeweils ein Zwischenresümee gezogen. Da Medienwandel sowohl Teil und Ausdruck, als auch Folge und Ursache des gesellschaftlichen und politischen Wandels sein kann, wird darin die Entwicklung der Zeitschrift in den größeren Zusammenhang der gesellschaftlichen und politischen Verhältnisse gestellt.[52] Die Ergeb-

---

[51] Schreiber 2001: 341.

[52] Vgl. Krotz 2003: 15 und umfassend: Meyrowitz 1990.

nisse werden schließlich in Kapitel 6 zusammengeführt und zu einem Gesamtresümee verdichtet, in dem die gewonnenen Erkenntnisse anhand der Leitfragen dargelegt und bewertet werden.

Die Arbeit schließt mit einer finalen Bewertung, in der nach einem kurzen Blick in die Vergangenheit ein Ausblick auf mögliche weiterführende Forschungsansätze geworfen wird.

3 Vom Anti-Kriegs-Kabarett zum Studentenblatt (1951-1957)

Dieses Kapitel beschriebt die Vorgänger von *konkret*, nämlich die Flugblatt-Schrift *Der Untertan*, die literarische Avantgarde-Zeitschrift *Zwischen den Kriegen* sowie *Das Plädoyer*, aus dem 1955 der *Studenten-Kurier* - und damit der unmittelbare Vorläufer von *konkret* - hervorging.

3.1 Mehr Flugblatt als Zeitschrift: *Der Untertan*

Mit einer Kommune und einem Kabarett begann die Geschichte der *konkret*. 1950, der Zweite Weltkrieg war erst fünf Jahre vorbei, als der Lehramtsstudent Klaus Rainer Röhl und der Germanistikstudent Peter Rühmkorf, die gemeinsam das Gymnasium in Stade besucht hatten, mit Werner Busse, Peggy Parnass und Brunhild Fiebing in einen umgebauten alten Güterwaggon in der Stresemannstraße 70 in Hamburg zogen.[53] Gemeinsam gründeten sie den „Arbeitskreis Progressive Kunst“ (der später als *konkret*-Herausgeber firmierte) und entwickelten die Idee eines Studentenkabaretts.[54] Es sollte *Die Pestbeule* heißen - genau wie die Schülerzeitung, die Peter Rühmkorf in Stade herausgeben hatte. 1951 führten sie unter dem Untertitel „Vereinigung der KZ-Anwärter des Vierten Reiches“[55] ihr Stück „Die im

Klaus Rainer RÖHL (* 1928 in Trockenhütte bei Danzig) schrieb für die Zeitschrift *Zwischen den Kriegen* und ist Mitgründer des *Studenten-Kuriers*, aus dem später *konkret* hervorging, die er bis 1973 leitete.
1961 heiratete er Ulrike Marie Meinhof; ein Jahr später kamen ihre Töchter Renate und Bettina auf die Welt. 1968 ließ sich Meinhof wegen diverser Affären Röhls scheiden.
Nach seinem Ausscheiden bei *konkret* im Jahr 1973 versuchte sich Röhl mit neuen Zeitschriftenprojekten. Er gründete 1973 die Zeitschrift *dasda/avanti* (1979 eingestellt), übernahm 1981 das *konkret*-Konkurrenzblatt *Spontan* (1984 eingestellt) und schuf 1991 *Jacob & Adele* (nach zwei Ausgaben eingestellt). Langsam vollzog Röhl eine politische Wende. Er promovierte 1993 bei Ernst Nolte und veröffentlicht nunmehr u. a. in der *Jungen Freiheit* und der *Preußischen Allgemeinen Zeitung*. Seit Oktober 1995 ist er Mitglied der FDP (vgl. ausführlich: Röhl, Klaus Rainer 1974 und 2009a/b sowie Röhl, Bettina 2007).

53 Brunhild Fiebing wurde später Klaus Rainer Röhls erste Ehefrau.

54 Als Gründungsjahr nennt Klaus Rainer Röhl (2009b: 25) das Jahr 1950; als Verein eingetragen wurde der Arbeitskreis jedoch erst 1952.

55 Röhl, Klaus Rainer 1998: 45. In geringer Abweichung spricht Rühmkorf lediglich von den „KZ-Anwärter[n] des vierten Reiches“ (vgl. Rühmkorf 2007: 11).

Dunkeln sieht man nicht" erstmals im Hamburger Emilie-Wüstenfeld-Gymnasium auf. Der Text kam von Rühmkorf, Regie führte Röhl:

> Das Stück war schonungslos, düster und gewalttätig und anklägerisch. Es war gegen alle und gegen alles. Nicht nur gegen die Wiederbewaffnung, die Militärs, die Nazimörder. Nicht nur die Reichen wurden angegriffen, die Schieber, auch und sogar vor allem die Gleichgültigen, die Kleinbürger, die Konsumenten, selbst die Arbeiter.[56]

Später, im Hamburger Kabaretttheater „Die Mausefalle", floppte das Stück allerdings. Das Publikum verließ entsetzt den Saal.

Nach dem Ende des Kabaretts *Pestbeule* schrieb Röhl im Frühjahr 1952 für die „Vorstufe zu *konkret*"[57] – das einmalig erschienene Studentenblatt *Der Untertan*, das sein ehemaliger Mitbewohner Werner Busse herausgab. Die Zeitschrift, von der kein Exemplar erhalten ist, war laut Röhl „mehr oder weniger ein großes Flugblatt"[58]. Anlass war der Tod des Münchner Kommunisten Philipp Müller. Der 21-Jährige hatte am 11. Mai 1952 mit rund 100 000 anderen Jugendlichen in Essen gegen die geplante Westbindung und Wiederbewaffnung West-Deutschlands protestiert. Als sich die Demonstranten weigerten, die Veranstaltung aufzulösen, eröffneten Polizisten – von welchen laut Ditfurth „[v]iele, wenn nicht die meisten"[59] ehemalige Mitglieder von NS-Organisationen waren – das Feuer. Zwei Menschen wurden schwer verletzt. Philipp Müller starb. Spontan äußerte sich daraufhin bei der kommunistischen Hochschulgruppe in Hamburg (zur damaligen Zeit Deutschlands einzige[60]) Solidarität. Es meldeten sich nach Worten eines damaligen Mitglieds „linke Freunde" – gemeint waren Röhl und Busse –, „die sonst mit uns ihre Differenzen hatten. Wir beschließen, nicht wie üblich ein Flugblatt, sondern eine Zeitung herauszugeben"[61].

Den Titel der Flugblatt-Schrift entliehen die Studenten dem gleichnamigen Roman Heinrich Manns, das Geld für den Druck besorgte die kommunistische Hochschulgruppe bei der westdeutschen Kommunistischen

56 Röhl, Klaus Rainer 2009a: 26.

57 Röhl, Klaus Rainer 2009a: 36.

58 Röhl, Klaus Rainer 2009b: 3.

59 Ditfurth 2009: 69.

60 Vgl. Siegfried 2006b: 296.

61 Burmester 2002: 120.

Partei Deutschlands (KPD).[62] Und so schrieb Röhl in seinem ersten politischen Artikel:

> Es wurde letzten Sonntag in Essen ein Junge von 21 Jahren auf der Straße erschossen. Letzten Sonntag in Essen war das, da nahm ein Kommando von Essener Polizisten, sonst biedere Familienväter und Junggesellen, die Pistolen in die Hand und schoß scharf. Gab Feuer. [....] Und jetzt werden Sie sich erinnern: Ach so, mal gehört, das war aber ein FDJler, der da erschossen wurde. Etwa so werden Sie das aussprechen, als wenn Sie sagen, ach so, da war ein Zuchthäusler, der auf der Flucht erschossen wurde. [....] Schlägt ein Mann auf der Straße seinen Hund oder sein Pferd etwas heftiger als gewöhnlich, fallen ihm weinende Naturfreunde und sentimentale Kaufleute in den Arm und alarmieren die Gesetze. [....] Wird ein Mann auf offener Straße erschossen, wobei der Täter vorsätzlich und bei gutem Verstande handelte, so ist das Mord. Trugen die Mörder jedoch Uniform, war ihr Verhalten gut und richtig, haben sie tadellos gearbeitet.[63]

Damit legte er nach eigener Einschätzung den Grundstein für die spätere „*konkret*-Methode", die „[m]oralische Sachlichkeit[....]: Nachricht-Appell-Montage-Agitation-Mobilisierung", gewürzt mit einer „gewisse[n] moralisierende[n] Kodderschnäuzigkeit [...], die wir von Tucholsky entnahmen"[64]

---

62 Vgl. Burmester 2002: 120. Selbstredend unterscheiden einige Zeitzeugen nicht kommunikationswissenschaftlich korrekt zwischen Zeitschrift und Zeitung (vgl. zur gängigen Abgrenzung: Menhard/Treede 2994: 18 und Bohrmann 1999: 135).

63 Röhl, Klaus Rainer 1952, zitiert nach: Röhl, Klaus Rainer 2009a: 36f.

64 Röhl, Klaus Rainer 1998: 53f.

3.2 Ein Heft für Avantgarde und Finismus: *Zwischen den Kriegen*

Röhls bester Freund Peter Rühmkorf hingegen gründete, inspiriert vom Kabarett, wenig später zusammen mit dem Lyriker Werner Riegel sowie Albert Thomson die hektographierte Monatsschrift *Zwischen den Kriegen* (*ZdK*), die auf einer alten Wäscherolle abgezogen und in einer Auflage von 150 Exemplaren verbreitet wurde.[65] Die erste (noch kostenlose) Ausgabe – „Titel-Linolschnitt von Arthur Marquardt, elf DIN-A 4-Blätter, maschinengeschrieben, unpaginiert, links-geklammert"[66] – erschien im Dezember 1952 mit dem Untertitel „Blätter in die Zeit" und mit deutlichen Worten im Editorial:

> Die Herausgeber dieser Veröffentlichung sind der Meinung, daß wir heute zwischen zwei Kriegen leben. [....]
>
> Anscheinend kann nichts und niemand das maßlose Unglück bannen, das die Menschheit erwartet. [....]
>
> Wir sind gegen den Krieg. Wir sind gegen das Militär. Wir sind gegen die Machtgier. Wir sind gegen die Unterdrückung in je-

Peter RÜHMKORF (*1928 in Dortmund) begann 1950 ein Studium in Hamburg. Er belegte zunächst die Fächer Pädagogik und Kunstgeschichte, später Germanistik und Psychologie. Nach einem Konflikt mit einigen Professoren brach er seine akademische Ausbildung im Wintersemester 1956/57 ohne Abschluss ab.
Er gab die Literaturzeitschrift *Zwischen den Kriegen* mit heraus und schrieb unter diversen Pseudonymen (u.a.: Johannes Fontara und John Frieder) für den später in *konkret* umbenannten *Studenten-Kurier.*
Parallel arbeitete Rühmkorf 1958 bis 1964 als Lektor im Rowohlt-Verlag sowie als freier Schriftsteller. Er zählt zu den bedeutendsten deutschen Lyrikern der Nachkriegszeit. Als Dramatiker blieb er umstritten. Der Sprachvirtuose vereinigte in seinen Texten die kritische Parodie mit der zynischen Zivilisationskritik. Sein dichterisches Werk, zu dem auch Theaterstücke und Hörspiele zählen, war von Klopstock, Eichendorff, Claudius und Heine ebenso inspiriert wie vom Alltags- und Straßenvokabular.
Neben Dutzenden anderen Auszeichnungen erhielt Rühmkorf 1993 den begehrten Büchner-Preis. Er starb am 8. Juni 2008 (vgl. ausführlich: Bekes/Bielefeld 1982, Clausen 1992, Rühmkorf 1972 sowie: hoc/ dpa/ddp/AP 2008).

---

65 Vgl. Wesemann 2007: 102. Die Angaben zur Auflage variieren und schwanken zwischen 100, 150 und 200 Stück (vgl. Schütt 2009, Clausen 1992 und Röhl, Klaus Rainer 1998: 49 bzw. 2009b: 1).

66 Clausen 1992: 19.

der Form, die der Staat und seine Bürokratie betreiben. Wir sind gegen die Deutsche Dummheit![67]

> **Werner RIEGEL** (*1928 in Danzig) arbeitete nach dem Zweiten Weltkrieg arbeitete er in Hamburg als Bürobote. Zusammen mit Peter Rühmkorf gab er ab Dezember 1952 *Zwischen den Kriegen* heraus. In der Literaturzeitschrift veröffentlichte der dichterische Autodidakt die meisten seiner Gedichte, Essays und Polemiken. Ab 1955 schrieb Riegel zudem für die Zeitschrift *Studenten-Kurier*. Er starb im Juli 1956 in Hamburg (vgl. ausführlich: Rühmkorf 1988, Clausen 1992 und Schütt 2009a).

Riegel und Rühmkorf - diese „zwei Avantgardisten [‚die] den ‚Hektographismus" gegen den ‚arktopsychischen Menschen' ausriefen, der ‚Ironie dritten Grades' mächtig"[68] - begründeten mit *ZdK* die literarische Schule der Finisten, wohl ohne zu ahnen, dass sie damit in der späteren Literaturwelt ernst genommen würden:[69] Sie gingen davon aus, dass der Dritte Weltkrieg unmittelbar bevorstand und „fühlten sich irgendwie als die letzten wirklichen Menschen auf dieser Welt, die ansonsten, so fürchteten sie insgeheim, dem endgültigen Untergang entgegen-taumelte"[70], wird ihre Einstellung später beschrieben. Für ihre düstere Finisten-Postille, die inzwischen mit dem Untertitel „Blätter *gegen* die Zeit [Hervorhebung durch den Verfasser]" erschien, schrieben neben Albert Thomson Autoren wie Richard Anders, Richard Huelsenbeck, Norbert Reinhardt, Eugen Brehm und der literarische Expressionist sowie ehemalige *Weltbühne*-Autor Kurt Hiller, der ihretwegen aus seinem Londoner Exil zurückkam. Rühmkorf selbst schrieb ab der fünften Ausgabe unter den Pseudonymen Leslie Meier sowie Johannes Fontara - beide Namen behielt er später auch bei *konkret* bei.

Klaus Rainer Röhl jedoch, der oftmals fälschlicherweise als *ZdK*-Mitgründer bezeichnet wird, veröffentlichte nur einen einzigen Artikel in dem Blatt.[71] Unter der Überschrift „Das Eiszeitliche" schrieb er: „Na im Ernst, ich rufe auf [....] zur großen bolsche-kapitalistischen Einheitsfront gegen den Geist. National in der Form - neandertalisch im In-

---

[67] *ZdK* vom 1.Dezember 1952, zitiert nach Rühmkorf 1988: 35f. [Editorische Notiz: Um eine leichte Lesbarkeit zu gewährleisten, wird im Folgenden auf die Korrek tur bzw. (sic)-Markierung alter Rechtschreibung verzichtet.]

[68] Clausen 1992: 20.

[69] Vgl. Röhl, Brunhild 2009: 2. Ihr zufolge war der „Finismus" eigentlich ein Gag. Der Begriff „Finismus" soll Rühmkorf -so kolportierte er es zumindest selbst - auf dem Klo eingefallen sein (vgl dazu: Rühmkorf 1988: 20).

[70] Röhl Brunhild 2009: 2.

[71] Vgl. Initiative Literatur.

Abbildung 1: Düster-expressionistische Avantgarde: *Zwischen den Kriegen*-Titelblätter der Ausgaben 3, 9, 24 und 26. Quelle: Schütt 2009b: 12.

halt“[72]. Zu groß waren jedoch die Differenzen zwischen dem „Unfinisten“[73] Röhl und den Finismus-Begründern Riegel und Rühmkorf. Röhl wollte eine Zeitschrift für die Horizontale, („gleich breit verständlich“[74]), Rühmkorf und Riegel hingegen fürs Vertikale („gleich in die Tiefe lotend, esoterisch“[75]). Letztlich schied Röhl bei der Literaturzeitschrift aus.

Auch wenn *ZdK* von Clausen als „Kielschwert“[76] für den *Studenten-Kurier* tituliert wird, sollten erst noch drei Jahre verstreichen bis Röhl den „Übergang vom Hektographismus/Finismus zum linksperspektivischen Bilderblatt“[77] einläutete, indem er Rühmkorf und Riegel zum *Studenten-Kurier* holte (vgl. Kapitel 3.4). Die beiden verkündeten, alle „politischen und politoliterarischen Äußerungen“[78] fortan in die Zeitschrift *Studenten-Kurier* auszulagern. *ZdK* erschien weiterhin, jedoch mit alleinigem Fokus auf das Lyrische. Die Zeitschrift wurde erst nach der 27. Ausgabe aufgrund von Riegels plötzlichen Todes 1956 endgültig eingestellt.[79]

72 Röhl, Klaus Rainer 1953: 10.

73 Clausen 1992: 21.

74 Röhl, Klaus Rainer 2009a: 23.

75 Röhl, Klaus Rainer 2009a: 23.

76 Clausen 1992: 33.

77 Rühmkorf 1988: 29.

78 Rühmkorf/Riegel 1955: 15.

79 Riegels in *ZdK* und *Studenten-Kurier* veröffentlichte Gedichte und Rezensionen sind komplett nachzulesen in: Rühmkorf 1988: 33-323.

3.3 Die ostfinanzierte „Testausgabe“: *Das Plädoyer*

Als wahre „Keimzelle von *konkret*“[80] sieht der spätere Herausgeber Klaus Rainer Röhl *Das Plädoyer*, Untertitel: „Unabhängige Studentenzeitung“. Die erste und einzige Ausgabe der sechsseitigen und vierspaltig angelegten Schwarz-Weiß-Zeitschrift im Format 29 auf 41 Zentimeter (was annähernd dem heutigen Tabloid-Format der *Frankfurter Rundschau* entspricht) erschien am 1. Februar 1955 und kostete 20 Pfennig. Das Impressum auf Seite 2 nannte den späteren Radio-Redakteur Eckart Heimendahl als Herausgeber und Verantwortlichen, „Claus Rainer Röhl“[81] firmierte als Stellvertreter.

Abbildung 2: Die Keimzelle von *konkret*: Logo des *Plädoyers*. Quelle: *Das Plädoyer*.

Die Gesamtlinie der großteils politischen Artikel lässt sich mit drei Worten beschreiben: Abrüstung, Neutralität und Wiedervereinigung. So plädierte Heimendahl für ein wiedervereinigtes Deutschland als Teil der „Vereinigten neutralen Staaten“[82]. Er griff damit indirekt die Stalin-Note auf, in welcher der sowjetische Staatschef den Westmächten Verhandlungen über die Wiedervereinigung und Neutralisierung Deutschlands vorgeschlagen hatte, was Adenauer als Störpropaganda abtat. Gleichzeitig mahnte Albert Einstein in einem Abdruck aus „Heute und Morgen“ vor der „gefährliche[n] Illusion [....] Sicherheit durch nationale Aufrüstung zu erlangen“[83]. Klaus Rainer Röhl höhnte: „Haben Sie Lust auf ´n Krieg? Nee. Ich auch nicht. Nischt zu machen. Keiner hat Lust. Kanonen sind da, Bomben, Bazillen, Gas für 2 Kubikkilometer Menschen, Maschinengewehre, U-Boote soweit alles da. Bloß keiner hat Lust. Was nun? Was ist zu machen?“ und

---

80 Röhl, Klaus Rainer 1998: 20.

81 Wie in diesem Fall schrieb Klaus Rainer Röhl seinen Vornamen in den 50er und 60er Jahren gelegentlich mit „C“, also: Claus Rainer, auch wenn dies nicht der Schreibweise in seinem Personalausweis entspricht.

82 Heimendahl 1955a: 2.

83 Einstein 1955: 4.

begab sich auf einen geschichtlichen Exkurs, der in der These mündete, Aufrüstung habe immer zum Krieg geführt, bevor er den Bogen zu Adenauers Remilitarisierungs-Ambitionen schlug: „Also los aufrüsten, damit wir bald wieder abrüsten können. Darüber ist sich ja die Welt so schön einig. Denn wir haben keine Lust mehr. Nie mehr!“[84]

Zwar schrieb Heimendahl auf Seite 5 „In eigener Sache“ zu den Zielen des *Plädoyers*, das Blatt solle „eine deutsche Studentenzeitung sein, die weder finanziell noch organisatorisch abhängig ist, noch von irgendeiner Seite dirigiert wird“[85]. Dennoch kam wie bereits beim *Untertan* auch das Geld für *Das Plädoyer* von der KPD bzw. deren Jugendorganisation Freie Deutsche Jugend (FDJ). Heimendahls Beteuerung, das Kapital für die Ausgabe sei „durch Stiftungen zusammengekommen, die an keine Bedingung geknüpft waren“[86] und Parteipolitik interessiere die Macher des *Plädoyers* nicht, war gelogen.

Die ursprüngliche Idee für das *Plädoyer* stammte von dem Hamburger Jurastudenten Klaus Hübotter, der seit 1951 Mitglied von KPD und FDJ war, und Heimendahl.[87] Zusammen wollten sie „per Zeitschrift in die Jugendpolitik ein[..]greifen“[88]. Die FDJ war jedoch seit 1951 wegen Verfassungsfeindlichkeit in Westdeutschland verboten, das Verbot für die KPD sollte 1956 folgen. Da er wegen Mitgliedschaft in der FDJ unter polizeilicher Beobachtung stand und auf seinen Prozess wartete, konnte Hübotter also nicht Herausgeber oder Chefredakteur einer neuen Zeitung werden und musste inkognito bleiben: „Ich brauchte ein paar Strohköpfe, die auch schreiben konnten“[89]. *Das Plädoyer* wäre andernfalls sofort unter dem Verdacht gestanden, eine kommunistische Tarnzeitung zu sein. Daher sprach Hübotter den Studenten Klaus Rainer Röhl an, in dessen Kabarett *Die Pestbeule* seine Schwester Christine mitgewirkt hatte. „Er eröffnete mir unumwunden, die Zeit sei nun reif für eine fortschrittliche Studentenzeitung“[90], erinnert sich Röhl später. So organisierten Hübotter und Heimendahl das Geld für den Druck. Ob es direkt von der FDJ kam, lässt sich heute nicht mehr rekonstruieren, ist aber zu vermu-

---

84 Röhl, Klaus Rainer 1955a: 3.

85 Heimendahl 1955b: 5.

86 Heimendahl 1955b: 5.

87 Vgl. Hübotter 1993: 2 und 2009: 2.

88 Hübotter 2009: 3.

89 Zitiert nach Bleyl 2007.

90 Röhl, Klaus Rainer 1998: 58.

ten. Dass es im Gegenzug Vorgaben von der KPD-Jugendorganisation gab, der Hübotter angehörte, bestreiten alle Beteiligten.[91]

Nach nur einer Ausgabe, die bereits auf der ersten Seite als „Testausgabe“ (vgl. Abb. 2) betitelt wurde, war die „ziemlich lustlose, mittelmäßige Angelegenheit“[92] ohnehin schon wieder beendet. Eine weitere Zusammenarbeit mit Heimendahl, der ein Blatt ähnlich dem *Parlament* im Auge hatte, machte nach Hübotters Einschätzung keinen Sinn:[93]

> Weiterhin als Chefredakteur ist der nicht geeignet, trotz seiner journalistischen Fähigkeiten, ‚weil er es mit seinem Gewissen nicht vereinbaren kann, mit unserm [sic] Geld eine Zeitung herauszugeben, ohne dies öffentlich auch sagen zu dürfen‘.[94]

Von Röhl hingegen hielt Hübotter viel, wie ein auf den 5. April 1955 datierter Akteneintrag zeigt:

> Meine Meinung über R.[öhl] ist, daß er ein journalistisch und organisatorisch ausserordentlich begabter und intelligenter fortschrittlicher Student ist, der mit keiner Partei so stark sympathisiert wie mit der Kommunistischen Partei, der er auch, sobald noch mehr mit ihm diskutiert und gearbeitet ist, beitreten wird. Ich halte ihn für unbedingt zuverlässig und ehrlich.[95]

Mit ihm schmiedete Hübotter, der über den KPD- und FDJ-Funktionär Manfred Kapluck enge Kontakte nach Ostdeutschland unterhielt, daher Pläne für den Nachfolger des *Plädoyers* – den *Studenten-Kurier*.

---

91 Vgl. Kumpf 2000: 147, Hübotter 2009: 3 und Röhl, Klaus Rainer 2009b: 7.

92 Röhl, Klaus Rainer 1998: 59.

93 Vgl. Burmester 2002: 142.

94 BArch BY 1/3894: Aktennotiz vom 5. April 1955. Nichtsdestotrotz schrieb Heimendahl auch noch für die ersten beiden Ausgaben des *Studenten-Kuriers*.

95 BArch BY 1/3894: Aktennotiz vom 5. April 1955.

3.4 Radikale (Ost-)Politik und linke Lyrik: Der *Studenten-Kurier*

Die Zeitschrift *Studenten-Kurier* sollte nach Hübotters Vorstellungen „das sektiererische, parteidogmatische - man kann heute auch sagen ‚fundamentalistische' - Gehabe der Partei und der üblichen sogenannten Tarnzeitschriften vermeiden"[96]. Sie sollte „ein legales Sprachrohr" der illegalen West-FDJ sein und für deren wichtigste Ziele - „Abrüstung, Anti-Atombomben-Politik, Anti-Militarismus, ‚Ohne uns'-Bewegung, Einheit Deutschlands, Antifaschismus, Sozialismus" - werben. Mit dieser ehrgeizigen Idee sprach Hübotter in Ost-Berlin vor und traf bei Erich Honecker, dem damaligen FDJ-Vorsitzenden und späteren SED-Generalsekretär, auf offene Ohren.[97] So beschloss das Sekretariat des Zentralrats der Freien Deutschen Jugend am 6. April 1955 die „Schaffung einer westdeutschen Studentenzeitung ‚Studenten-Kurier'"[98]:

> Die Zeitung muß Organ der antimilitaristischen und nationalen Strömungen werden, sie leiten, bewußter machen und zusammenführen.[....] Dabei sind die Vorschläge der DDR und der Sowjetunion in der Deutschlandfrage die feste politische Grundlage der Zeitung, die von ihr in eigener Argumentation wiedergegeben und popularisiert werden immer jeweils ausgehend von den progressiven Grundstimmungen und Forderungen der Studenten.

Zur Aufmachung hieß es: „8 Seiten DIN a 3, billigstes Zeitungspapier, aber mit mindestens 5 Klischees"[99]. Am 8. Mai, dem zehnten Jahrestag der Kapitulation Nazi-Deutschlands, erschien schließlich „von der FDJ und der KPD, nicht nur beeinflußt, sondern geleitet"[100] die erste Ausgabe des *Studenten-Kuriers* mit dem Untertitel „Unabhängiges Nachrichtenmagazin für deutsche Studenten" und roter Schmuckfarbe auf dem Titelblatt - allerdings mit 12 statt 8 Seiten. Den Vertrieb organisierte Röhl bundesweit über Studentenbühnen, zu denen er aus früheren Theater- und Kabarettzeiten gute Kontakte pflegte, so dass bereits die erste Aus-

96 Hübotter 2009: 3 (die beiden folgenden Zitate ebenso).

97 Hübotter: 66.

98 BArch DY 24/2534: Protokoll Nr.176 der Sitzung des Sekretariats des Zentralrates der FDJ vom 6. April 1955 (folgendes Zitat ebenso).

99 BArch BY 1/3894: Aktennotiz vom 2. April 1955.

100 Hübotter, zitiert nach Röhl, Bettina 2007: 60.

gabe an 24 Hochschulen verteilt wurde. Diesen ungewöhnlichen Vertriebsweg behielt Röhl auch später mit *konkret* bis 1964 bei - auch wenn konservative Studentengruppen des Öfteren bei den jeweiligen Hochschulleitungen erfolgreich ein Verkaufsverbot durchsetzten.[101]

Mit Ausnahme der roten Schmuckfarbe auf dem Titel knüpfte der *Studenten-Kurier* in Format, Papierart, Brotschrift und vierspaltiger Aufmachung direkt an das *Plädoyer* an und setzte auch dessen Nummerierung fort: Die Erstausgabe des *Studenten-Kuriers* war somit bereits Ausgabe Nr.2. Den Leitartikel schrieb Peter Rühmkorf unter dem Pseudonym Lyng:

> Wenn es diesem Deutschland nicht gelingt, eigenständige Politik zu treiben, wenn beide Teilstaaten weiterhin als abhängiger Wurmfortsatz der großen Tyrannosaurier ihre schmale Existenz fristen, es könnte nur zu leicht möglich sein, daß es zu einer Blinddarmentzündung mit letalem Ausgang für den ganzen Planeten kommt.[102]

Im Impressum stand Klaus Rainer Röhl als verantwortlicher Redakteur. Er wendete sich unter der Überschrift „3 Minuten Gehör" an die Leser, um ihnen die Ziele der neuen Zeitschrift zu erklären:

> Sie ist zunächst nicht politisch, konfessionell, kommerziell gebunden [....] Das Blatt wird wegen dieser Haltung und wegen dieser Unabhängigkeit dann immer auf der Seite derer sein müssen, die Haltung und Unabhängigkeit erkämpfen und erwünschen.[103]

In Wahrheit jedoch stand der *Studenten-Kurier* stets auf Seite der FDJ. Der „eigentliche [....] Begründer des *Studenten-Kuriers*"[104], der FDJler Klaus Hübotter, erschien nur nicht im Impressum, weil dies die Zeitschrift sofort als kommunistisches Tarnblatt entlarvt hätte. Im Hintergrund hielt er jedoch - zumindest anfangs - die Fäden in der Hand: „Nichts Wesentliches geschah ohne mein Wissen und meine Zustimmung, weder inhaltlich, organisatorisch oder finanziell."[105]

---

101 Vgl. Bohrmann 1975: 152ff.

102 Lyng 1955: 4.

103 Röhl, Klaus Rainer 1955b: 2.

104 Röhl, Bettina 2007: 71.

105 Hübotter 2009: 5.

Das Geld für den Druck brachte in regelmäßigen Abständen ein Geldbote vom FDJ aus Ost-Berlin.[106] Ob und wenn ja, inwieweit die FDJ bzw. deren Mutterpartei KPD den Inhalt des Blattes im Gegenzug bestimmte, lässt sich heute nicht mehr genau nachvollziehen. In diesem Punkt widersprechen sich die Aussagen der Beteiligten: Während Hübotter („‚Befehle' gab es von der FDJ oder KPD in Sachen Plädoyer oder Studentenkurier nicht"[107]) und Röhl („Keine Anweisungen über die Zeitungsarbeit, keine Bevormundung. Nur praktische Zusammenarbeit"[108]) jegliche Einflussnahme verneinen, wurden laut KPD-Kontaktmann Kumpf „bestimmte Orientierungen in der Zeitung [...] bindend festgelegt. Das betraf in erster Linie die Sicherung unseres politischen Kurses gegen die Militarisierung und für die jetzt schwieriger werdende Forderung: ‚Deutsche an einen Tisch, für Verhandlungen und Abschluß eines Friedensvertrages'"[109].

Ein Aktenvermerk vom 11.Oktober 1955 belegt, dass Röhl am 6. Oktober 1955 das erste Mal zu seinen klandestinen Geldgebern nach Ostberlin zitiert wurde. Bei dem geheimen Treffen im ausgebombten Hotel Adlon hat Röhl, den Aufzeichnungen zufolge, als Hauptmangel der Zeitung genannt, „daß sie zum gegenwärtigen Zeitpunkt im wesentlichen noch ein Blatt für literarische Snobs sei"[110]. Tatsächlich fanden sich in der von nur wenigen Bildern und Grafiken (u.a. von Sikorra, Giebel, George Grosz, Hermann Eckert) durchbrochenen Schwarz-Weiß-Bleiwüste des *Studenten-Kuriers* viel Lyrik und Prosa von Arno Schmidt, Hans Jenny Jahn, Peter Rühmkorf, Ferdinand Hardekopf, Erich Kästner, Hermann Hesse, Kurt Hiller, Ernst Rowohlt und nicht zuletzt Werner Riegel.

Im Herbst 1955 wurde der bisherige Kontaktmann Röhls zur KPD, Klaus Hübotter, verhaftet.[111] Röhl nutzte die Gelegenheit und überzeugte die KPD, ihm die alleinige Leitung des *Studenten-Kuriers* zu überlassen: „Ich

---

106 So belegen Aktennotizen vom 22. November und 20. Dezember 1955, dass am 17. März 500, am 5. April 830, am 6. Mai 1000, am 1. Juli 3000, am 5. Juli 1750, am 15. November 1000, am 16. Dezember 1000 sowie undatiert insgesamt 14 100 Mark an über „Toni", Klaus Hübotter, „Siegfried" [Burmester] bzw. „Freund Siegfried" an den *Studenten-Kurier* übergeben wurden (vgl. BArch BY 1/3894).

107 Hübotter 2009: 3.

108 Röhl, Klaus Rainer 2009: 47.

109 Kumpf 2000: 147.

110 BArch BY 1/3894: Aktenvermerk vom 11. Oktober 1955.

111 Vgl. Hübotter 1993: 6. Hübotter kam Ende 1955 gegen Kaution frei, wurde jedoch bereits im Sommer 1956 wegen Staatsgefährdung verurteilt zu 1,5 Jahren Haft verurteilt, wobei seine neun Monate U-Haft angerechnet wurden und die Reststrafe zur Bewährung ausgesetzt wurde.

vertraute ihnen, und sie, seltsamerweise vertrauten auch mir"[112]. Er wurde zum „Eigenkontrolleur"[113] des Blattes; als Hübotter freigelassen wurde, hatte er beim Studenten-Kurier nichts mehr zu sagen. Als künftige Zielvorgabe für das Blatt nannte Röhl seinen Geldgebern die „[o]ffene Propagierung des wissenschaftlichen Sozialismus, des historischen und dialektischen Materialismus"[114], die Zeitung solle als „Vortrupp der marxistischen Ideologie" auftreten und einer „rein antimilitaristische Antiadenauerlinie" folgen. Gleichzeitig warnte er:

> 1. Im vergangenen Jahr befand sich der Studentenkurier in der Defensive. Er mußte sich ständig gegen den Vorwurf kommunistisch zu sein, verteidigen. Der Einfluß des Studentenkuriers war unter den Studenten noch sehr gering. Man hatte noch nicht den richtigen Kontakt gefunden. Vor allem gab es große Schwierigkeiten mit dem Vertrieb, da eine Anzahl von ASTA's die Zeitung nicht abnahmen.
> 2. Etwas später trat man dann in die zweite Phase ein. Das Vertrauen unter den Studenten zum Studentenkurier wuchs spürbar. Gleichzeitig wuchs auch der politische Einfluß der Zeitung und sie mußte auch vom Gegner beachtet werden. Besonders im letzten Semester wurde in der Zeitung ein höheres journalistisch-literarisches Niveau erreicht.

Um den Verdacht, eine kommunistische Tarnzeitung zu sein, loszuwerden, machte Röhl die Vorgabe einer „5-prozentige[n] Anti-Ostmischung"[115]: Zwar plädierten in dem Blatt weiterhin Autoren wie Kurt Hiller (eigentlich ein scharfer Kritiker des real existierenden Sozialismus) im Einklang mit der KPD-Linie für die Integration Westdeutschlands „in jenen Gürtel der Dritten Kraft"[116] mit neutralen Ländern wie Schweden sowie Finnland. Auch karikierte der *Studenten-Kurier* auf der letzten Seite von Heft 5/1955 Adenauers Aussage, Deutschland sei zu groß, um neutral zu sein, mit der Gegenfrage: „Wieviel mal größer ist Indien als Deutschland?"[117] Gleichzeitig jedoch kritisierte Rühmkorf unter seinem

---

112 Röhl, Klaus Rainer 2009a: 48.

113 Hübotter: 66.

114 BArch BY 1/3894: Aktennotiz vom 22. August 1955 (folgende drei Zitate ebenso).

115 Burmester 2002: 147.

116 Hiller 1956: c.

117 Indiens Ministerpräsident Jawaharlal Nehru gilt als Begründer der Blockfreien-Idee und praktizierte diese in seiner Heimat seit 1955.

Pseudonym Fontara beispielsweise auch die „Stalinisten der DDR“[118]. Und als im November 1956 der Volksaufstand in Ungarn von der Roten Armee niedergeschlagen wurde, kritisierte der damalige Bundesminister a.D. Gustav Heinemann im *Studenten-Kurier* mit deutlichen Worten das „Verbrechen an Ungarn“[119]: „Wir alle sind mit unserem Herzen bei denen, die in Ungarn wirklich nichts anderes wollten, als die Freiheit.“ Erich Kuby appellierte in derselben Ausgabe, Farbe zu bekennen: „Das geistige Europa protestiert gegen die brutale Vergewaltigung Ungarns durch die sowjetische Militärmacht.“[120]

Von Heft zu Heft wurden auch die Themen breiter gefächert: Neben Rezensionen von linken Autoren wie Jakob van Hoddis, Kurt Tucholsky, Klaus Mann, Johannes R. Becher Kultur erschienen studentischen Themen wie etwa Unregelmäßigkeiten in der Kasse des Nürnberger Asta, die Jahreskonferenz der Internationalen Studentenkonferenz, Zimmer- wie Professoren-Mangel an westdeutschen Unis und nationalsozialistischen Tendenzen in schlagenden Verbindungen. Gleichzeitig publizierte der *Studenten-Kurier* vermehrt Reportagen aus Ländern wie Rot-China, Algerien, Jugoslawien, Zypern, Ägypten, der Sowjetunion und aus Südafrika.[121] - Die Mischung kam an: „Ab Sommersemester 56 war das Blatt mit Sicherheit die bestgemachte Studentenzeitung, auch die meistdiskutierte.“[122] Zwar lässt sich dieses Urteil Röhls heute aufgrund mangelnder empirischer Daten nicht mehr überprüfen. Da es 1956 in Westdeutschland nicht mehr als zwei Dutzend Studentenzeitschriften gab, erscheint es aber nicht zu weit gegriffen.[123] Die vier Ausgaben im Wintersemester 1956/57 erschienen bereits mit einer Auflage von jeweils 10 000 Exemplaren und wurden an Hochschulen des gesamten Bundesgebietes sowie in Paris, Ljubljana, Genf und Wien verkauft. Entsprechend stand auf Doppelnummer im Juni 1957 neben dem deutschen Preis (Normalpreis: 20 Pfennig; für Studenten: 10 Pfennig): „0,10 sfrs, 0,10 Zloty, 10 ffrs, 20 Din., 1 Schill.“

Trotz einzelner kritischer Töne über die DDR vertrat der *Studenten-Kurier* stets eine klare Linie für Wiedervereinigung und Neutralität gegen eine Westbindung, gegen Atomrüstung und damit auch gegen Adenauer. Als

---

118 Fontara 1956: 11.

119 Heinemann 1956: 4 (folgendes Zitat ebenso).

120 Kuby 1956: 11.

121 Vgl. hierzu exemplarisch: U.A. 1955b: 2, Wilkening 1955: 2, U.A. 1956: 3 und U.A. 1957: 3.

122 Röhl, Klaus Rainer 1998: 72.

123 Vgl. Bohrmann 1975: 133.

dieser die Atomrüstung als „Weiterentwicklung der Artillerie“[124] verharmloste, schilt Rühmkorf ihn einen „arroganten Allround-Dilettanten“[125] und fordert als John Frieder: „Weg mit dem Alten.“[126] Nicht weniger deutlich nahm der *Studenten-Kurier* vor der Bundestagswahl 1957 Stellung. Auf der Titelseite des Juni-Hefts war zu lesen:

> Ein guter Tip: Wählen Sie CDU, Sie verstehen: Keine Preissteigerungen vor dem 15. September, keine stabilitätsgefährdende Freiheit der Presse, keine sozialistischen Experimente, keine Wiedervereinigungsversuche und vor allem KEINE ENTSPANNUNGSBEMÜHUNGEN UND KEINE ABRÜSTUNGSPOLITIK. WER FALSCH WÄHLT, VERLIERT, WAS ER HAT. Und nun sagen Sie's noch heute Ihrem Nachbarn: WÄHL AUCH DU CDU!

Damit positionierte sich der *Studenten-Kurier* diametral zur Mehrheitsmeinung der Wiederaufbau-euphorisierten Nachkriegsgesellschaft. Adenauer genoss für seine westorientierte Politik, die jegliche Öffnung zu den östlichen Ländern verhinderte, und den quasi zur Staatsdoktrin erhobenen Antikommunismus viel Zustimmung. Kritische Stimmen wurden oftmals mit dem Totschlag-Argument der kommunistischen Propaganda zum Schweigen gebracht. Entsprechend seiner inhaltlichen Haltung wurde offen über die Ost-Finanzierung des *Studenten-Kuriers* spekuliert - diese war, so schrieb die *ZEIT*, schließlich ein „nicht schwer zu lösendes Rätsel“[127]. Dennoch berichtete Röhl seinen KPD-Hintermännern: „Das allgemeine Vertrauen zur Zeitung ist gestiegen. Der Vorwurf krypto=kommunistischer [sic] Tätigkeit ist fast gänzlich verstummt, ebenso die Frage nach der Finanzierung.“[128]

Die KPD war inzwischen (am 17. August 1956) vom Bundesverfassungsgericht verboten worden, woraufhin Röhl „aus Protest gegen ebendieses Parteiverbot“[129] in die nun illegale Partei eingetreten war. Durch die Mitgliedschaft in seiner Argumentationsbasis gestärkt, forderte er für das Sommersemester 1957 die Umstellung auf zweiwöchige Erschei-

---

124 Adenauer sagte dies am 5.April 1957 auf der Bundespressekonferenz im Bonner Bundeshaus (vgl. Neuneck 2009: 116).

125 Fontara 1957: 11.

126 Frieder 1956: 5.

127 *Die ZEIT* vom 31. Juli 1959, zitiert nach Siegfried 2006b: 295.

128 BArch BY 1/3894: Aufzeichnung vom 1. April 1957.

129 Röhl, Klaus Rainer 1998: 9.

nungsweise. Bislang war das Heft monatlich erschienen; und das auch nur während der Vorlesungszeit.

> 14-tägiges Erscheinen bedeutet: keine Nachricht braucht mehr unter den Tisch fallen, weil sie überholt ist, wir sind immer aktuell, wir können doppelt so viel Kommentare und immer neue Kommentare in jeder neuen Situation geben.[130]

Angespornt durch einen Brief Arno Schmidts (der - so kolportiert es zumindest Röhl - geschrieben hat „Ihr seid doch die beste deutsche Kulturzeitung. Warum heißt ihr *Studentenkurier*? Auch Nichtstudenten sollen Euch kaufen"[131]) wendete sich der *Studenten-Kurier*-Chef Ende 1957 unter der „Strukturanalyse und kurzer Vorschlag zur Strukturänderung" an seine Financiers im Osten: „1.Wir sind keine reine Studentenzeitung[....] 5.Der Titel ist dabei störend."[132]

Schon länger spielten er und Rühmkorf mit dem Gedanken, die Zeitschrift umzubenennen. Zur Auswahl für einen neuen Titel standen „einfach", „gegenständlich", „Gegenstand", „klar" und „konkret"[133]. Auf letzteren Vorschlag fiel schließlich im September 1957 die Wahl; nach 21 Ausgaben des *Studenten-Kuriers* war die Umbenennung besiegelt.

---

130 BArch BY 1/3894: Aktennotiz vom 1. April 1957.

131 Zitiert nach: Röhl, Klaus Rainer 2009a: 61. Vgl. hierzu auch Bauer 1994: 247.

132 BArch BY 1/3894: Undatierte Aktennotiz. Aus dem Zusammenhang lässt sich jedoch schließen, dass die Aufzeichnungen Ende 1957 erstellt wurden.

133 Vgl. Röhl, Klaus Rainer 1998: 18 sowie Rühmkorf 1972: 121.

3.5 Zwischenresümee I

Rückblickend lässt sich bei Betrachtung der *konkret*-Vorläufer *Untertan, Zwischen den Kriegen, Plädoyer* und *Studenten-Kurier* der Jahre 1951 bis 1957 bereits eine klare Entwicklungslinie ablesen. In einer „Zeit des kreativen Aufbruchs"[134] entstand um das Kreativ-Duo Röhl und Rühmkorf eine kleine Gruppe progressiv-pazifistischer Studenten, die vom Wahnsinn der Nazi-Verbrechen zutiefst erschüttert, alles irgend Mögliche tun wollte, um einen ihrer Meinung nach aufziehenden, erneuten Weltkrieg zu verhindern. Mit dem Kabarett *Pestbeule* legten sie das antifaschistische Fundament für alle Publikationen, die später folgen sollten.

DAS PLÄDOYER

Staatsbürger Student

Europäische Koordinaten

Abbildung 3: Vom Literatenblatt über die Flugblatt-Schrift und die „Testausgabe" zur Studentenzeitschrift: Titelblätter von *ZdK, Plädoyer* und dem *Studenten-Kurier*. Quellen: *ZdK, Das Plädoyer, Studenten-Kurier* (Titel-Balken im Original blau).

Im gleichen Kontext ist auch die spontan entwickelte Flugblatt-Schrift *Der Untertan* zu sehen. Wohl aus dem Gefühl heraus, dass jetzt - nur sieben Jahre nach Kriegsende - schon wieder Linke von einer als politisch rechts wahrgenommenen Polizei niedergeschossen werden, suchten Röhl und Busse einen Weg des Protests. Finanziert von Deutschlands einzig verbliebener kommunistischer Hochschulgruppe gaben sie auf die Schnelle statt eines Flugblatts eine Zeitschrift heraus und machten damit den ersten Schritt in Richtung einer von KPD und FDJ finanzierten Zeitschriftengründung.

Parallel dazu wagten der Student Rühmkorf und der Bürobote sowie Hobby-Lyriker Riegel mit der hochpathetischen Literaturzeitschrift *Zwischen den Kriegen* den Spagat zwischen „einerseits private Eliteliteratur,

---

[134] Röhl, Brunhild 2009: 1.

andrerseits politische Aufklärungsartikel"[135]. Beschränkt auf die winzige Auflage von 150 Stück, aber gestärkt durch hochkarätige Autoren wie Kurt Hiller und Richard Anders grenzten sie sich mit avantgardistischem Selbstverständnis bewusst von dem traditionellen Kunst- und Politikbegriff der klerikal-konservativen Bildungs-Bürgerlichkeit der Adenauer-Zeit ab. In Anknüpfung an die literarische Tradition der 20er Jahre - v.a. das Ossietzky-Blatt *Weltbühne* - begründeten sie die nonkonformistische Avantgarde-Strömung des Finismus und wetterten scharf gegen den Dritten Weltkrieg, den sie aufziehen sahen. Zwar stellte *ZdK* nur eines der kleinen „Sceneblätter [sic]"[136] dar, seine literarische und auch politische Ausstrahlung ging jedoch wie sich später zeigen wird soweit, dass die Zeitschrift heute, rund 50 Jahre später, zu Recht als „hochkarätige und folgenreiche Zeitschrift"[137] gefeiert wird.

Was den späteren *konkret*-Chefredakteur Röhl letztlich von den *ZdK*-Machern Riegel und Rühmkorf unterschied, nämlich sein Streben in die Breite, führte ihn Mitte der 50er Jahre - in einer Zeit also, „in der ‚Kommunistenjagd" keine vereinzelte Unterdrückungsmaßnahme war"[138] - direkt in die Arme der bereits verbotenen kommunistischen FDJ. In einem gesellschaftlichen Klima, das „starke konservative Züge"[139] aufwies und nach der Niederschlagung des Volksaufstandes vom 17. Juni 1953 noch mehr von breiter Zustimmung für Adenauers-Anti-Kommunismus geprägt war, suchte Röhl die Nähe zu den Schmuddelkindern der westdeutschen Politik: den Kommunisten.

Bereitwillig nahm Röhl ihr Geld, um das *Plädoyer* und dann den *Studenten-Kurier* herausgeben zu können. Für die Partei-Strategen in der DDR war Röhl anfangs vermutlich nicht mehr als eine Marionette, um eine Tarnzeitschrift herauszugeben, die sich ob ihrer Nonkonformität und zuweilen kritischen Haltung gegenüber dem Osten (bereits auf dem Titel der *Studenten-Kurier*-Erstausgabe war vom „Studentenstreik in Ost-Deutschland" die Rede) von anderen dilettantischen und leicht zu durchschauenden Ost-Publikationen wie *Blinkfüer* oder *Blitz* unterschied. Lediglich als Strohmann eingeplant, ergriff Röhl jedoch die Gunst der Stunde, als Hübotter 1955 festgenommen wurde, und stieg mit dem Segen und v.a. dem Geld der KPD in den erlesenen Kreis der westdeutschen Zeitschriften-Herausgeber auf. Was für den jungen Mann die ein-

135 Rühmkorf 1972: 43.

136 Brüseke/Große-Oetringhaus 2000: 15.

137 Perlentaucher.

138 Cohn-Bendit/Mohr 1988: 17.

139 Steininger 2002: 234.

malige Chance war, ein Blatt mit einer Anfangsauflage von 5000 Stück zu publizieren, war für den kommunistischen Geldgeber v.a. die Möglichkeit, über ein relativ unverdächtiges Studentenblatt an westdeutschen Hochschulen die Gegner von Wiederbewaffnung und Westintegration mit der Politik der DDR vertraut zu machen.[140]

Röhl holte drei Jahre nach seinem Ausstieg bei *ZdK* die Literaten Rühmkorf und Riegel ins Boot und machte mit ihnen „unsere unabhängige Zeitung, unsere *Weltbühne*, von der wir geträumt hatten"[141]. Sie sahen sich selbst in der Tradition des linken und literarischen Journalismus der Weimarer Zeit und unterstrichen diesen Anspruch nicht zuletzt dadurch, dass sie den ehemaligen *Weltbühnen*-Autor Hiller als *Studenten-Kurier*-Schreiber gewannen.[142] War das große Vorbild, die von Kurt Tucholsky und später Carl von Ossietzky geleitete *Weltbühne*, eine wöchentlich erscheinende und v.a. bedeutende Publikation im linksintellektuellen Milieu der 20er Jahre, so war der *Studenten-Kurier* anfangs nicht mehr als ein Hamburger Studentenblatt.[143]

Gestalterisch glich es seinem Vorbild in der roten Schmuckfarbe und den experimentellen Heartfield-Collagen auf dem Titelblatt.[144] Zur Weimarer Zeit war dies definitiv eine sehr avantgardistische Gestaltung, in den 50er Jahren wirkte es jedoch nur noch auf einige „ungewöhnlich, ja geradezu avantgardistisch"[145], auf viele Leser dürfte es gerade im Vergleich zu den neu auf den Markt gekommenen Illustrierten wie *Quick* oder dem Wochenmagazin *Stern* jedoch einen altbackenen Eindruck gemacht haben. Im Vergleich zum Vorläufer *ZdK*, das noch auf einer Wäschemangel abgezogen wurde, waren die neue Gestaltung und der maschinelle Druck allerdings unbestritten eine Professionalisierung. Auch wurde das Layout von Ausgabe zu Ausgabe lockerer. War das *Plädoyer* mit Ausnahme zweier kleiner Grafiken auf Seite 1 und 2 noch eine graue Bleiwüste, tauchten in den Jahren 1956 und 1957 vermehrt Schwarz-Weiß-Bilder auch im hinteren Heftteil auf. Der Druck erfolgte nach wie vor auf Zeitungspapier - Hochglanzpapier war zur damaligen Zeit für einen kleinen Verlag wie den des *Studenten-Kuriers* noch unerschwinglich.

---

140 Vgl. Gallus 2001a: 229 sowie zur Anfangsauflage: Wesemann 2007: 104.

141 Röhl, Klaus Rainer 2009a: 48.

142 Vgl. zu dem Blatt: Gallus 2005.

143 Vgl. Madrasch-Groschopp 1983.

144 Vgl. Grossmann 1992: 14. John Heartfield war der Künstlername des Grafikers, Fotomontagekünstlers und Bühnenbildners Helmut Herzfeld.

145 Siegfried 2006b: 298.

Mit der Verbreiterung des Themenspektrums und dem Abdruck prominenter Autoren - wie etwa Sartre[146] - stieg die Resonanz des *Studenten-Kuriers* bei den Lesern. Unter den meist konservativ-klerikalen Studentenzeitschriften der 50er Jahren wurde der *Studenten-Kurier* zu einem gern gelesenen Paradiesvogel. So meint Brunhild Röhl: „Einerseits ganz klar gesellschaftlich Stellung beziehend, polemisch, aber das Ganze in unterhaltsamer Form dargebracht, lebendig geschrieben, mit Satire und Humor gewürzt. Das kam an und fiel aus dem Rahmen der sonstigen Studentenblättchen."[147] Mittelfristig stieg auch die Auflage. Sie betrug laut KPD-Kontaktmann Kapluck zu den Hochzeiten des *Studenten-Kuriers* 20 000 Stück.[148] Schon bald beschränkte sich die Leserschaft nicht mehr nur auf die Studenten. Auch die linke Intelligenz fand Gefallen an der von Studenten (!) bzw. ab Juli 1955 von deren „Arbeitskreis Publizistik im ARBEITSKREIS PROGRESSIVE KUNST AN DER UNIVERSITÄT HAMBURG"[149] herausgegebenen Zeitschrift, wie etwa die Leserbriefe von Alfred Döblins („Der neue Studentenkurier ist sehr frisch, die alte Antimilitärhaltung besteht fort."[150]) und Helmut Gollwitzer („Beifall für Ihren Non-Konformismus einschließlich der Portion Frechheit, die das Salz zur Speise ist."[151]) zeigen.

Der *Studenten-Kurier* beweist, dass es „einen Bedarf gab, der von keinem anderen Publikationsorgan gedeckt wurde"[152]. So fiel das gegenkulturelle Blatt deutlich aus dem Raster der übrigen Nachkriegszeitschriften, die mit einigen Ausnahmen, der privatistisch orientierten und desillusionierten Bevölkerung v.a. Zerstreuung boten.[153] Lange bevor die entsprechenden Themen in breiten Teilen der Bevölkerung diskutiert wurden, kritisierte der *Studenten-Kurier* beispielsweise die personelle Kontinuität von der Wehrmacht und der 1955 gegründeten Bundeswehr sowie den umstrittenen Abtreibungsparagraphen §218.[154] Wie Augstein unter seinem Pseudonym Jens Daniel, kämpften Rühmkorf und Röhl unter den

---

146 Vgl. Sartre 1955: 9.

147 Röhl, Brunhild 2009: 3.

148 Vgl. Kapluck 2009: 5. Bohrmann 1975: 132 spricht hingegen von 16 000 Stück.

149 Der Arbeitskreis wurde laut einer Aktenaufzeichnung (BArch BY 1/3894) vom 4. Mai 1955 am 25. November 1952 in Hamburg von Klaus Rainer Röhl gegründet.

150 Leserbrief, veröffentlicht in: *Studenten-Kurier*, Ausgabe 6 (1957): 6.

151 Leserbrief, veröffentlicht in: *Studenten-Kurier*, Ausgabe 3 (1956): 5.

152 Siegfried 2006b: 297.

153 Vgl. Flieger 1992: 55.

154 Vgl. exemplarisch: U.A.1957c über Adolf Heusinger, den neuen Bundeswehrchef und Chef des Operationsabteilung des OKH unter Hitler, sowie zum §218: U.A. 1956b.

Pseudonymen John Frieder und Johannes Fontara gegen Westintegration und für Wiedervereinigung mit Ost-Deutschland und etablierten den *Studenten-Kurier* auf diese Weise als engagiertes Oppositionsblatt - oder wie es die Geldgeber im Osten anerkennend feststellten: als „eine kämpferische Zeitung mit hoher politischer Wirksamkeit“[155].

Die Finanzierung durch die KPD sah Röhl pragmatisch: Er habe „lediglich ein paar stille Mäzene gewonnen“[156]. In die Partei war er weniger aus ideologischen Gründen, denn aus pragmatischen Gründen eingetreten - und das auch erst nach im Herbst 1956, nach dem XX. Parteitag der KPdSU, der die Linken auf eine Entstalinisierung hoffen ließ: „Wenn ich ehrlich bin [....] mein Hauptinteresse war Zeitungmachen und zu wirken, in einer Weise, die nun allerdings abweichlerisch war gegenüber allem Übrigen“[157]. Seine „ideologische[n] Bauchschmerzen“[158], die ihm seine Ex-Frau attestiert, waren angesichts der sich bietenden Möglichkeiten schnell kuriert, wie auch *Studenten-Kurier*-Gründer Hübotter im Rückblick sieht: „Die Jungens [Röhl und Rühmkorf] waren viel zu heiß darauf, zu schreiben und veröffentlicht zu werden, um sich über die finanziellen Abhängigkeiten Skrupel zu machen.“[159] Ohnehin darf das Bild einer Manipulation durch die Kommunisten nicht zu düster gezeichnet werden. So deckte sich die politische Position von Röhls Redaktion weitgehend mit der der DDR-Propagandisten. Sie „mussten dazu keineswegs von oben dirigiert werden“[160]. Ansonsten war den studentischen Redakteuren um ihren Chef Klaus Rainer Röhl vor allem wichtig, dass sie schreiben konnten, was sie wollten: „Wenn ich Zugeständnisse machen musste, [....] dann machte ich das nur deswegen, weil ich auf diese Weise freie Hand bekam für meine eigenen Sachen“[161].

155 Vgl. Merseburger 2009: 9 und Kumpf 2000: 149.

156 Röhl, Klaus Rainer 2009a: 48.

157 Röhl Klaus Rainer 2009b: 9.

158 Röhl, Brunhild 2009: 4.

159 Hübotter 2009: 4.

160 Siegfried 2006b: 297.

161 Röhl, Klaus Rainer 2009b: 9. Vgl. auch Röhl, Klaus Rainer 1998: 83.

4 Vom Hamburger Studentenblatt zum ostfinanzierten Linksorgan (1957-1964)

Das folgende Kapitel beschreibt die Entwicklung der Zeitschrift *konkret* seit ihrer Gründung bzw. Umbenennung im Jahr 1957 bis zum Ende der Finanzierung aus Ostdeutschland im Jahr 1964.

4.1 Unabhängigkeit in Abhängigkeit: Der Financier im Osten

Im September 1957 wurde aus dem *Studenten-Kurier* die „Unabhängige Deutsche Studentenzeitung für Kultur und Politik" namens *konkret*. Das Format blieb gleich, Umfang (12 Seiten) und Preis (10 Pfennig) ebenso. An die Leser gerichtet schrieb die Redaktion:

> Als Titel und Leitmotiv setzen wir ab heute ein Wort, das uns Verpflichtung und Ihnen Erklärung sein möge: Ausdruck einer Gesinnung, die gegenüber systematischer Irreführung und schönfärberischer Propaganda im Politischen, die wider modische Extrahumanität und Realitätsentzug in Sachen der Kunst eins vor allem zu sein sich bemüht: konkret.[162]

Ziel der Zeitschrift war - so Röhl im Rückblick - „die schrittweise Annäherung der beiden deutschen Teilstaaten, wenn möglich eine Wiedervereinigung, Abbau des Antikommunismus, Verhinderung der Wiederaufrüstung, besonders der Atombewaffnung, später die Abrüstung"[163].

Die Voraussetzungen für die Gründung einer derart ausgerichteten Zeitschrift hätten 1957 in der Bundesrepublik jedoch nicht schlechter sein können. Die KPD war ein Jahr zuvor verboten worden und erst im Herbst hatten CDU/CSU bei den Bundestagswahlen zum ersten (und bis dato letzten) Mal eine absolute Mehrheit erreicht.[164] Der Großteil der Gesellschaft gab sich wie die Regierung Adenauer klar anti-kommunistisch. Die bloße Nennung des Wortes „DDR" war ein Tabu, statt-

---

162 Die Redaktion 1957: 7.

163 Röhl, Klaus Rainer 1998: 9f.

164 Trotz der absoluten Mehrheit von CDU und CSU koalierte die Union mit der Deutschen Partei (DP).

dessen sprach man lieber von der Ostzone oder der SBZ – „Keine Experimente!“ war das Gebot der Stunde. Selbst die Studentenschaft, später fruchtbarer Boden für linke Ideen, war mehrheitlich konservativ bzw. rechts oder unpolitisch demokratisch eingestellt.[165]

Und dennoch: *konkret* hatte Erfolg. Im Herbst 1957 gab es bereits eine Berliner Lokalausgabe, ab 1958 erschienen jeden Monat eigene Ausgaben in München, Frankfurt und Köln. Der Kiosk-Preis blieb dauerhaft niedrig: „40 Pf, Studenten 10 Pf“ und ab Mai 1961 50 Pfennig. Möglich machte dies ein stetiger Geldfluss aus der DDR: „Ich bin immer zur Partei gegangen und habe zu denen gesagt, gebt mir noch mal 40 000 und noch mal 40 000 DM“[166], so der KPD-Funktionär Manfred Kapluck später. „Ohne mich hätte es die Zeitschrift ‚Konkret' nie gegeben, denn ich war es, der diese verrückte Zeitung bei der SED immer wieder durchgesetzt hat.“ Nach außen hin versuchte Röhl – neben ihm wusste nur seine damalige Frau Brunhild definitiv davon[167] –, die illegale Finanzierung zu verbergen. Erst 1974, nach seinem Ausscheiden bei *konkret,* gestand er öffentlich:

> Als Herausgeber hatte ich von Anfang an Beziehungen zu den Kommunisten und erhielt von ihnen Geldspenden, ohne die der Druck der Zeitung nicht hätte finanziert werden können. [....] Eine Gegenleistung für diese Hilfe wurde von der Partei nicht gefordert: Ich konnte die Zeitschrift ausschließlich nach meinem Willen gestalten, irgendwelche Eingriffe erfolgten nicht.[168]

Aktennotizen aus dem Jahr 1958 belegen jedoch, dass Ostberlin seit der Umbenennung vermehrt Einfluss nahm auf Stil („es gibt künftig 3 Stilformen: a) schnoddrige Art b) sachliche Art c) ernste Art angemessen dem Thema“[169]), Inhalt („daß Ihr jetzt mal einen [Artikel] beginnt, der dort nicht den Kommunismus verherrlicht, aber der klar und deutlich über den dialektischen historischen Materialismus schreibt“[170]) und

---

165 Vgl. Fichter/Lönnendonker 1979: 101f sowie Schelsky 1975: 341f.

166 Kapluck, zitiert nach: Röhl, Bettina 2006: 48 (folgendes Zitat ebenso).

167 Hübotter und Brunhild Röhl gehen davon aus, dass Peter Rühmkorf ebenfalls von der Finanzierung durch die illegale KPD wusste (vgl. Hübotter 2009: 4 und Röhl, Brunhild: 2009: 4). Belege gibt es dafür jedoch nicht.

168 Röhl, Klaus Rainer 1998: 9.

169 BArch BY 1/3894: Aktennotiz vom 31. Juli 1958.

170 BArch BY 1/3894: Von R. Kumpf unterzeichnete Notiz zur Beratung mit Röhl am 15. August 1958.

einzelne Artikel („ist doch eine olle Kamelle“ bzw. „Artikel sehr gut!!!“[171]).

Die Aussöhnung mit der DDR - Herzensanliegen der *konkret*-Redakteure und zugleich erklärtes Ziel von KPD und SED - zog sich wie ein roter Faden durch die junge *konkret*. Während andere westdeutsche Publikationen die entsprechenden Vorschläge Ost-Berlins nur - meist abschlägig - kommentierten, druckte *konkret* die Dokumente - wie beispielsweise die Sowjetnote - komplett ab. Röhl kommentierte persönlich den sowjetischen Vorschlag eines Friedensvertrags, der eine völkerrechtliche Teilung Deutschlands und eine Entmilitarisierung in den bestehenden Grenzen vorsah:

> Jawohl, der Friedensvertragsentwurf ist brutal und hart, unerbittlich und unannehmbar. Für die Unbelehrbaren von gestern und die Brandstifter von morgen. Für alle anderen, die wir nicht so sehr ihr Herz gehängt haben an U-Boote, Bomber und ABC-Waffen, die, obwohl in tiefer und schamvoller Trauer über die - durch einen mit einmaliger Grausamkeit geführten Aggressionskrieg - verlorenen Ostgebiete, gleichwohl keiner revanchistischen und chauvinistischen Organisation angehören, für sie ist der Entwurf der notwendige Vorschlag einer Siegermacht, über den verhandelt werden muß.[172]

Die westdeutsche SPD griff den Vorschlag kurze Zeit später in ihrem „Deutschlandplan“ auf und schlug eine paritätisch besetzte Gesamtdeutsche Konferenz als Beginn einer stufenweisen Vereinigung vor. - Für *konkret*-Autor Opitz ein vernünftiger „Plan für die Deutschen“, wie er seinen Lesern erklärte:

> Der Plan geht von der Wirklichkeit aus und ist für die Deutschen gedacht. Selten war die Bevölkerung in Deutschland durch irgend etwas so unmittelbar zur konkreten Mitgestaltung der künftigen Politik und des künftigen deutschen Schicksals aufgefordert wie durch diesen Plan. Der Deutschlandplan ist für uns gemacht, machen wir ihn zu unserem Plan.[173]

---

171 BArch BY 1/3894: Undatierte Einschätzung einer ungenannten *konkret*-Ausgabe.

172 Röhl, Klaus Rainer 1959: 2.

173 Opitz 1959: 1.

Mit Dutzenden Artikeln griff *konkret* eine mögliche Wiedervereinigung und damit jenes Thema auf, „das beim Medienpublikum höchste Aufmerksamkeit erregte"[174], jedoch in den bundesrepublikanischen Medien meist nur einseitig beleuchtet wurde. Den Standpunkt der anderen Seite repräsentierte *konkret*: So kommt Rupp nach einer Analyse der Leitartikel von 1958 bis 1960 zu dem Schluss, dass diese „unreflektiert prosowjetische Tendenzen"[175] aufgewiesen hätten, was Siegfried wiederum zurückweist. Er sieht durchaus eine kritische Auseinandersetzung mit den Vorgängen hinter dem Eisernen Vorhang: „Nie hätte *Konkret* den Einfluss gewinnen können, den es hatte, wenn es immer der Linie der KPD gefolgt wäre."[176]

4.2 Sprachrohr und Plattform der „58er": Der *konkret*e „Kampf dem Atomtod"

Weil die Druckerei von *konkret* - eine Tarnfirma der KPD - eine neue Druckerpresse bekam und diese das bisherige Format nicht drucken konnte, stellte *konkret* im März 1958 auf das Riesenformat (40 auf 55 Zentimeter) um und machte das Blatt damit zur - zumindest formatmäßig - größten Studentenzeitschrift der BRD. Im gleichen Monat, mit Heft 3, nahm *konkret* den Kampf gegen den Atomtod auf - oder weniger plakativ ausgedrückt: Gegen die von der CDU-CSU-Regierung unter Adenauer angestrebte atomare Bewaffnung der Bundeswehr.

Bereits Anfang 1957 hatte sich in der BRD eine Protestbewegung gegen Adenauers als „Weiterentwicklung der Artillerie"[177] verniedlichte Atombewaffnung der westdeutschen Streitkräfte formiert. So veröffentlichten 18 führende deutsche Atomwissenschaftler - darunter die Nobelpreisträger Carl Friedrich von Weizsäcker, Max Born, Otto Hahn und Werner Heisenberg - am 12. April 1957 den so genannten Göttinger Appell, der auf die Zerstörungskraft dieser Waffen hinwies und vor den militärischen und politischen Folgen der Atombewaffnung der BRD im Rahmen der NATO warnte. Ein breites Bündnis von SPD, DGB, FDP, EKD, des Linkskatholizismus und der von Gustav Heinemann gegründeten Gesamtdeutschen Volkspartei (GVP) schloss sich daraufhin zur ersten politischen Massenbewegung der Nachkriegszeit zusammen, der

---

174 Hodenberg 2006a: 383.

175 Rupp 1980: 254.

176 Siegfried 2006b: 298.

177 Adenauer sprach davon am 5. April auf der Bundespressekonferenz im Bonner Bundeshaus (vgl.: Neuneck 2009: 116).

Aktion „Kampf dem Atomtod". Den Gründungsaufruf druckte *konkret* auf dem Titel von Heft 3/1958:

> Das deutsche Volk diesseits und jenseits der Zonengrenze ist im Falle eines Krieges zwischen Ost und West dem sicheren Atomtod ausgeliefert. Einen Schutz dagegen gibt es nicht. Beteiligung am atomaren Wettrüsten und die Bereitstellung deutschen Gebietes für Abschußbasen von Atomwaffen können diese Bedrohung nur erhöhen. Ziel einer deutschen Politik muß deshalb die Entspannung zwischen Ost und West sein. [....] Wir rufen das gesamte deutsche Volk, ohne Unterschied des Standes, der Konfession oder der Partei, auf, sich einer lebensbedrohenden Rüstungspolitik zu widersetzen und statt dessen eine Politik der friedlichen Entwicklung zu fördern. Wir werden nicht Ruhe geben, solange der Atomtod unser Volk bedroht.

Wenige Tage später, am 25. März 1958, beschloss der Bundestag die atomare Bewaffnung der BRD unter Federführung der NATO. In Hamburg gingen daraufhin mindestens 120 000 Menschen auf die Straße - so viele sollte selbst die APO zehn Jahre später nicht aus den Häusern locken - und skandierten Slogans wie „Lieber aktiv als radioaktiv". Eine neue Protestbewegung war geboren: die sogenannten 58er. Ihr Medium wurde *konkret*.

So erschien in der Zeitschrift wenige Tage nach der Hamburger Demonstration ein Interview mit einem jungen Bundestagsabgeordneten, der sich wegen seiner rhetorischen Unverblümtheit den Beinamen „Schmidt-Schnauze" erarbeitet hatte: Helmut Schmidt. Er erklärte, dass Atomaufrüstung ein nationaler Notstand sei und implizierte mehr oder minder direkt, dass Widerstand dagegen gerechtfertigt sei. Auf die Frage, was denn nun besser sei, eine Volksbefragung oder ein Generalstreik (!) antwortete er: „Zunächst einmal würde ich absolut kein Mittel ausschließen. Das scheint mir ein wichtiger Grundsatz zu sein."[178]

Heft für Heft kämpfte *konkret* publizistisch gegen den „Atomtod": Das Blatt veröffentlichte abschreckende Bilder von Strahlenschäden (Heft 4/1958), druckte den Aufruf von Studentenpfarrer Herbert Mochalski „Diesmal wird niemand sagen können: Das habe ich nicht gewußt! Darum rufen wir zum Aufstand der Gewissen!"[179] und die „Neue[n] Vor-

---

178 Röhl, Klaus Rainer 1958a.

179 Mochalski 1958: 2.

schläge für Atomwaffen-Gegner"[180] von Hans Magnus Enzensberger – wenn auch unter dem falschen Namen „Dr. Ernst Magnus Enzensberger". *konkret*-Chefredakteur Röhl, ein überzeugter Verfechter der Wiedervereinigung, stellte sich in seinem Leitartikel hinter die Protestierenden:

> Verhinderung der Atomrüstung und Wiedervereinigung bedingen einander wie der Regen und das Korn: Verhinderung der Atomrüstung ist der erste Schritt, der zur Zeit überhaupt nur noch gangbare Schritt auf dem Wege der Wiedervereinigung![181]

Ab Sommer 1958 erschien *konkret* 14-tägig. Die Redakteure der jungen Zeitschrift suchten den Kontakt zu den sogenannten Anti-Atomtod-Ausschüssen, die sich im Umfeld des Sozialistischen Deutschen Studentenbund (SDS), der Studentenorganisation der SPD, bildeten. So heißt es in einer Aktennotiz vom 26. Mai 1958: „‚Konkret' ergreift sofort die Initiative zur Bildung eines Hamburger Universitätsausschusses gegen Atomtod. [....] Es muß das Ziel sein, sich in Hamburg eine feste Basis im Kampf gegen Atomtod zu schaffen."[182] Doch nicht nur in Hamburg, sondern in der ganzen Bundesrepublik traten die Redakteure mit Anti-Atomauschüssen in Kontakt. So lernte Röhl im Mai 1958 bei einer Pressekonferenz der Atomwaffengegner auch seine spätere Ehefrau Ulrike Meinhof kennen. Als Vorsitzende des Münsteraner Atomausschusses hatte die Pädagogikstudentin 5000 Studenten zu einem Schweigemarsch zusammengetrommelt: „Die trug ihr Haar wie Sophie Scholl und sah auch so ernst aus [.]"[183] Röhl spricht heute von „Abneigung auf den ersten Blick"[184]. Dennoch gewann der Zeitschriften-Dandy die Studentin mit der Sophie-Scholl-Frisur als studentische Leitfigur für den von *konkret* lancierten Anti-Atomkampf. Etwa zur gleichen Zeit kamen aus dem Umfeld der Atomausschüsse einerseits und andererseits aus dem Dunstkreis der verbotenen KPD weitere neue Gesichter zu *konkret*, nämlich Hans Stern, Jürgen Manthey und Reinhard Opitz, Jürgen Holtkamp und Erika Runge. Sie bewirkten laut Rühmkorf eine „ideologische[.] Straffung und Kalzinierung"[185] der Zeitschrift. Immer mehr *konkret*-

---

180 Enzensberger 1958: 2.

181 Röhl, Klaus Rainer 1958b: 1.

182 BArch BY 1/3894: Aktennotiz vom 26. Mai 1958.

183 Röhl, Klaus Rainer 2009a: 65.

184 Röhl, Klaus Rainer 1998: 99.

185 Rühmkorf 1972: 121.

Leute wurden zu Antiatomausschuss-Mitgliedern und umgekehrt. Aus dem Organ der Antiatombewegung wurde zum Missfallen von kritischen Beobachtern wie Reimar Lenz, Jürgen Habermas und Eric Nahorra - von Röhl als „skeptische Linke“[186] bezeichnet - allmählich der Organisator der Antiatombewegung:

> Die *konkret*-Parteigruppe rotierte, als sei die Oktoberrevolution in Deutschland ausgebrochen. Wir hatten kaum Zeit, zur ‚Einschätzung‘ nach Ostberlin zu fahren. Wir waren den Parteibefehlen immer um Tage voraus, flitzten ohne Auftrag durch die Gegend und machten alles mit schlafwandlerischer Sicherheit richtig.[187]

4.3 Das Gespenst des „Konkretismus“: Die Redaktion übernimmt den SDS

Mit der allmählichen personellen Übernahme der Antiatomausschüsse wuchs auch der Einfluss von *konkret* im SDS. Um die Redakteure Reinhard Opitz und Hans Stern versammelten sich im Studentenbund mehrere studentische Anhänger, so dass schon bald die Rede war von der „*konkret*-Gruppe“ bzw. der „*konkret*-Fraktion“[188]. Ihr Einfluss ging schon bald soweit, dass die Redaktion ihrem Kontaktmann von der KPD, Manfred Kapluck, eröffnete, sie könnten den SDS regelrecht übernehmen:

> Eines Tages kamen sie zu mir und sagten, also, es ist möglich, daß wir den ganzen SDS in unsere Hände bekommen. Wie denn, fragte ich da, und da sagten sie, daß es ihnen nur gelingen müßte, einen von ihnen, den damals noch stellvertretenden SDS-Bundesvorsitzenden Oswald Hüller, als Bundesvorsitzenden durchzubringen und zum SDS-Chef zu machen, der wolle allerdings 5000 DM

---

186 Röhl, Klaus Rainer 1998: 98.

187 Röhl, Klaus Rainer 2009a: 70.

188 Vgl. Rupp 1980: 254. Zur *konkret*-Gruppe zählte die SPD (1959) Röhl und Rühmkorf, Opitz, Peter Meier, Horst Stern, Klaus Steffens, Erika Runge, Ulrike Meinhof, Gerd Lauschke, Eva-Maria Titze, Rudolf Schultz, Else Jahnke und ihren Sohn.

dafür haben. Na ja, 5000 DM, die konnte ich lockermachen, und dann legten sie los.[189]

Die 5000 Mark sind laut Klaus Rainer Röhl zwar nie ausgezahlt worden, dennoch wurde Oswald „Ossi" Hüller auf der XIII. ordentlichen Delegiertenkonferenz des SDS am 22. und 23. Oktober 1958 in Mannheim zum SDS-Vorsitzenden gewählt. Die nötigen Stimmen im SDS hatte ihm *konkret* organisiert: „[D]a fehlten Ossi noch drei Stimmen zur Mehrheit. Flugs fuhr einer zu einer Universität, wo noch keine SDS-Gruppe war, schrieb sich ein, gründete mit zwei Mann eine SDS-Gruppe und schon hatte die das Mandat"[190]. Erstmals setzte sich damit bei Vorstandswahlen der linke Flügel des SDS durch, der gegen das von der SPD geplante Godesberger Programm opponierte.[191]

Die unterschiedlichen Standpunkte wurden erstmals beim SDS-Kongress gegen Atomrüstung am 3.-4. Januar 1959 an der FU Westberlin deutlich sichtbar. Es zeigte sich, „daß eine Gruppe der Funktionäre der studentischen Bewegung gegen eine Atomrüstung gewillt war, die Angst vor einem Atomkrieg für ihre deutschlandpolitische Zielsetzung, die weitgehend mit der der DDR-Regierung identisch war, zu instrumentalisieren."[192] Die angesprochene, tatsächlich von der FDJ instruierte Gruppe war die *konkret*-Fraktion. Sie stand den studentischen Vertreter der offiziellen SPD-Linie gegenüber, die zwar auch die Forderung „Gegen den Atomtod in Ost und West" unterstützten, allerdings abgeschwächt durch etwaige Abgrenzungsmanöver gegenüber der DDR.[193] Das Ziel der *konkret*-Redakteure und ihrer studentischen Verbündeten war es, den Kongress zu unterwandern, wie Röhl selbst einräumt: „Ich gebe zu, daß wir diesen Kongreß ein bißchen nach unseren Vorstellungen gelenkt, andere würden sagen, manipuliert haben."[194]

Obwohl in der Minderheit, gelang es den *konkret*-Leuten, über eine Änderung der Tagesordnung, den Hauptausschuss, der mit SPD-Topleuten bestückt war, zu Gunsten kleinerer Arbeitskreise zu entwaffnen.[195] Der SPD-Topredner und ehemalige SDS-Vorsitzende Helmut Schmidt, von

---

189 Röhl, Bettina 2007: 241f.

190 Röhl, Klaus Rainer 2009b: 14.

191 Vgl. ausführlich zum Engagement von *konkret* im SDS: Fichter/Lönnendonker 2008: 81ff.

192 Albrecht 1994: 318.

193 Vgl. hierzu Aust 1998: 36f.

194 Röhl, Klaus Rainer 1998: 108.

195 Vgl. Röhl, Bettina 2007: 270f.

linken Pazifisten und Antimilitaristen wegen seines Eintretens für die Bundeswehr mittlerweile geschasst, wurde von Ulrike Meinhof im internationalen Ausschuss in heftige Rededuelle verwickelt, während im gesamtdeutschen Ausschuss „Atomrüstung und Wiedervereinigung" unter der Ägide von Reinhard Opitz, Hans Stern und Erich Kuby die eigentliche Entscheidung fiel. So errang *konkret* am 4. Januar 1959, einen Tag nach dem Sieg der kubanischen Revolution, einen Triumph: 79 Delegierte stimmten für die von der *konkret*-Fraktion entwickelte Schlussresolution und damit, wie es ein Stasi-Spitzel dem MfS meldete, „für etwas [...], wofür sie gar nicht stimmen wollten"[196]:

> Die weltpolitische Lage wird in Kürze die beiden Teile Deutschlands zwingen, miteinander zu verhandeln. Damit solche Verhandlungen möglich werden, ist es nötig, daß Formeln wie »Mit Pankow wird nicht verhandelt« aus der politischen Argumentation verschwinden. Das Ziel notwendiger Verhandlungen, die bisher stets von der Bundesregierung ungeprüft zurückgewiesen wurden, muß sein: 1. die Umrisse eines Friedensvertrages zu entwickeln, 2. Die möglichen Formen einer interimistischen Konföderation zu prüfen.[197]

Der Anti-Kommunismus der Adenauer-Regierung wurde damit vom SDS öffentlich in Frage gestellt. Durch die bürgerliche Presse ging ein entsprechender Aufschrei: „Studentenkongreß mit Linksruck und Skandal", „Überrollte Idealisten", „Ein Kongreß der politischen Scharlatane" und „Betrugsmanöver der Ostagenten"[198] waren nur einige der Schlagzeilen, die *konkret* schadenfreudig auf dem Titel von Heft 2/1959 abdruckte. Das Presse- und Informationsamt der Bundesregierung sprach in einem Bulletin von einem „‚konkrete[n]' Beispiel kommunistischer Infiltration" durch eine „kleine Gruppe ideologischer Söldner im Dienste östlicher Politik", deren „eindeutig pazifistisch-prokommunistische Haltung evident ist"[199].

Darüber, inwieweit die KPD die Unterwanderung des SDS gesteuert hat, variieren die Aussagen der Beteiligten. Während Röhl („Tatsache ist, der Mensch ist auch nur ein Mensch. Wir hatten gar keine Zeit, nach drüben

196 Spitzelbericht von IM „Lenz" vom 28. Januar 1959 (BStU, ZA, AOP 4220/71, Bd6, Bl. 151).

197 Zitiert nach: Rupp 1980: 255.

198 Vgl. Rupp 1980: 257.

199 Presse- und Informationsamt der Bundesregierung 1959: 379.

zu fahren und Anweisungen zu holen."[200]) und Kapluck („Es gab keine Planungen oder Empfehlungen zu ‚Unterwanderungen'"[201]) dem widersprechen, lobt Kumpf die „generalstabsmäßige Planung."[202]. Röhl, Meinhof und „ein bis zwei andere" seien nach Caputh am Schwielowsee gekommen zu „eine[r] der effektivsten Beratungen, die wir hatten. Alles wurde soweit möglich bis in die Details besprochen."

Egal wie genau die vorausgegangen Absprachen von *konkret* und KPD waren, sorgte die Resolution und folgende Kritik für wilde Diskussionen im SDS. Sie wurden dadurch verschärft, dass sich Oswald Hüller mit einem Flugblatt eigenmächtig hinter die Beschlüsse gestellt und die Berichterstattung als tendenziös und diffamierend sowie die Behauptung kommunistischer Unterwanderung als unwahr bezeichnet hatte.[203] Die Aufregung legte sich erst nach einigen Wochen - dann kam es jedoch bereits zum nächsten Eklat.

Bei dem SDS-Kongress „Für Demokratie - gegen Militarismus und Restauration", der am 23. und 24. Mai in Frankfurt stattfand, setzten sich in einer Kampfabstimmung erneut die *konkret*-Mitarbeiter Ulrike Meinhof, Erika Runge, Gerhard Bessau, Hans Stern und Reinhard Opitz mit ihrem Schlussresolutions-Vorschlag durch:

> a) die gegenwärtige Aufrüstung sofort zu stoppen,
>
> b) den gegenwärtigen Stand der Rüstung in der Bundesrepublik abzubauen,
>
> c) das sofortige Verbot und die Beseitigung aller Massenvernichtungswaffen,
>
> d) die Abschaffung der allgemeinen Wehrpflicht in der Bundesrepublik,
>
> e)Ausschaltung des alten Offizierskorps aus der Bundeswehr und sofortiges Verbot aller soldatischen Traditionsverbände,
>
> f)keine Mitarbeit am Aufbau und Ausbau der gegenwärtigen Streitkräfte zu leisten,
>
> g) die sofortige Aufnahme von Verhandlungen über den Abschluß eines Friedensvertrages mit Deutschland, der diese Forderungen enthalten muß, und von Verhandlungen zwischen den beiden deut-

---

200 Röhl, Klaus Rainer 2009a: 87.

201 Kapluck 2009: 11.

202 Kumpf 2000: 149f. Sowie die beiden folgenden Zitate: Kumpf 2000: 150.

203 Vgl. Fichter/Lönnendonker 2008: 84.

schen Regierungen mit dem Ziele einer stufenweisen Zusammenführung der Teilstaaten,

h) Verzicht der Bundesregierung auf eine Revision der bestehenden deutschen Grenzen und Anerkennung der Oder-Neiße-Linie durch die Bundesrepublik Deutschland[204]

Es war der „erste massive Protest gegen eine Gesellschaft, die keine fünfzehn Jahre nach der totalen Niederlage ihre Restauration mit der totalen Wiederaufrüstung abschloss"[205] und zugleich das erste Mal, dass westdeutsche Studenten die Anerkennung der Oder-Neiße-Linie forderten.[206] Für den SDS jedoch war es der Beginn seiner schwersten Krise seit der Verbands-Gründung im Jahr 1946. So meldete auch der Stasi-Informant Peter Heilmann alias „Julius Müller" seinen Auftraggebern: „Es ist ganz selbstverständlich, daß eine solche Politik nicht dazu beitragen kann, die Einheit der linken Kräfte innerhalb der SPD zu fördern, sondern den Erfolg hat, sie zu spalten"[207]. Tatsächlich mehrten sich in der SPD die Stimmen nach einer Trennung von der aufmüpfigen Jugendorganisation.[208]

Der SDS-Bundesvorstand sah sich zum Handeln gezwungen und suspendierte Hüller am 3. Juni 1958 von seinem Amt als Vorsitzender. Gleichzeitig wurde beschlossen: „Die Mitgliedschaft im SDS ist mit der Mitarbeit bei der Zeitung *konkret* unvereinbar."[209] Die ost-freundliche Resolution vom 24. Mai 1959 wurde rückwirkend für unwirksam erklärt. Der vermeintliche Sieg der *konkret*-Gruppe entpuppte sich damit schlussendlich als „Pyrrhus-Sieg der antisozialdemokratischen Richtung"[210]. Die konservative *FAZ* jubelte entsprechend:

Ein Gespenst ging lange um im Sozialistischen Deutschen Studentenbund (SDS), das Gespenst des »Konkretismus«. Dreißig bis vierzig junge Leute, gruppiert um die dubiose Hamburger Studentenzeitung KONKRET, hatten das Gespenst zu einer Gefahr für die

204 SDS-Bundesvorstand a.

205 Hermann 1967: 26.

206 Vgl. Röhl, Klaus Rainer 1998: 114.

207 Spitzelbericht von IM „Julius Müller" vom 29. Mai 1959 (BStU, ZA, MfS A-589/85, Bd. VI, Bl.310).

208 Vgl. Briem 1976: 338f.

209 SDS-Bundesvorstand b. Vgl. hierzu auch: Fichter 1988: 286.

210 Rupp 1980: 259.

Einheit jenes Studentenbundes werden lassen. Am letzten Wochenende ist der Spuk indessen geplatzt.[211]

Der Ausflug in die aktive Politik war für die *konkret*-Gruppe damit beendet. *konkret* stand vor einem Trümmerhaufen: „Das ewige Herumreisen, das Organisieren und Manipulieren hatte die Zeitung ausgeblutet [....], im Herbst '59 war die Zeitung einfach nur noch schlecht. Lieblos gemacht, von unterschiedlicher Qualität, ohne richtiges Konzept"[212]. Was inhaltlich durchaus nachvollziehbar ist, schlug sich jedoch nicht in der Auflage nieder. Im Gegenteil: Sie stieg von 10 000 im Vorjahr auf 25 000 im Jahr 1958.[213]

4.4 Ein Kampf mit Worten: *konkret*-Chefredakteurin Ulrike Meinhof (1961-1964)

Eine zweite - diesmal auch inhaltliche - Blütezeit der Zeitschrift begann jedenfalls, als allmählich Ulrike Marie Meinhof das Ruder in der Redaktion übernahm. Klaus Rainer Röhl hatte die Münsteraner Pädagogikstudentin Ende 1958 für die Anliegen der *konkret*-Gruppe im SDS und wenig später als Journalistin auch für *konkret* gewinnen können. Nicht zuletzt auf Wunsch der KPD - Meinhof war im Herbst 1958 eingetreten[214] - arbeitete sie ab 1959 als Redakteurin vorerst in der Auslandsredaktion, später dann in der Innenpolitik und der Dokumentation.[215] Im Impressum lange Zeit falsch betitelt als „Ulrke Marie Meinhof" erarbeitete sich Meinhof schnell ihren festen Platz in der Redaktion. Bereits in der Oktober-Ausgabe (19-20/1959) schrieb sie ihren ersten Leitartikel („Der Friede macht Geschichte") und schlug darin einen Bogen von der Amerika-Reise des sowjetischen Regierungschefs Nikita Chruschtschow zum Deutschlandplan der SPD, der ein Konzept für eine Wiedervereinigung der beiden deutschen Staaten darstellte:

---

211 Blitzer 1959: 2.

212 Röhl, Klaus Rainer 2009a: 90f.

213 Vgl. BAK, B 106/15956.

214 Vgl. hierzu genauer: Ditfurth 2009: 120, Wesemann 2007: 128 und Kapluck 2009: 11.

215 Vgl. Röhl, Bettina 2007: 131.

> Es ist notwendig, die atomare Aufrüstung der Bundeswehr erneut zur Debatte zu stellen, den Deutschlandplan der SPD erneut vorzutragen, ihn als Alternative zur Politik der Bundesregierung nachdrücklich ins Spiel zu bringen, einen Beschluß über eine Politik der Entspannung als den deutschen Beitrag zum Frieden in der Welt kompromißlos zu fordern.[216]

In ihrer 1960 in annähernd jeder *konkret*-Ausgabe zu findenden Texten warnte sie eindringlich vor einer Atombewaffnung der Bundeswehr und einer Wiederholung der Geschichte:[217] „Deutschland hat die Wahl zwischen einer konstruktiven Friedenspolitik und einer Politik, die sich erneut schuldig macht, nach zwei Weltkriegen und 12 Jahren Faschismus."[218] Immer öfter pendelte Meinhof von ihrem Studienort Münster nach Hamburg und fuhr mit Röhl zur „Einschätzung" in den Osten. Im Herbst 1960 entschied sie sich beruflich endgültig für *konkret* und privat für Röhl: Die beiden verlobten sich am 13. September 1960. Von der anfänglichen Abneigung, die zu Liebe geworden war, blieb nur Koketterie: „Nur Qualität kann Qualität erkennen!" wurde Meinhofs Wahlspruch mit Blick auf Röhl. Wohl vom privaten Glück euphorisiert schrieb die einzige Frau in der Zentralredaktion von *konkret* noch im gleichen Monat unter dem Titel „Notstand? Notstand!" den ersten einer ganzen Reihe von Artikel, die sie zur Vorreiterin im Kampf gegen die seit 1958 geplanten Notstandsgesetze machten:[219] „Das Ja zum Grundgesetz, das Ja für den Bestand und die freiheitliche demokratische Grundordnung der Bundesrepublik ist das Nein zur Notstandsgesetzgebung der Bundesregierung."[220]

---

216 Meinhof 1959: 1.

217 Einen guten Überblick über ihre Texte bietet: Meinhof 1981.

218 Meinhof 1960a: 1.

219 Die einzige weitere Frau, Lilli Petras, arbeitete in der Lokalredaktion München.

220 Meinhof 1960b: 2.

Ein Jahr später, ab Heft 5/1961, übernahm Meinhof - Bettina Röhl vermutet auf Befehl der KPD (da es mit Klaus Rainer Röhl immer häufiger zu Meinungsverschiedenheiten gekommen war) - die Chefredaktion von ihrem Ehemann Klaus Rainer Röhl.[221] Er erschien erst im Januar 1962 wieder - nun als Herausgeber - im Impressum. Zwischenzeitlich arbeitete Röhl als Wahlkampfleiter für die als Ersatz für die verbotene KPD gegründete Partei Deutsche Friedensunion (DFU) (vgl. Kapitel 4.7).

konkret wurde in der Zwischenzeit zu Meinhofs „Plattform, auf der sie wirken konnte"[222]. Sie, die der damalige Feuilleton-Chef Jürgen Manthey als „den typischen Apparatschik"[223] beschreibt, brachte Disziplin in die Redaktionsarbeit und einen politisch ernsthafteren Ton in das Heft. Aus einer immer noch sehr studentisch geprägten Zeitschrift machte Meinhof allmählich eine der wichtigsten kulturpolitischen Zeitschrift der deutschen Linken. Für „ihr" Blatt warb sie stetig neue und v.a. prominente Autoren. „Sie machte vor niemand und nichts halt", so Röhl über Meinhofs Politik der Prominenz. „Abgeordnete, Kirchenfürsten, Kultusminister, katholische Theologieprofessoren, Verfassungsrechtler, sie

Ulrike Marie MEINHOF (*1934 in Oldenburg) wurde nach dem Tod ihrer Eltern von der Pädagogik-Professorin Renate Riemeck großgezogen. Sie studierte in Marburg und Münster Philosophie, Pädagogik, Soziologie und Germanistik. In Münster organisierte sie 1958 die ersten Anti-Atomtod-Märsche und trat wenig später in die illegale KPD ein, der sie laut Ditfurth (2008: 48) bis 1964 bzw. laut Kapluck (2009: 12) bis 1968 angehörte.

Sie arbeitete ab 1959 für *konkret* und heiratete wenige Monate später Klaus Rainer Röhl. Von 1961 bis 1964 war sie Chefredakteurin der *konkret*, danach Kolumnistin. Nebenher arbeitete Meinhof als Radio- und Fernsehjournalistin.

Mit der gewaltsamen Befreiung von Andreas Baader am 14. Mai 1970 verabschiedete sie sich von ihrem bürgerlichen Leben als gefeierte Journalistin und ging in die Illegalität. Zusammen mit Baader und Gudrun Ensslin bildete sie den Kern der nunmehr „Baader-Meinhof-Bande" genannten Stadtguerilla, die sich später den Namen „Rote Armee Fraktion" (RAF) gab. Im Juni 1972 wurde Meinhof nahe Hannover verhaftet. Das Ende des Hauptprozess gegen die RAF-Kerngruppe erlebte sie nicht mehr. Ulrike Meinhof wurde am 9. Mai 1976 in ihrer Zelle erhängt aufgefunden (vgl. ausführlich: Krebs 1988,

---

221 Vgl. Röhl, Bettina 2007: 326. Klaus Rainer Röhl (2009a: 92f und 2009b: 18) bestreitet dies. Er habe den Posten auf eigenen Wunsch abgegeben, um seine Dissertation schreiben zu können.

222 Krebs 1988: 78.

223 Zitiert nach Krebs 1988: 74.

hätte den Papst selbst in *konkret* schreiben lassen."[224] Tatsächlich schrieben unter Meinhofs Regie neben Kurt Hiller, Martin Niemöller, Erich Kuby, Hans Magnus Enzensberger auch Hochkaräter wie Arno Schmidt, Jean Paul-Sartre, Günter Grass, Walter Lippmann und Simone de Beauvoir für *konkret*. Unter Meinhofs Ägide fiel 1962 der Beschluss, auf das handlichere Illustriertenformat zu wechseln, um *konkret* langfristig auch am Kiosk verkaufen zu können. Ein Jahr später folgte aus demselben Grund die Einführung des Glanzpapierumschlags; das Layout prägten vermehrt großflächige Reportage-Fotos, Collagen und Karikaturen. Die Auflage betrug unterdessen 26 000 Stück.[225]

Meinhof exmatrikulierte sich am 7. August 1962 und brach damit auch ihre geplante Dissertation ab. Als künftiges Berufsziel nannte sie in dem Uni-Formular: „Verlagsarbeit"[226] - gemeint war *konkret*. Schnell gab es nur noch wenige politische Themen, über die die damals 28-Jährige nicht schrieb: Sie plädierte u.a. für einen Friedensvertrag mit der DDR, die Aufhebung der Mietpreisbindung sowie eine Atomentwaffnung. Des Weiteren schrieb sie über Kriegsdienstverweigerer und vor allem immer wieder über die geplanten Notstandsgesetze:[227]

> Mit dem Notstandsgesetz wird das Grundgesetz geknackt, wie schlimm oder harmlos, wie christ- oder sozialdemokratisch auch immer. [....] Hier Restauration, dort konformisiertes Parlament - allzuschnell heißt da Schutz der Demokratie: Schutz des einen, alleinseligmachenden politischen Weges, Schutz vor alternativen Konzeptionen, unbotmäßigen Gewerkschaftlern, unerwünschten Demonstranten, unbequemen Geistern.[228]

Auch die Geburt ihrer Zwillinge Regine und Bettina am 21. September 1962 und eine anschließende Gehirnoperation hielten Meinhof nicht auf. So verfasste sie noch am Krankenbett ihren vielzitierten Artikel „Die Würde des Menschen", in dem sie vor der Gefahr eines Vierten Reiches warnte, sollten die Notstandsgesetze verabschiedet werden: „Die Würde des Menschen wäre wieder antastbar. Auch Diktatur wäre eine mögliche

---

224 Röhl, Klaus Rainer 1998: 119.

225 Vgl. BArch BY 1/3895.

226 Peters 2007: 155.

227 Vgl. exemplarisch: Meinhof 1961b und 1962b.

228 Meinhof 1962a: 8.

Form staatlichen Zusammenlebens. Krieg wäre auch in der zweiten Hälfte des 20. Jahrhunderts noch möglich."[229]

4.5 „Hitler in euch": Naziaufklärung aus DDR-Sicht

Unter Chefredakteurin Ulrike Meinhof gewann auch die *konkret*e Kritik an den gegenwärtigen bundesdeutschen Verhältnissen an Schärfe. Noch immer war ein Teil der westdeutschen Politik und Wirtschaft in der Hand ehemaliger Nationalsozialisten. In den Chefetagen vieler Konzerne saßen die Bosse, die mit dem Einsatz von Zwangsarbeitern während des letzten Weltkrieges ihren Reichtum gemehrt hatten, in der neu gegründeten Bundeswehr hatten die Generäle das Sagen, die schon für Hitler Krieg geführt hatten und auch die Politik stand dem wenig nach: So wurde mit Theodor Heuss ein Mann der erste Bundespräsident, der 1933 als Reichstagsabgeordneter den Ermächtigungsgesetzen zugestimmt hatte. Kanzleramtschef wurde im Juli 1950 Hans Globke - während der NS-Zeit hatte er den offiziellen Kommentar zu den Nürnberger Rassegesetzen geschrieben und deren Verschärfung erfolgreich durchgesetzt. Vertriebenenminister wurde der selbst nach Einschätzung Adenauers „tiefbraune"[230] Theodor Oberländer. Er hatte schon 1923 am Hitlerputsch in München teilgenommen und plante später für den „Führer" den deutschen Lebensraum im Osten. Insgesamt überdauerten hinter der gutbürgerlichen Fassade der Bonner Republik zahlreiche NS-Funktionäre. Denn es herrschte ein Klima des „kommunikativen Beschweigens"[231]. Neben Augsteins *Spiegel* war *konkret* eines der wenigen westdeutschen Medien, das diese „stillschweigende[.] Übereinkunft, über persönliche Schuld oder Verstrickungen nicht zu sprechen"[232] schon frühzeitig durchbrach.[233]

So enthielt bereits ab 1958 annähernd jede *konkret*-Ausgabe einen anklagenden Artikel über ehemalige Nazis und deren heutige gesellschaftliche Stellung in der jungen BRD. Ab Mai 1959 wurden beispielsweise in der Serie „Seid Ihr alle wieder da?"[234] die Namen von Dutzenden Generälen und Offizieren der Bundeswehr aufgelistet, die schon unter Hitler

---

229 Meinhof 1962c: 4.

230 Frei 2008: 83.

231 Lübbe 1983.

232 Mausbach 2006: 19.

233 Vgl. Merseburger 2009: 202.

234 Vgl. U.A. 1959a und 1959b.

gedient hatten. Eine Weltkarte auf dem Titelblatt von Heft 2 zeigte 1960 durch Hakenkreuze an, welche deutschen Botschafter SS-Vergangenheit haben (die Karte war voller Hakenkreuze) und Karlheinz Deschner berichtete fußnotenreich über die Verflechtungen und Verwicklungen der katholischen Kirche in die Verbrechen der Nationalsozialisten.[235] Als der Vertriebenenminister Theodor Oberländer am 4. Mai 1960 nach wachsendem öffentlichen Druck und seiner Verurteilung (in Abwesenheit) durch ein DDR-Gericht zurücktrat, schrieb die *konkret*-Redakteurin Meinhof am 9. Mai 1960 in einem Brief an ihre Ziehmutter Renate Riemeck:

> Der Sturz Oberländers wäre eine Flasche Sekt wert [....] Jetzt geht's weiter: Seebohm, Globke, Katz etc. Wenn alle raus sind, brauchen sie nur noch unsere Politik zu machen, dann sind wir mit ihnen zufrieden, ja? Dann trinken wir tatsächlich Sekt.[236]

Meinhof war damit der jungen westdeutschen Gesellschaft einen Schritt voraus. Erst nach der Verurteilung des ehemaligen SS-Obersturmbannführers Adolf Eichmann in Jerusalem 1961, begann in der BRD auf breiter Front die Aufarbeitung der nationalsozialistischen Vergangenheit. Vorreiter waren Fernsehen und Hörfunk - und *konkret*.[237] Während sich beispielsweise das Gros der deutschen Presse entgegen besseren Wissens weitgehend über die Vergangenheit des Staatssekretärs Globke ausschwieg, ging *konkret* in die Offensive:[238] Das Titelblatt von Ausgabe 8/1961 zog eine Parallele zwischen Eichmann und Globke. Es zeigte Globke am Schreibtisch unter einem großen Porträt Eichmanns mit dem Untertitel „Big Brother is watching you.“. Ein unbekannter Autor mit den Initialen V.H. erläuterte einige Ausgaben später detailgenau Globkes Mitwirkung an den Rassegesetzen und plädierte indirekt dafür, ihn vor Gericht zu stellen:

> Zwei Männer haben für diese Schrift verantwortlich gezeichnet. Es will nicht einleuchten, mit welchem Recht sich der eine [Globke] heute des Widerstandes gegen den Nazismus rühmt, während der

---

235 Z.B. Deschner 1962a und 1962b.

236 Zitiert nach Röhl, Bettina 2007: 319f.

237 Vgl. Hodenberg 2006a: 270.

238 Vgl. Pöttker 1999: 659 und Steininger 2002: 238.

andere [Globkes Kollege Wilhelm Stuckart] als Verbrecher gegen die Menschlichkeit abgeurteilt wurde.[239]

Dass die Agitation gegen Globke auf einen Befehl der KPD zurückging, lässt sich anhand der vorhandenen Akten nicht mehr definitiv belegen. Fest steht, dass der Chefpropagandist der SED, Albert Norden, den Fall Eichmann „maximal gegen das Bonner Regime zu[..]spitzen“[240] wollte und dazu unter anderem Globke zum „Eichmann Bonns“ stilisiert werden sollte, was zumindest in *konkret* zweifellos gelang.[241] Globke erklärte schließlich am 30. September 1963 seinen Rücktritt als Staatssekretär im Bundeskanzleramt. Zuvor war er in der DDR in Abwesenheit wegen intellektuellen Massenmords zu lebenslangem Zuchthaus verurteilt worden.[242]

Das belastende Material für die Enthüllungsartikel in *konkret* lieferte fast ausnahmslos die KPD, gesteht Röhl offen ein: „Auf diese Weise war *konkret* eine der ersten Zeitungen, die kontinuierlich an der wichtigen Aufgabe der Aufklärung über die Vergangenheit von Nazigrößen in der Bundesrepublik beteiligt waren, und das war ja auch richtig und gut.“[243] Die Partei selbst hatte nach Kriegsende viele Akten des Volksgerichtshofes und der Gestapo beschlagnahmt und in der Folge zusammen mit SED und MfS nach etwaiger Nazi-Vergangenheit westdeutscher Funktionsträger durchstöbert.[244]

Die Motivation Ostberlins lag dabei weniger in der historischen Wahrheitsfindung, sondern vielmehr darin, auch Nachkriegs-Westdeutschland als faschistisches Regime zu diskreditieren. Meinhof und Röhl blendeten dies jedoch offensichtlich wohlmeinend aus. Zu groß schien die Angst vor einem zweiten ’33, sah Meinhof doch in der jungen Bundesrepublik „eine[.] Art neue[s] Dritte[s] Reich in statu nascendi“[245]: Sie brachte diese diffuse Sorge erstmals im Mai 1961 mit klaren Worten zu Papier und erlangte damit schlagartig bundesweite Bekanntheit. Im Leitartikel „Hitler in euch“ schrieb sie:

---

239 V.H. 1961: 5.

240 So Albert Norden in einem auf den 28. Mai 1960 datierten Brief an Walter Ulbricht (BArch DY 30 IV 2/2028/2).

241 Vgl. Siegfried 2000a: 88.

242 Vgl. Podewin 2001: 329f.

243 Röhl, Bettina 2007: 321.

244 Vgl. Anonym 1988: 57ff und 66f.

245 Röhl, Bettina 2007: 348.

> Die Antwort auf den Nationalsozialismus in seiner Totalität muß innen- und außenpolitisch gefunden werden. Sie heißt: Freiheit für den politischen Gegner, Gewaltenteilung und Volkssouveränität, sie heißt Versöhnung mit dem Gegner von damals, Koexistenz statt Krieg, verhandeln statt rüsten. Wie wir unsere Eltern nach Hitler fragen, werden wir eines Tages nach Herrn Strauß gefragt werden.[246]

Franz Josef Strauß, ehemals Offizier für wehrgeistige Führung im Hitler-Regime und damals Verteidigungsminister der Bonner Republik, reagierte pikiert. Er stellte am 18. Juli 1961 Strafantrag gegen Meinhof, am 5. März 1962 beantragte die Staatsanwaltschaft die Eröffnung des Hauptverfahrens. Zu beanstanden war laut Anklageschrift die „von der Beschuldigten gewollte Gleichstellung zwischen dem Bundesminister für Verteidigung Strauß und Hitler“[247]. Ulrike Meinhofs Verteidiger, der *konkret*-Gelgenheitsautor und spätere Bundespräsident Gustav Heinemann, legte Widerspruch ein. Das Verfahren wurde in zweiter Instanz eingestellt. „Die Kosten trägt die Staatskasse. Die Publicity haben wir“[248], freute sich Röhl. Ulrike Meinhof setzte sogar noch eins drauf. „In eigener Sache“ schrieb sie im Februarheft 1963:

> Da es uns nicht um die Person »Strauß«, sondern um seine Politik ging, bleiben wir dabei: So wie wir unsere Eltern nach Hitler fragen, werden wir eines Tages nach den Herren Adenauer, Schröder, Höcherl, von Hassel gefragt werden.[249]

4.6 „Gestatten, Revolution!“ - Ost, West, die Dritte Welt und *konkret* mittendrin

Neben der Aufarbeitung der deutschen Vergangenheit und dem damals noch immer ungeklärten Teilungszustand widmete sich *konkret* den Konflikten, Autokraten und Revolutionen der damaligen Zeit. Was in anderen Zeitschriften kaum eine Meldung wert war, war in *konkret die* Story. Der Siegeszug des Fernsehens stand noch bevor und selbst eine

---

246 Meinhof 1961a: 8.

247 U.A. 1962a: 38.

248 Röhl, Klaus Rainer 1998: 121.

249 Meinhof 1963: 7.

Reise nach Italien hatte für den Durchschnittsdeutschen Seltenheitswert, so dass das Links-Blatt für die frisch gereiften jungen „Weltbürger[.]"[250] der späten 50er eine der wichtigsten Informationsquellen über die antikolonialen und revolutionären Befreiungs- und Unabhängigkeitskämpfe der Welt darstellte.

In damals *konkret*-typischen Bleiwüsten, lediglich aufgelockert durch selbst gezeichnete Landkarten und - seit Anfang der 60er Jahre - vereinzelte Schwarz-Weiß-Fotos, berichtete die Zeitschrift unter anderem über den portugiesischen Kolonialkrieg in Angola (u.a.: „Tot sind alle Menschen gleich"[251], über den Apartheidsstaat Südafrika (u.a.: „Beefsteak Tatar!"[252]), den niedergeschlagenen Tibetaufstand und die Flucht des Dalai Lama („Das alte Tibet ist verloren"[253]) sowie den wohl bekanntesten Vertreter des arabischen Sozialismus, Gamal Abdel Nasser (u.a.: „Revolution ohne Lehrbuch"[254]).

Neben Artikeln über den Untergrund-Kampf gegen Europas zwei letzte Diktatoren[255] - Francisco Franco in Spanien (z.B.:„Wenn Franco's Stunde schlägt"[256]) und António de Oliveira Salazar in Portugal (z.B.: „Ich komme wieder - Salazar"[257]) - war der bis 1962 dauernde Algerienkrieg das Hauptthema der Auslandsberichterstattung von *konkret*. Die Rede war dabei vom „Kolonial-Massaker"[258] in Algerien und Algier als „Hauptstadt der Angst"[259]. 1963 meldete sich Achmed Ben Bella selbst in *konkret* zu Wort.[260] Der Gründer der algerischen Rebellengruppe Front de Libération Nationale (nicht zu verwechseln mit der gleichnamigen südvietnamesischen Guerilla) reihte sich ein in eine Reihe prominenter Autoren, wie dem tunesischen Präsidenten Habib Bourguiba, dem Staatschef Guineas, Ahmed Sékou Touré, den Ministerpräsidenten der Vierten Republik, Pierre Mendès-France und den ersten indischen Ministerpräsidenten Jawaharlal Nehru. Diese Autoren verdankte *konkret* insbeson-

---

250 Baacke 1972: 118.

251 Holtkamp 1961c: 3-4.

252 Wilson 1961: 3-4.

253 Corleis/Corleis 1959: 5-6.

254 Andel 1962: 12-13.

255 Im Jahr 1967 kam mit dem Obristenregime in Griechenland die dritte Diktatur Europas hinzu.

256 Zoll 1958: 5-6.

257 U. A.1962a: 14.

258 Holtkamp 1961a: 3-4.

259 Marienstras 1961: 3-4 und 7.

260 Ben Bella 1963.

dere dem schon bald zum stellvertretenden Chefredakteur beförderten Auslandsredakteur Jürgen Holtkamp: „Der hat einfach die Zeitungen, die die hatten, veranlasst, einen kostenlosen Austausch mit ihm zu machen. [....] Die durften dann auch von uns was bringen."[261]

Unter Holtkamps Leitung ergriff das Auslands-Ressort von *konkret* immer stärker Partei für die Unterdrückten und Verfolgten dieser Welt. Als der erste Ministerpräsident des unabhängigen Kongo, Patrice Émery Lumumba, am 12. Februar 1961 - wohl weil er als „kommunistisches Sicherheitsrisiko"[262] angesehen wurde - ermordet wurde, schrie *konkret* auf der Titelseite laut „Mord!"[263] und Holtkamp endete seinen Leitartikel im Mai-Heft 1961 mit einem Aufruf an Afrikas Befreiungsbewegungen: „Es lebe der Kongo! Es lebe Afrika!"[264].

Lange bevor Herbert Marcuse von der „Übertragung des Klassenkampfes auf die internationale Arena"[265] sprach, solidarisierten sich die Autoren von *konkret* mit den entstehenden Befreiungsbewegungen der sogenannten Dritten Welt, jenen Gruppierungen also, die später, im Jahr 1968, zu „Katalysatoren revolutionärer Phantasien"[266] wurden. Der Sieg der bärtigen Guerilleros um den damals noch jungen Fidel Castro und Che Guevara in Kuba im Jahr 1959 wurde in *konkret* gefeiert. „Dr. Fidel Castro" wandte sich zwei Jahre später direkt an die Leser: „Gestatten, Revolution!"[267]. 1962 flog *konkret*-Redakteur Holtkamp über Prag nach Kuba und geriet mitten in die Kuba-Krise, bei der die Supermächte USA und UdssR am Rande eines Atomkrieges standen. Per Zufall wurde Holtkamp der „erste deutsche Journalist, der brandaktuell über die kubanische Bewegung unter Castro und Che Guevara berichten konnte"[268] - dies aber auch nur, weil er sich während der 13 Tage dauernden Krise der kubanischer Miliz anschloss, was Röhl später augenzwinkernd beschrieb: „Holti in die Miliz, wo er in rührender Weise einen alten Buick befehligte, auf dem ein Schild mit der Aufschrift befestigt war »Dieses

261 Röhl, Klaus Rainer 2009b: 20f. Vgl. exemplarisch für Holtkamps Artikel aus dieser Zeit: Holtkamp 1962.

262 Giefer 2000.

263 Heft 4/1961 war zugleich die letzte von Klaus Rainer Röhl als Chefredakteur verantwortete Ausgabe. Danach übernahm Meinhof seinen Posten.

264 Holtkamp 1961b: 1.

265 Marcuse 1967b: 137.

266 Schmidtke 2003: 263.

267 Vgl. Castro 1961a und 1961b.

268 Röhl, Bettina 2007: 402. Ihrzufolge wurden einige Artikel Holtkamps nicht in *konkret* abgedruckt, weil sie von revolutionären Phrasen strotzen.

Auto ist jetzt ein Panzer«"[269]. *konkret* war damit auch auf der internationalen Bühne - wenn auch in sehr bescheidenem Ausmaß - vom Reporter zum Akteur, vom Chronisten zum Aktivisten geworden.

4.7 Trennung im Argen: Der Bruch mit dem Osten

Innenpolitisch hatten Meinhof und Röhl *konkret* in der Zwischenzeit ganz in den Dienst der Deutschen Friedensunion gestellt. Die Partei war mit massiver finanzieller Unterstützung der DDR und auf Betreiben des SED-Politbüros im Dezember 1960 gegründet worden, um als eine Art „Vorfeld-Organisation"[270] der KPD die Kräfte links der SPD zu vereinen.[271] Ihr Wahlprogramm druckte *konkret* in Heft 15: „1. Einschränkung der Atomrüstung [....] 2. Einschränkung der Rüstungen [....] 3. Für eine deutsche Friedensregelung [....] 4. Abschaffung der allgemeinen Wehrpflicht [....] 5. Einstellung der Notstandsgesetzgebung [....] 6. Überprüfung hoher NS-Funktionäre [....] 7. Offenlegung der Parteinfinanzen"[272]. Laut Kapluck wurde auf Meinhofs Wusch ihre ehemalige Ziehmutter Renate Riemeck die Vorsitzende der neuen Partei[273]. Wahlkampfleiter wurde (nachdem seine Frau Ulrike den Posten des Chefredakteurs übernommen hatte) Klaus Rainer Röhl. Entsprechend intensiv, nämlich „wie zuvor für die Anti-Atombewegung"[274], engagierte sich *konkret* für die DFU, wie auch Kapluck bestätigt: „Die gesamte Redaktion von *konkret* unterstützte die DFU aktiv im Bundestagswahlkampf. Die entsprechenden Vorschläge gingen von Ulrike Meinhof aus."[275] In einem Leitartikel rief Röhl direkt zur Wahl der Partei auf: „Daß jeder Wohlmeinende, Aufgeklärte, mit Vernunft auch nur einigermaßen Begabte dieses mal die Deutsche Friedensunion wählt, gehört zur Allgemeinbildung. Das ist klar."[276] Hinzu kamen vorteilhafte Interviews mit Parteimitgliedern, mehrmalige Wahlwerbung für die Partei, „die weiß, was sie will"[277], und schließlich ein Bild von Riemeck auf dem erstmals vierfarbigen Foto-

---

269 Röhl, Klaus Rainer 1998: 163.

270 Wesemann 2007: 177.

271 Vgl. zur DFU auch Mellies 2007: 51-61, Amos 1999: 310 und v.a. Schönfeldt 1984.

272 DFU 1961b: 6.

273 Vgl. Kapluck 2009: 6.

274 Wesemann 2007: 178.

275 Kapluck 2009: 6.

276 Röhl, Klaus Rainer 1961c: 1.

277 DFU 1961a: 9.

druck-Titelblatt von Heft 17/1961 - im Heft-Inneren folgte ein zweiseitiges Interview mit der Parteivorsitzenden.[278]

Mit dem am 13. August 1961 begonnenen Bau der Mauer, der den anhaltenden Flüchtlingsstrom von Ost nach West bremsen sollte, machte die DDR jedoch jegliche Chancen der DFU zunichte, die 5-Prozent-Hürde zu knacken. Die Partei kam auf lediglich 1,9 Prozent der Stimmen.[279]

Zeitgleich verschlechterte sich das Verhältnis zwischen der *konkret* und ihren ostdeutschen Geldgebern. „Allmählich begannen wir uns auch für die Entwicklung in der DDR zu interessieren, ergriffen auch da Partei für die Liberalisierung, für Kommunisten mit Bildung und Weitblick"[280], sagt Röhl im Rückblick. So forderte er in einem Leitartikel „Macht das Tor auf!" und ging mit dem „diktatorische[n], planwirtschaftliche[n] System in der DDR"[281] hart ins Gericht. Günther Grass und Wolfdietrich Schnurre kritisierten mit deutlichen Worten den Bau der als Antiimperialistischen Schutzwall propagierten Berliner Mauer:

> Stacheldraht, Maschinenpistole und Panzer sind nicht die Mittel, den Bürgern Ihres Staates die Zustände in der DDR erträglich zu machen. Nur ein Staat, der der Zustimmung seiner Bürger nicht mehr sicher ist, versucht sich auf diese Weise zu retten.[282]

Bei allem Verständnis für zuweilen kritische Töne dürfte dies den KDP-Hintermännern von *konkret* nicht gefallen haben. 1962 - fast zeitgleich mit dem Abschied vom Riesenformat (46,5 auf 34 Zentimeter) und der Umstellung auf das handlichere 30 auf 40 Zentimeter-Format (vgl. Kapitel 4.4) - wurden die bisherigen Kontaktpersonen der *konkret*, also die jüngeren illegalen westdeutschen FDJ-Funktionäre - durch die KPD-Kader Jupp Angenfort und Oskar Neumann von der Abteilung „Kultur und Politik" des Politbüros ausgetauscht: „Im Gegensatz zu unseren treuen Arbeitergenossen, die so ein bißchen doof, also literarisch ungebildet gewesen waren, waren diese richtige, keineswegs dumme Funktionärstypen. Es waren Stalinisten ersten Ranges."[283] Von Röhl forderten sie mehr Mitspracherechte in Bezug auf Inhalt und Autoren von „Kä-

---

278 Vgl. U.A. 1961: 4 und 9.

279 Vgl. Schönfeldt 1983: 868.

280 Röhl, Klaus Rainer 1998: 133.

281 Röhl, Klaus Rainer 1961d: 1.

282 Grass/Schnurre 1961: 13.

283 Röhl, Klaus Rainer, zitiert nach Röhl, Bettina 2007: 395.

the", wie *konkret*s Tarnname lautete. Angenfort und Neumann kamen schon bald zu dem Schluß:

> Seit der Nummer 1/1962 ist die Zeitschrift von der von uns mit der Redaktion festgelegten Linie abgewichen. Sie brachte in ihren nachfolgenden Nummern anti-kommunistische Hetze und Hetze gegen die DDR. Die Aussprachen, die nach den ersten Nummern mit dem Chefredakteur erfolgten, brachten keine Änderung des Inhaltes der Zeitung. [....]Von uns wurde festgelegt, daß wir den Antikommunismus und die Hetze gegen die DDR in einem Blatt von uns nicht dulden werden und daß wir uns von ihnen trennen, wenn diese gegen uns gerichtete Linie weiter vertreten wird. Wir erklärten, daß sie durch ihren Antikommunismus die fortschrittlichen Ideen, die sie in ihrer Zeitung entwickeln, selbst untergraben und daß sie die Verwirrung unter ihren Lesern erhöhen und die Sammlung im Sinne einer breiten Politik schwächen anstatt sie zu fördern. [....] sie erklärten alle anti-kommunistischen A-rtikel [sic] und Passagen für taktische Konzessionen an ihre Leser und an bestimmte Autoren im Interesse einer breiten Front gegen Atomrüstung und gegen die Bonner Politik.[284]

Die Kluft zwischen dem unorthodoxen Zeitschriftenmacher Röhl und der Partei wuchs. Auch wenn die Chefredakteurin seine Frau war und sie die Blattlinie bestimmte, beschuldigten die Kader Röhl, seit 1962 eine „Rechtsentwicklung"[285] von *konkret* forciert zu haben. Der Disput ging soweit, dass in einer Aktennotiz vom 20. Juli 1963 bzgl. „Bestrebungen, einige Mitarbeiter zu entfernen" knapp festgestellt wurde, dass es juristisch zwei Möglichkeiten gäbe: „1) Der beauftragte Herausgeber und Verlagsinhaber, R ö h l, gehört nicht zum Kreise dieser Personen. 2) Röhl gehört zu dem Kreise dieser Personen."[286] Zum schwierigen Verhältnis mit der Partei kamen 1964 finanzielle Probleme. *konkret* erschien seit Mai im erneut veränderten Layout im kleineren Illustriertenformat 21 auf 30 Zentimeter und im teureren Kupfertiefdruck, um für Werbekunden attraktiv zu bleiben und langfristig an den Kiosk zu kommen. Der Absatz blieb jedoch hinter den Erwartungen zurück. Innerhalb eines Jahres

---

284 BArch BY 1/3894: Aktenvorlage vom 16. Juli 1962 .

285 Stasi-Akten-Eintrag zu Klaus-Rainer Röhl vom 3. Juni.1981 (BStU, ZA, HA II/19 3115, Bl1f9).

286 BArch BY 1/3894 vom 20. Juli 1963.

fiel die Auflage um 26 000 auf 19 500 Exemplare zurück - das Loch in der Kasse wuchs entsprechend.[287]

Es kam zum Eklat. Auslöser, so glaubt Röhl, waren eine Reportage Jürgen Holtkamps über die Lage tschechischer Intellektueller sowie der von ihm verfasste Reisebericht „DDR intim“[288]. Er beschrieb darin seine Reise durch die DDR, die er quasi als Versuchskaninchen absolviert hatte, bevor Marion Gräfin Dönhoff, Theo Sommer und Rudolf Walter Leonhardt sie wenige Wochen später ebenfalls machten - und jedoch weitaus positiver berichteten als Röhl.[289] Ob Röhls Beschreibungen des einseitigen Speiseplans („Irgendwann muß einer die Enten zum Schwerpunkt erklärt haben und eine massenweise, nicht mehr aufzuhaltende Entenproduktion in Gang gesetzt haben“), des tumben Propaganda-Offiziers („Später läßt der Gute einen Zettel im Wagen liegen, unter Punkt 5 steht vermerkt: spontaner Besuch einer Neubau-Wohnung“) und des langweiligen Kinoprogramms in Ostdeutschland (das „eine selbst für Volksdemokratien abgründige Provinzmentalität voraussetzt“) sowie Holtkamps zaghafte Sympathie mit dem „allgemeine[n] Tauwetter“ unter Prager Intellektuellen allein zum Bruch führten, lässt sich heute nicht mehr zweifelsfrei nachprüfen. In der *Akte konkret* gibt es dazu keine genauen Angaben.

Die Partei gab jedenfalls den Befehl zur Einstellung der Zeitung und der Rückgabe der Titelrechte.[290] Meinhof schrieb zu der strikten Partei-Order: „Um viele Illusionen ärmer. [....] Cl.[aus] will lieber Konkurs gehen, als Titel abzugeben“[291]. Und so kam es auch: „Diesem klaren Parteibefehl leisteten wir nicht Folge, sondern erklärten im Juni 1964 unseren Bruch mit der Partei.“[292] Damit stand Röhl über Nacht ohne Zeitschrift da. Bei der Druckerei hatte er 40 000 Mark Schulden.[293]

---

287 Vgl. U.A. 1964: 34.

288 Vgl. Röhl, Klaus Rainer 1964 und Holtkamp 1964.

289 Vgl. Dönhoff/Leonhardt/Sommer 1964.

290 Röhl hatte *konkret* erst am 1. Januar 1962 vom Arbeitskreis für Progressive Kunst übernommen. In dem auf den 15. Oktober 1961 datierten Überleitungsvertrag (BArch BY 1/3894) heißt es dazu: „Cl.R.R. wird per 1.Jan. 1962 einen Verlag als Einzelhandelsunternehmen gründen, der die Zeitschrift übernimmt.“

291 Zitiert nach Röhl, Bettina 2007: 409.

292 Röhl, Klaus Rainer 1998: 11. Röhl selbst wird laut einem auf den 20. Januar 1965 datierten Brief (BArch BY 1/38949 „[a]uf Beschluss des ZPKK vom 8.12.1964, welcher durch das Sekretariat am 18.12.1964 bestätigt wurde, [....] aus der KPD ausgeschlossen.“

293 Die Summe entsprach laut Kapluck dem Geld, das die KPD den Zeitungsmachern monatlich zuteilte (vgl. Neumann/Magerle 2001).

4.8 Zwischenresümee II

Der Blick auf die Geschichte der *konkret* zwischen den Jahren 1957 und 1964 zeigt den rasanten Aufstieg einer kleinen Hamburger Studentenzeitung zu einer bundesweit gelesenen und auch agierenden Zeitschrift. Die ersten Ausgaben schlossen inhaltlich wie auch weitgehend gestalterisch nahezu nahtlos an ihre Vorgängern *Plädoyer* und *Studentenkurier* an, so dass statt von einer Zeitschriften-Neugründung lediglich von einer Namensänderung die Rede sein kann.[294] *konkret* übernahm v.a. den kritischen Ton gegenüber dem ansonsten konsensorientierten Adenauer-Deutschland. Die aufklärerisch-kritische Zeitschrift mit einer Anfangsauflage von 10 000 Exemplaren positionierte sich klar gegen die von Atomrüstung und Westintegration geprägte Politik der Bundesregierung und sprach damit gleichzeitig *die* Themen der öffentlichen Debatte an.[295] Das vergleichsweise kleine Blatt (der *Stern* hatte beispielsweise schon 1955 eine Druckauflage von 800 000 Stück[296]) scherte dabei aus dem üblichen „Konsensjournalismus“[297] der damaligen Zeit aus, der „Massenmedien zu Instrumenten der Erlangung und Beschwörung gesellschaftlicher Harmonie reduzierte und zugleich die Möglichkeit der Publizisten zur Kritik begrenzte“.

Im scharfen Gegensatz dazu positionierte sich *konkret*. Das Blatt ist damit zu den politischen Zeitschriften zu zählen, welche laut Haackes einschlägiger Definition „auf die jeweiligen gesellschaftlichen Zustände mit den ihr gebotenen Mitteln handelnd einwirken und somit selbsttätig politische Aktivität entwickeln“[298]. Die *konkret*-Macher - bis 1964 hatte das Blatt nur rund eine Handvoll Festangestellte - setzten die seit dem *Plädoyer* bestehende Allianz mit dem kommunistischen Nachbarstaat fort. Röhl und Co konnten auf diese Weise eine ambitionierte Zeitschrift in Zehntausender-Auflage herausgeben, wozu sie aufgrund ihrer beschränkten finanziellen Mittel ansonsten nicht in der Lage gewesen wären, da die Freiheit, ihre Meinung zu verbreiten ansonsten „zweihundert reichen Leuten“[299] vorbehalten war, wie der Publizist Paul Sethe 1965 schrieb. Die KPD hatte im Gegenzug ein Blatt, das zumindest anfangs

294 Vgl. Gallus 2001: 227.

295 Vgl. Sontheimer 1996: 162.

296 Vgl. Schreiber 2001: 13

297 Hodenberg 2006a: 195 (folgendes Zitat ebenso).

298 Haacke 1967: 87.

299 So Sethe in einem Leserbrief zum Thema Pressefreiheit im *Spiegel* Nr.5 (1965), zitiert nach Schreiber 2001: 302.

ihre programmatischen Ziele im Kampf gegen Wiederbewaffnung und Westbindung verbreiten konnte und „mit Erfolg zum organisatorischen Zentrum kommunistischer Einflußnahme auf die westdeutsche Studentenschaft“[300] ausgebaut wurde.

Gerade Studenten boten dabei ab Anfang der 60er Jahre eine lohnende Zielgruppe, da von ihnen laut Umfragen 70 Prozent für eine bedingungslose Anerkennung der DDR waren, während es nur 46 Prozent im entsprechenden Segment der Gesamtbevölkerung waren.[301] So verband sich der „apokalyptisch gefärbte Alarmismus“[302] vor einem Dritten Weltkrieg auf Seiten der *konkret*-Redakteure mit der FDJ-Agitation gegen eine Atom-Rüstung der BRD.

Abbildung 4: Vom avantgardistischen Studentenblatt zur Polit-Publikumszeitschrift: *konkret*-Titelblätter im Wandel (1957-1964). Quelle: *konkret* (Originale farbig).

Mit wohlwollender Unterstützung - v.a. in Form von entlarvenden Unterlagen - thematisierte *konkret* auch „das politisch-moralische Skandalon der nahezu ungebrochenen, respektive fast vollständig wiederhergestellten Kontinuität der Funktionseliten vom »Dritten Reich« zur Bundesrepublik“[303]. Ziemlich genau mit dem Ulmer Einsatzgruppenprozess im Jahr 1958 und damit noch vor dem allgemeinen Gipfel der medialen Thematisierung 1961 begann *konkret*s Suche nach den nationalsozialistischen Brandstiftern, die in der jungen Bonner Republik ungeschoren davongekommen waren und als konservative Biedermänner auftraten.[304] Indem sie die Vergangenheit all der Globkes, Oberländers und Heusingers öffentlich machten, leistete die Redaktion - wohl eher bewusst als unbewusst - dem Auslandsgeheimdienst der Stasi, der sogenannten Hauptverwaltung A (HVA), Schützenhilfe. Diese zielte auf die „»Bloß-

300 Knabe 2001: 183.

301 Vgl. Wildenmann/Kaase 1968: 61.

302 Goebel 1999: 89.

303 Frei 2008: 78.

304 Vgl. Wilke 1999: 659.

stellung« und »Zersetzung« der Bonner Regierung oder von Persönlichkeiten des öffentlichen Lebens; »Aufwiegeln« ausgewählter Gruppen"[305].

konkrets politische Einmischung ging jedoch auch über das Mediale hinaus: Die vom FDJ instruierten Redakteure suchten die Nähe zur Anti-Atomtodbewegung, boten ihren Protagonisten ein Forum und berichteten damit aus der Szene für die Szene. Die ab Juli 1958 vierzehntägig erscheinende Zeitschrift wurde schnell zum „Kristallisationskern einer neuen Opposition"[306], zum intellektuellen Leitorgan für die 58er ähnlich dem *Kursbuch* für die 68er.

Von den Anti-Atomtodausschüssen war der Schritt in den SDS nur noch ein Kleiner.[307] Unter dem Vorzeichen von Chruschtschows Berlin-Ultimatum, in dem der sowjetische Regierungschef den drei Westmächten ein halbes Jahr Zeit gegeben hatte, um Berlin in eine entmilitarisierte, freie Stadt umzuwandeln, setzte die *konkret*-Fraktion beim Studentenkongress gegen Atomrüstung in Berlin eine Resolution durch, die das forderte, wofür Brandt später gefeiert wurde: eine pragmatische, auf Versöhnung ausgerichtete Ost-Politik. Im Rückblick betrachtet legten die „politisch Irrlichternden"[308] *konkret*-Redakteure und ihre Verbündeten (allen voran Oswald Hüller) den Grundstein für einen ersten Ansatz einer „studentische[n] Gegenöffentlichkeit"[309]. Gleichzeitig beschleunigten sie damit jedoch auch den Entfremdungsprozess des SDS von der SPD, die gerade im Begriff war, von der Arbeiter- zur Volkspartei zu werden. Schon 1959 legte *konkret* damit den Grundstein für deren Trennung im November 1961 und die Selbstauflösung des SDS im März 1970.

In der Zeitschrift nahm der Anteil von Politik neben Kultur - und hier v.a Gegenwartsliteratur und Literatur des ersten Drittels des 20. Jahrhunderts - einen immer größeren Platz ein. Die aufklärerische Politikberichterstattung fiel mit „einer sich plötzlich ihrer Probleme bewußt werdenden Gesellschaft"[310] und einer allgemeinen Politisierung des Publikumsgeschmacks zusammen, die wiederum zum Erfolg von *konkret* beitrugen.[311] So war die „linksradikale Studentenzeitung ‚konkret'"[312]

---

305 Bohnsack/Brehmer 1992: 36.

306 Siegfried 2006b: 298.

307 Vgl. allgemein zur Rolle von konkret im „Kampf dem Atomtod" und in der Folge im SDS: Fichter 1988: 246-303.

308 Frei 2008: 91.

309 Fichter 1988: 273.

310 Hickethier 1998: 604f.

311 Vgl. Hodenberg 2006a: 95.

312 Demoskopisches Institut Allensbach 1961: 13.

laut einer Erhebung des Demoskopischen Instituts Allensbach trotz zahlreicher Vertriebsverbote im Jahr 1960 von allen Studentenzeitschriften „mit Abstand am stärksten [....] verbreitet“[313]. Auch wenn der Untersuchung zufolge nur 13 Prozent der Befragten die Zeitschrift „ganz ausgezeichnet“ oder „recht gut“[314] fanden, genoss *konkret* den Ruf „als unerschrockene Kämpferin für unkonventionelle Haltungen“[315]. Röhl sah in dem Heft gar die „die Weltbühne von 1962“[316]. Als Adenauer im Oktober 1963 zurücktrat, war *konkret* jedenfalls bereits „ein Begriff in der bundesdeutschen Zeitschriftenlandschaft“[317].

Gleichzeitig mit der Umstellung auf monatliche Erscheinungsweise im Jahr 1962 näherte sich das Blatt gestalterisch immer mehr dem Massengeschmack an. Neben dem Hochglanzumschlag hielt allmählich der (ein-)farbige Druck auch im Heft-Inneren Einzug. Ab 1963 (und damit wohl unter dem Konkurrenzdruck des Fernsehens) nahm die Zahl der Fotos und Illustrationen zu, der Weißraum wuchs. Der Wechsel zum Illustriertenformat, den die meisten übrigen Zeitschriften schon in den 50er Jahren vollzogen hatten, erfolgte in *konkret* sehr spät, nämlich im Jahr 1964.[318]

Trotz Röhls Motto „in jeder Nummer einen saftigen, wohlabgewogenen, keineswegs nur rhetorischen Anti-Ost-Artikel“[319] wurde über Finanzierung aus dem Osten offen spekuliert.[320] Angesichts des auch für damalige Zeit sehr geringen Verkaufspreises und der geringen Werbung, war der „Ostwind“[321], der durch die Spalten wehte, ein offenes Geheimnis – und dürfte bei nicht allzu wenigen Linken sogar als Kaufargument gewirkt haben. Schließlich umgab die KPD „eine besondere Aura, in der sich Realitäten und Mythen des antifaschistischen Widerstands, ihres neuerlichen Märtyrertums und ihrer konspirativen Bewegungsformen vermischten“[322].

Dauerhaft war jedoch auch *konkret*s Verhältnis zum Osten nicht von Harmonie geprägt: Röhls mehr pragmatische denn ideologische Allianz

313 Demoskopisches Institut Allensbach 1961: 13.

314 Demoskopisches Institut Allensbach 1961: 13.

315 Siegfried 2006b: 303.

316 Röhl, Klaus Rainer 1962: 5.

317 Goebel 1999: 5.

318 Vgl. Straßner 1997: 17.

319 Röhl, Klaus Rainer 1998: 86.

320 Vgl. Siegfried 2006b: 295 sowie Röhl, Wolfgang 2009: 3 und Doutiné 2009: 1.

321 *Die ZEIT* vom 31. Juli 1959, zitiert nach Siegfried 2006b: 295.

322 Siegfried 2006b: 188.

mit der KPD bröckelte. Zwar hatte *konkre*t v.a. auf Drängen Ulrike Meinhofs noch offen für die DFU - von Zeitgenossen oft als „die Freunde Ulbrichts“ entschlüsselt - Wahlkampf betrieben. Die Entfremdung der westdeutschen Linken, die mit der Niederschlagung des Volksaufstandes 1953 bereits begonnen hatte und mit dem Mauerbau 1962 kulminierte, spiegelte sich jedoch auch bald in *konkret* wieder. Zum Ärger ihrer KPD-Instrukteure distanzierte sich die Redaktion von dem vermehrt als unmenschlich angesehenen System der DDR, das seine eigenen Bürger einsperrte. Die nach Vereinigung der deutschen Teilstaaten strebende Redaktionslinie war nicht mehr mit der gewandelten Strategie der SED vereinbar, die statt Einheit die völkerrechtliche Anerkennung anstrebte. So ist die endgültige Trennung der KPD von *konkret* v.a. im Zusammenhang der schwindenden inhaltlichen Schnittmenge von Financier und Finanzierten zu sehen. Was der unmittelbare Auslöser für die Einstellung der Zahlungen war, ist dahingehend auch eher von sekundärer Bedeutung. - Zumal die Geschichte von *konkret* 1964 nicht endete.

5 *konkret* und der kapitalistische Neubeginn (1964-1973)

Dieses Kapitel thematisiert die Geschichte der Zeitschrift *konkret* seit ihrer Neugründung im Jahr 1964 bis zum Konkurs 1973. Einen Schwerpunkt bilden dabei die Jahre 1967 und 1968 bzw. die Rolle der Außerparlamentarischen Opposition und wie sich diese in der Zeitschrift widerspiegelte.

5.1 „SOS Konkret“: Aus der Pleite an den Kiosk

Während sich Meinhof verstärkt auf ihre Arbeit als Rundfunkredakteurin konzentrierte, wagte Röhl mit seinem Geschäftsführer und späteren Teilhaber Klaus Steffens schon einen Monat nach dem Versiegen der kommunistischen Geldquelle den ökonomischen Neubeginn. Stolz verkündete er: „Wir machen jetzt ein neues ‚Konkret‘, eine anspruchsvolle Kulturzeitschrift mit neuen und jungen Leuten.“[323] Statt mit Geld aus dem Osten wollte er das Heft nun über den regulären Kioskverkauf, Abos und v.a. Werbeeinnahmen finanzieren. Das Juli-Heft fiel zwar aus, was den *Spiegel* schadenfroh jubeln ließ: „Den Konkreten fehlten die Moneten.“[324] Mit Unterstützung von zahlreichen Buchverlagen (darunter laut *Spiegel*: Constanze, Burda, Kindler, Bärmeier und Nikel, dtv, Fischer, Rowohlt, Suhrkamp) und diversen Inserenten erschien jedoch bereits im August 1964 ein neues Heft auf dem Markt. Der Verleger-Sohn John Jahr hatte bei der Druckerei erwirkt, dass *konkret* Kredit gewährt wird.[325]

Vom Wegfall der Ost-Finanzierung erfuhr niemand - der Öffentlichkeit gestand Röhl das, was viele damals zwar schon geahnt hatten, erst 1974 in seinem Buch „Fünf Finger sind keine Faust“. 1964 begründete Röhl den Geldmangel und den Ausfall der August-Ausgabe in einem Brief an die Leser unter der Überschrift „SOS Konkret“ stattdessen wie folgt:

> Einige Leute wollten KONKRET kaputtmachen. Weil es konkrete Artikel schreibt und keine Rücksicht nimmt. Im Blatt der Zeitschriftenhändler stand eine Liste. Die Liste stammt vom Arbeitgeberverband. In der stand, wir werben »bewußt oder unbewußt« für kom-

323 Zitiert nach U.A. 1964: 34.

324 U.A. 1964: 34.

325 Vgl. Röhl, Klaus Rainer 2009a: 111.

munistische Ziele. Das ist natürlich Quatsch. [....] Wir sind keine Kommunisten. [....] Das wissen unsere Leser seit langem. [....] In dieser Situation können nur Sie, unsere Leser, helfen. Sie allein, zusammen mit den Inserenten, können die Einstellung von konkret verhindern. Jeder Leser müßte einen neuen Leser werben, jeder Abonnent einen neuen Abonnenten. Helfen Sie uns, eine der letzten unabhängigen Kulturzeitungen zu erhalten.[326]

Der Aufruf wirkte: Innerhalb weniger Tage hatte *konkret* 1065 neue Abonnenten und 6 volle Anzeigenseiten von fast allen großen Verlagen.[327] Bereits von der ersten Ausgabe der neuen *konkret* wurden laut Röhl fast 50 000 Ausgaben verkauft und damit 30 000 Exemplare mehr, als noch im April desselben Jahres.[328] Die Auflagensteigerung verdankte *konkret* wohl mitunter der Publizität, welche die Liste des Arbeitgeberverbandes mit sich brachte.[329]

Im Januar 1965 wurden die *konkret*-Schulden bei der Druckerei „wie von Geisterhand zum Ausgleich gebracht, ohne daß zuvor oder danach eine Leistung oder besser Gegenleistung eingefordert wurde“[330]. Ob Klaus Rainer Röhls Vermutung, der Geldbote aus dem Osten habe schlichtweg nicht mehr aufgehalten werden können, stimmt oder die seiner Tochter Bettina, wonach Ostberlin die Schulden erließ, weil dadurch keine Devisen abfließen mussten, lässt sich heute nicht mehr zweifelsfrei klären. Jedenfalls war *konkret* Anfang 1965 schuldenfrei. Befreit vom engen Korsett der kommunistischen Geldgeber, „brach es nun über Nacht aus ihm [Klaus Rainer Röhl] heraus: Politik, Sex-and-Drugs-and-Rock'n'Roll“[331].

5.2 Die Röhlsche Mischung: Sex und Revolution

Statt Hochkultur hielt - v.a. jugendliche - Populärkultur Einzug bei *konkret*. Hatte die alte (KPD-finanzierte) *konkret* die aufkommende Beat-Kultur weitestgehend ignoriert, schrieben nun Hubert Fichte in seinem „Plattenragout“ und Uwe Herms in seiner „Schallplattenkritik“ über die neuesten Platten von den Beatles, Joan Baez und Co. Passend für die

326 Die Redaktion 1964a: 3.

327 Vgl. Die Redaktion 1964b: 3.

328 Vgl. Röhl. Klaus Rainer 1998: 193 und 210.

329 Vgl. Siegfried 2006b: 303.

330 Röhl, Bettina 2007: 425.

331 Röhl, Bettina 2007: 422.

trampende Jugend beschrieb *konkret* regelmäßig die Reise-Ziele der damaligen Twens: Albanien, Türkei, Tunesien, Teneriffa, Griechenland und England, jenes Land „[a]n den Quellen des Beat"[332]. Statt Mao, Marx und Marcuse wurden Schlager, Drogen, Hippies und Kommunarden zum Thema. Breite Verständlichkeit statt intellektueller Tiefe stand im Vordergrund. *konkret*-Chef Röhl konnte seine Idee vom „Horizontalen", also der breiten Verständlichkeit, umsetzen. Was bei Henri Nannen dessen Schwiegermutter, war bei ihm die „Klofrau von Hannover"[333], die alle Artikel verstehen können sollte: „Er wollte, [....] dass keiner ein Akademiker sein muss, um lesen zu können, was im Heft steht."[334]

Schon die erste kapitalistische Ausgabe zeigte den neuen Kurs: Neben der Ankündigung der von nun an regelmäßig erscheinenden Kolumne des „Starjournalisten"[335] Sebastian Haffner, der Reportage „DDR intim" sowie einem Artikel über die Bundeswehr (wo der „Teufel los" ist) stand schon auf dem Titel die Frage „frigide durch Anti-Babypille?". Sie stand exemplarisch für die sogenannte Röhlsche Mischung - „Sex und Soziales, Lebensfreude und Entrüstung über das Unrecht"[336] - welche bis 1973 die Blattlinie bestimmen sollte und sich heute auch in der *BILD-Zeitung* findet.

„Klaus Röhl füllt zu dieser Zeit die kleine Wundertüte *konkret* in ähnlicher Weise, wie Henri Nannen, mit dem ihn die Blattmacherleidenschaft verbindet, seine große Wundertüte *stern* füllt"[337], urteilt gar seine Tochter Bettina. Neben Sensationsberichten à la „Ist der Mensch eßbar?"[338], „Ließ der CIA Kennedy ermorden?"[339] und „Söldner-Hobby: Negerköpfe auskochen"[340] rückte auf Anregung von Rühmkorf („Riet ihm entschieden, nicht weiter links am Lustprinzip vorbeizusegeln"[341]) das Sexuelle weiter in den Vordergrund.

Der Slogan „Sex sells" wurde zur neuen Vorgabe. Waren es früher noch avantgardistische Grafiken, die den Leser locken sollten, waren es von nun an Frauen. Zuerst lasziv dreinblickend, aber hochgeschlossen, war

---

332 Heuer 1966.

333 Siegfried 2006b: 305 sowie zu Nannen: Schreiber 2001: 281.

334 Parnass 2009: 7.

335 Hodenberg 2006a: 298.

336 Röhl, Klaus Rainer 1998:.252f.

337 Röhl, Bettina 2007: 482.

338 Heck 1966: Titel-Anreißer.

339 Joesten 1967.

340 Richmond 1968: 19.

341 Rühmkorf 1972: 176f

im Dezember 1964 erstmals ein größtenteils mit einem Handtuch bedeckter, aber ansonsten unbekleideter Po auf dem Cover zu sehen – im prüden Nachkriegsdeutschland, das von einer „offizielle[n] Kultur des Sexualkonservativismus"[342] geprägt war, ein Novum.[343] Zwar war die sexuelle Revolution noch weit entfernt (Oswalt Kolles erster Aufklärungsfilm sollte erst vier, der erste deutsche Softporno „Schulmädchenreport" erst sechs Jahre später gezeigt werden), dennoch traf Röhl damit das Zeitgefühl einer Jugend, die genug hatte vom gefühlten Muff und der vermeintlichen Verklemmtheit der 50er Jahre und erstmals gegen die herrschende Ordnung rebellierte.[344] Die deutschen Teenager hatten gerade den Rolling Stones-Hit „Time is on my side" für sich entdeckt und rissen sich förmlich um die eine Mark teuren *konkret*-Hefte mit so aussagekräftigen Titelslogans wie „Liebe zwischen Schwarz und Weiß (ein Bildbericht)" (September 1964), „Die wilden Partys. Sexuelles Gruppenverhalten in den USA (November 1965) und „Krank vor Sex. Jugendliche packen aus" (Juni 1966).

Bereits im September 1965 verkündete die Redaktion auf dem Titel: „Auflage 100 000". Innerhalb eines Jahres hatte sich die Auflage verdoppelt. Als Grund sieht Siegfried die neue – sexuellere – Blattlinie: „Hier hatte Konkret die Nase vorn, weil es damit zeitlich passgenau dem seit Ende 1964 vorgetragenen Versuch konservativer Kreise, auf diesem Gebiet ein Rollback herbeizuführen, Paroli bot."[345] *konkret* thematisierte die Inhalte, die die Jugend interessierten. So schrieb Gudrun Keutschke aus Langenberg in einem Leserbrief, der 1966 in Heft 11 abgedruckt wurde, begeistert: „Ich bin dafür, diese Zeitschrift an Jugendliche weiterzuempfehlen; denn in dieser Zeitschrift finden sie Antworten auf die Fragen, die in der überwiegenden Zahl der Elternhäuser unbeantwortet bleiben."[346]

Was bei der Jugend gut ankam, sorgte jedoch bald für Ärger mit den Behörden: Nach dem Abdruck von Auszügen des schwedischen Sexromans „491" des Autors Lars Görling, der auf – aus heutiger Sicht – harmlose Art einen Schäferhund als Sexpartner thematisierte („Dann lockte sie Ray zu sich heran, streichelte und kraulte ihn [....] – Komm mein Lieber, komm, du bist lieb. Dich hätt ich lieber im Bett als gewisse

342 Herzog 2006: 92.

343 Lediglich die 1959 gegründete *twen* publizierte mit leichter zeitlicher Verzögerung ähnliche Titelblätter (vgl. Koetzle 1995). Das Jugend-Magazin *Bravo* folgte erst Jahre später – jedoch nur im Heft-Inneren.

344 Vgl. Dauks 2004: 27.

345 Siegfried 2006b: 305.

346 Leserbrief, veröffentlicht in *konkret*, Ausgabe 11 (1966): 20.

andere. Mit dir möchte ich viel lieber schlafen, komm Ray, lieber Ray..."[347]) stellte das Bundesinnenministerium am 19. Februar 1965 bei der Bundesprüfstelle für jugendgefährdende Schriften den Antrag, die drei *konkret*-Ausgaben Dezember 1964 und Januar sowie Februar 1965 auf den Index zu setzen.[348] Er wurde abgelehnt. Eine Indizierung hätte für ein Blatt wie *konkret*, dass sich über den Kioskverkauf finanzierte und über geringe Rücklagen verfügte, den finanziellen Ruin bedeutet. Stattdessen hatten sich liberale Medien wie *Panorama* und *Stern* mit *konkret* solidarisiert und damit indirekt Werbung für die Zeitschrift gemacht - in der Folge stieg die Auflage entsprechend:[349] Bereits auf dem Februarheft 1966 prangte der Stempel: „Auflage 135 000".

Ende 1966 übertraf *konkret* erstmals die verkaufte Auflage von *twen*.[350] Während sich das Kölner Konkurrenzblatt 1964 von der Politikberichterstattung gänzlich abgewandt hatte, pflegte *konkret* ein Nebeneinander von Sex und Revolution bzw. „Marx und Muschis"[351] und wurde zum „medialen Idealtypus in der Fusion von Politik und Kultur"[352] - auch wenn dies bisweilen zu geschmacklosen Titelbildern führte: So zeigte das Januarheft 1965 zwei innig knutschende Teenager und daneben eine aufgedunsene Leiche aus dem Kongo. Die Bilder und der zugehörige Bericht stammte von Gerd Heidemann - jenem Journalisten, der einige Jahre später als Entdecker der Hitler-Tagebücher für den *Stern* zu zweifelhaftem Ruhm kam.[353]

Mit der Umstellung auf den vierfarbigen Fotodruck samt einhergehender Preiserhöhung auf 1,50 Mark im Januar 1967 verdrängten formatfüllende Bilder von verführerischen Mädchen sämtliche annähernd journalistischen Bilder vom Titelblatt. Die Freizügigkeit der Titelmodells stieg von Ausgabe zu Ausgabe - und gleichzeitig auch die Auflage. Dennoch war der erste entblößte Nippel erst auf Heft 2/1969, das erste Schamhaar auf Heft 22/1970 und die erste komplett entblößte Frau auf Heft 7/1971 zu finden. Verbal war das Thema Sex jedoch seit 1964 auf jedem Titel: „Sex mit 17" (Mai 1967), „Liebe zu viert" (Juni 1967), „Unsern täglich Sex gib uns heute" (Februar 1967) sind nur einige Titelteaser-Beispiele. Im Heft-Inneren bot *konkret* seinen Lesern unterdessen sexuellen Nutzwert-

---

347 Görling 1964: 24.

348 Vgl. Röhl, Klaus Rainer 1965: 5.

349 Vgl. auch Hermann 1965.

350 Vgl. Siegfried 2006b: 523.

351 U.A. 1973c: 83.

352 Siegfried 2006b: 295.

353 Vgl. Heidemann 1965.

Journalismus à la „Was Mädchen weich macht. Rezepte für Männer"[354], „Was Mädchen mögen"[355] und „Wie man Unschuld verliert"[356].

Auch wenn es die Titelbilder und Anreißer suggerierten und ein Beobachter urteilte, dass keine der Erwachsenen-Illustrierten diesbezüglich auch „nur annähernd so weit geht"[357], war der Inhalt von *konkret* jedoch keineswegs nur vom Sexuellen bestimmt: Eine quantitative Auswertung von 487 Heftseiten der 12 Ausgaben zwischen Oktober 1967 und September 1968 ergab, dass die Mehrzahl der Artikel, nämlich 46,8 Prozent, politischen Inhalts waren, 19,9 Prozent Gesellschaft und Wirtschaft sowie 22,6 Prozent Kultur thematisierten und lediglich 10,7 Prozent Sex waren.[358] So brachte vielmehr eine Mixtur aus „Chelsea-girls und Rote Garden, Rudi Dutschke und Twiggy"[359] *konkret* den Erfolg am Kiosk. Schon bald, so resümiert Röhl-Tochter Bettina, wurde es aufgrund dieser Mischung „Trend, *konkret* zu lesen, und *konkret* wird Sammler- und Kultobjekt".[360]

5.3 Der Beginn einer langen Karriere: Stefan Aust und *konkret*

Möglich machte den Kurswechsel vom Avantgarde-Blatt in Mini-Auflage zur sexuell angehauchten Polit-Illustrierten mit Massenwirkung eine Frischzellenkur der *konkret*-Redaktion. So gewann Röhl gleich mehrere junge Autoren für sein Blatt, die neben frischem Wind auch die jungen Themen brachten. Neben Rolv Heuer und der Beat-affinen Heike Doutiné („Ich wusste überhaupt nicht, was *konkret* ist"[361]) kam 1966 auch ein junger Schülerzeitungsredakteur zu *konkret*, der schnell zur rechten Hand Röhls avancieren und einige Jahre später einer der großen Namen in der deutschen Medienlandschaft werden sollte: Stefan Aust. Der damals 20-Jährige hatte am Gymnasium Atheneum in Stade, das auch Röhl und Rühmkorf schon besucht hatten, die Schülerzeitung *Wir* (Untertitel: „Jugendeigene Zeitung") geleitet und einen Artikelaustausch mit *konkret*

[354] Belham 1967: Titel-Teaser.

[355] Haper 1967: 8.

[356] U.A. 1967b: 8.

[357] Barth 1969: 250.

[358] Vgl. Treffinger, 1968.

[359] U.A. 1967d: 156.

[360] Röhl, Bettina 2007: 473f.

[361] Doutinè 2009: 1. .

organisiert. Direkt nach dem Schulabschluss („Ich bin dahingekommen, im Grunde einen Tag nach meinem Abitur. Gerade den Suff ausgeschlafen, und dann habe ich da angefangen."[362]) begann Aust ein Volontariat bei *konkret,* wobei der Begriff etwas kurz greift: Aust verdiente monatlich 3250 Mark und wurde von Röhl als Allzweckwaffe engagiert.[363] – „Schließlich kennt er den Schulfreund seines Bruders von den Besuchen in Stade als tatkräftigen jungen Mann, der selbst eine Schülerzeitung so geschäftig betreibt, als gelte es dem *Spiegel* Konkurrenz zu machen."[364]

Stefan AUST (*1946 in Stadte) begann nach dem Abitur ein Verlagsvolontariat bei *konkret,* für die er bis 1968 arbeitete. Nach seiner Zeit bei *konkret* ging er zu den *St.Pauli-Nachrichten* und 1970 schließlich zum *NDR.* Bis 1986 arbeitete er insbesonders für das Politmagazin *Panorama.*

Als Autor nutzte Aust seine persönlichen Kontakte zur sogenannten ersten Generation des deutschen Terrorismus und schrieb mit dem 1985 erstmals erschienenen „Baader-Meinhof-Komplex" das Standardwerk zum Deutschen Herbst.

1988 übernahm Aust die Leitung des Politmagazins *Spiegel-TV* und wurde gegen anfänglichen Widerstand der Mitarbeiter-KG im 1994 Chefredakteur des *Spiegels.* Ein interner Machtkampf mit der KG und den Augstein-Erben endete 2008 mit der Auflösung Austs Vertrag (vgl. ausführlich: Gehrs 2005).

Als frisch gekürter *konkret*-Reporter schrieb Aust über „Sex und Liebe in Schweden"[365], machte sich per publizistischem Road-Trip auf die Suche nach der Antwort auf die Frage „Wie frei sind Deutschlands Mädchen?"[366], berichtete von der „Revolution der Schüler"[367] und veröffentlichte Mitte 1967 zur Freude aller Hallozinogen-Freunde das Rezept für LSD:

> Man nehme Lysergsäure (die nicht allzu schwer zu besorgen ist), versetze diese mit flüchtigem Diäthylamin (das zum Vulkanisieren von Gummi gebraucht wird) und friere das Ganze ein. Beide Stoffe verbinden sich dann zu dem gewünschten LSD, das anschließend mit Hilfe von Chloroform, Waschbenzin oder einer einfachen Vakuumpumpe herausgezogen wird.[368]

---

362 Röhl, Bettina 2007: 484

363 Vgl. Röhl 2009b: 24.

364 Gehrs 2005: 43.

365 Aust 1967a.

366 Aust 1967b und 1967c.

367 Aust 1968a: 9-14.

368 Aust 1967d: 16.

Schnell mauserte sich Aust zum „Hansdampf in allen Gassen [....] und unerbittliche[n] Vertreter eines nur auf Lesbarkeit bedachten Illustriertenkurses“[369]. Er reportierte, titulierte und redigierte Tag für Tag, meist bis spät in die Nacht hinein: „[I]ch habe bei *konkret* gearbeitet wie vorher nicht und hinterher erst wieder bei *Spiegel TV*.“[370] – Das blieb auch seinem Chef nicht verborgen. So schwärmte Röhl 1968 in einem Brief an seine Frau Ulrike von „mein[em] zur Zeit beste[n] und engste[n] Berater Aust“[371]. Er beförderte Aust, der ab dem 27. August 1968 im Impressum als Geschäftsführender Redakteur erschien.

Aust verließ das Blatt jedoch schon wenige Monate später, an Weihnachten 1968. Vorhergegangen waren vier Tage Dauerdiskussion mit Ulrike Meinhof, die gerade dabei war, *konkret* den Rücken zu kehren (vgl. Kapitel 5.7): „Am Ende war er überzeugt: Er habe für fast 3.500 Mark, nur das Interesse seines Unternehmens »verinnerlicht«. Er habe nur »Scheiße gebaut« und sei nun kaputt. Er müsse nur noch weg, irgendwohin, [...] er sei einfach fertig“[372]. Über den genauen Inhalt des Gesprächs mit Meinhof hat Aust bis heute nichts verlautbaren lassen.[373]

5.4 „KZ-Baumeister Lübke“: Deutsche Vergangenheitsbewältigung per Stasi-Dossier

Der kapitalistische Neubeginn tat den *konkret*en Aufklärungsartikeln über ehemalige NSDAP-Mitglieder in hohen Nachkriegs-Ämtern keinen Abbruch. Zur Königsquelle wurde dabei das 1965 erschienene „Braunbuch. Kriegs- und Naziverbrecher in der Bundesrepublik“, das die Nationale Front mit Hilfe des MfS herausgab. Es enthielt unter anderem Informationen über 15 Minister und Staatssekretäre, 100 Generäle und Admirale der Bundeswehr, 828 hohe Justizbeamte, die trotz brauner Vergangenheit hohe Ämter in der Bonner Republik bekleideten.[374] Seite 40f. handelte von einem Bauleiter der sogenannten Baugruppe Schlempp, der während der letzten Kriegsjahre das Raketenversuchsge-

369 Röhl, Klaus Rainer 1998: 263.

370 Zitiert nach Röhl, Bettina 2007: 484.

371 Zitiert nach Röhl. Bettina 2007: 485.

372 Röhl, Klaus Rainer 1998: 263f.

373 Zu einem narrativen Gespräch für die vorliegende Arbeit erklärte sich Aust trotz wiederholter Nachfrage und Bitte nicht bereit.

374 Vgl. Nationale Front des Demokratischen Deutschland/Dokumentationszentrum der Staatlichen Archivverwaltung der DDR 1968.

lände Peenemünde, also dort wo Hitlers „Vergeltungswaffen“ V1 und V2 entwickelt wurden, mit Zwangsarbeitern ausbauen ließ. Er hieß Heinrich Lübke und war am 1. Juli 1959 zum zweiten Präsidenten der Bundesrepublik Deutschland gewählt worden.

Im offiziellen Lebenslauf des Bundespräsidenten stand nichts zu diesem dunklen Teil seiner Vergangenheit, vielmehr wurde er darin als Retter von KZ-Häftlingen dargestellt.[375] Der SED-Führung war er jedoch schon lange ein Dorn im Auge, da er sich wiederholt an die von den Kommunisten „versklavten“ Menschen gewendet und den Alleinvertretungsanspruch der BRD immer wieder betont hatte.[376] Er rückte daher in den Fokus des Sekretärs des Zentralkomitess der SED für Agitation und Propaganda, Albert Norden. Am 29. Juni 1964, einen Tag vor Lübkes Wiederwahl, attackierte der DDR-Chefpropagandist den Bundespräsidenten auf einer Pressekonferenz als „Gestapo-Komplizen“[377] - jedoch mit mäßiger Resonanz. Es erschienen lediglich kleinere Artikel in westdeutschen Zeitungen. Protestaktionen blieben aus.

1966 war Norden erfolgreicher. Er legte mehrere Aktenstücke vor, die von der Arbeit der Baugruppe Schlempp im Buchenwalder KZ-Außenlager Neu-Staßfurt stammten - darunter auch Barackenbaupläne, die Lübke im Auftrag der Wehrmacht angefertigt hatte und die seine Unterschrift trugen. Nach dem heutigem Stand der Akten - und so bekundeten es auch 1992 ehemalige Stasi-Mitarbeiter[378] - waren diese Dokumente echt. Gefälscht war hingegen der Aktendeckel mit der Aufschrift „Vorentwurf zur Erstellung eines KZ-Lagers für 2000 Häftlinge der Fa. Kalag bei Schacht VI in Neu-Staßfurt“[379], der ebenfalls Lübkes Unterschrift trug.

Mit den Unterlagen von Norden startete *konkret* eine Kampagne gegen den „KZ-Baumeister“ Lübke. Im Juli-Heft 1966 zitierte der *konkret*-Autor und damalige PEN-Vizepräsident Westdeutschlands, Robert Neumann, im Wortlaut aus dem - in der Bonner Republik bis dahin relativ unbeachtete gebliebenen - Braunbuch: „Die jetzt erforschten Dokumente und neuen Zeugenaussagen bestätigen [....], daß Lübke [....] in Peenemünde für die von ihm errichteten Nazi-Rüstungsbauten Hunderte KZ-Häft-

375 Vgl. Podewin 2001 und Morsey 1996: 290.

376 Vgl. Morsey 1996: 505.

377 Morsey 1996: 506.

378 Vgl. auch: Interview mit Günter Bohnsack im Deutschlandfunk am 24. Februar 1994, zitiert nach. Morsey 1996: 513 (Anmerkung 38).

379 Vgl. Knabe 2002: 252 sowie Röhl, Bettina 2007: 493. Endgültig wird dies auch nicht mehr zu belegen sein, da die Originale seit der Wende verschollen sind.

linge zu Tode schinden ließ. Lübke errichtete nicht nur die geheimen Rüstungsbauten und forderte dafür Arbeitskräfte an, er plante und leitete auch den Bau der dazugehörigen Konzentrationslager."[380] Noch mit Vorsicht formulierte er: „Einmal vorausgesetzt, daß die produzierten Dokumente echt sind" sei „[e]in schweigender Lübke [...] ein Lübke zu viel." Wenige Tage später zog der *Stern*-Kolumnist Sebastian Haffner, der gleichzeitig *konkret*-Autor und von der DDR-Desinformationsabteilung „erfasst"[381] war - mit einem Artikel im Nannen-Blatt nach. Das Presse- und Informationsamt der Bundesregierung veröffentlichte daraufhin am 2. September 1966 ein Bulletin, wonach Lübke „zu keiner Zeit an der Planung und am Bau von Konzentrationslagern mitgewirkt"[382] habe. Die Anschuldigungen seien frei erfunden.

Neumann legte im November 1966 nach: Unter der Überschrift „Was sagen Sie nun, Herr Lübke?" forderte er 14 führende Publizisten und Verleger der BRD, darunter Augstein und Bucerius, auf, nach Ostdeutschland zu fahren, um die entsprechenden Originale zu prüfen und dann zu handeln - „bundesdeutsch, patriotisch, ohne Rücksicht darauf, was die kommunistische Welt dazu noch sagen mag"[383]. Obwohl gleichzeitig auch an den Grenzübergängen von Ost- nach Westdeutschland Handzettel mit „Antworten Sie, Herr Lübke!"[384] verteilt wurden, blieb die gewünschte Reaktion aus.

Bei einem Treffen mit dem auch im Westen tätigen SED-Kronjuristen Friedrich Kaul in Hamburg forderten Röhl und Meinhof daraufhin, dass auch das DDR-Fernsehen die Forderungen von Neumann aufgreift.[385] Vergebens. Während Neumann im Dezemberheft seine Forderung nach einer Überprüfung der Dokumente wiederholte, reiste Meinhof nach Ostberlin, um sich mit Funktionären der Nationalen Front zu treffen.[386] Sie kritisierte, der Aufruf Neumanns habe „der Sache nicht genutzt",

---

380 Neumann 1966a: 16. Folgende Zitate: Neumann 1966a: 17 und 21.

381 In zentraler Personenkartei des MfS gibt es keine Karteikarte zu Haffner. Sie wurde - so glaubt Knabe (2002: 464) - entfernt, da es unter seinem eigentlichen Namen Raimund Pretzel einen Querverweis darauf gibt. Laut einer dezentralen Kartei der HA II/12 war Haffner bei HVA/X Ltg./542 erfasst (vgl. BStU, ZA, VSH HA II/12).

382 Presse- und Informationsamtes der Bundesregierung 1966: 912. Vgl. auch Morsey 1996: 519.

383 Neumann 1966b: 30.

384 Knabe 2001: 143.

385 Bericht vom 26. Oktober 1966 über die Besprechungen in Hamburg bezüglich der Aktion Lübke, BStU, ZA, SdM 1239, Bl. 219

386 Neumann 1966c: 14-17.

weil die Adressaten - also die westdeutschen Verleger - „Gefangene ihrer eigenen Umgebung“[387] seien. In einem extra angelegten Protokoll berichtete Friedrich Kaul über das Treffen:

> Frau Meinhof, die verständlicherweise auch das Interesse von *konkret* im Auge hatte, fragte, ob wir nicht neues Material nachschieben könnten, das von *konkret* veröffentlicht würde, wodurch eine neue Aktion gestartet würde. Genosse Dengler hielt das nicht für durchführbar, da wir [....] bereits alles veröffentlicht hätten, was über den Komplex »Konzentrationslager« vorhanden sei.[388]

Die Lübke-Berichterstattung in *konkret* ebbte daraufhin ab. Erst als der Kabarettist und Lübke-Forscher Joachim Hackethal nach Ost-Berlin reiste und neue Dokumente („Der äußere Anschein sprach sehr für die Echtheit dieser Dokumente“ [389]) sichtete, die angeblich belegten, dass Lübke 1944 Entwürfe für das Lager Rothenförder unterzeichnet hatte, berichtete *konkret* erneut und forderte: „Wenn diese Dokumente echt sind, muß der Bundespräsident zurücktreten“[390]. Um die Echtheit der Dokumente zu bestätigen, hatte sich der amerikanische Wissenschaftler Orotway Hilton bereit erklärt, nach Ostberlin zu fahren. Allerdings fand sich kein westdeutscher Verlag, der sein Honorar von 4000 Mark zahlen wollte. „Somit ist eine der größten Staatsaffären der Bundesrepublik, der Fall des KZ-Baumeisters und Bundespräsidenten Lübke, dabei, im Sande zu verlaufen, weil zur Zeit niemand bereit ist, 4000.-- Dollar aufzubringen“[391], schrieb daraufhin *konkret*.

Die Lunte war gelegt. Im Verlauf der Studentenproteste griffen nun auch der *Spiegel* und der *Stern* das Thema vermehrt auf.[392] Am 28. Januar 1968 veröffentlichte der *Stern* ein Gutachten des US-Schriftexperten J. Howard Haring und urteilte: „Von Fälschung kann keine Rede sein.“[393] Der Druck auf Lübke wuchs von Monat zu Monat, so dass er am 14. Oktober

---

387 Protokoll vom 1.Dezember1966 über die Besprechung zwischen Ulrike Meinhof, Steinke, Dengler und Friedrich Kaul (BStU, ZA, SdM 1239, Bl189-191).

388 103 BStU, ZA, SdM, 1239, Bl.189-191.

389 U.A. 1967c: 23. Folgende Zitate: U.A. 1967c: 22 und 45.

390 U.A. 1967c: 22.

391 U.A. 1967c: 45.

392 Vgl. UA. 2007a: 21.

393 Zitiert nach: Keil 2007.

1969 schließlich - auch aus gesundheitlichen Gründen - seinen Rücktritt bekannt gab. *konkret* war dies schon keine Meldung mehr wert.

5.5 Die Zeitschrift der APO: Die 68er und „ihr" Blatt

Das Blatt befand sich bereits voll und ganz im Sog der 1967 entflammten Studentenrevolte. Hatte *konkret* die Springer-Meldung von linksgerichteten Studenten an der Freien Universität Berlin anfangs noch als „Zeitungs-Ente"[394] verhöhnt („[D]ie Mao-Bilder und -Rufe haben nur Springers Berichterstatter gesehen [....] Inzwischen spricht in West-Berlin niemand mehr von der west-eigenen „Roten Garde"), musste die Redaktion sich schon bald selbst korrigieren und frohlockte bereits im Januar 1968 über die „Revolution die Spaß macht"[395]. Die Rede war vom Aufbegehren der Studenten, der Schüler, der APO - all derjenigen also, die heute pauschal als die „68er" bezeichnet werden. Zu deren Hochzeit, ab September 1968, erschien *konkret* 14-tägig. Die Themen der APO waren die Themen von *konkret* und das Blatt wurde schon bald zu ihrem „Zentralorgan"[396].

5.5.1 „Hochachtungsvoll Ulrike Marie Meinhof": Offener Brief an Farah Diba

Maßgeblich war daran *konkret*-Kolumnistin Ulrike Meinhof beteiligt. Vor dem Schah-Besuch am 2. Juni 1967, der das lange Jahr '68 einläutete, veröffentlichte sie in *konkret* einen offenen Brief, der heute zu den bedeutendsten Schriftstücken der APO zählt. Während die bundesdeutsche Regenbogenpresse vom anstehenden Besuch des persischen Schahs Reza Pahlevi und seiner Frau Farah Diba schwärmte, wählte Meinhof in dem Brief an die Schahaba kritische Worte:[397]

---

394 U.A. 1967a: 9 (folgendes Zitat ebenso).

395 U.A. 1968a: 16-20.

396 Röhl, Klaus Rainer 2009a: 289.

397 Als Informationsgrundlage diente Ulrike Meinhof, die eigentlich keine Kennerin der persischen Verhältnisse war: Nirumand 1967.

Guten Tag, Frau Pahlawi,

die Idee, Ihnen zu schreiben, kam uns bei der Lektüre der NEUEN REVUE vom 7. und 14. Mai, wo Sie Ihr Leben als Kaiserin beschreiben. Wir gewannen dabei den Eindruck, daß Sie, was Persien angeht, nur unzulänglich informiert sind. Infolgedessen informie [sic] Sie auch die deutschen Illustriertenleser falsch.

Sie erzählen da: ‚Der Sommer ist im Iran sehr heiß, und wie die meisten Perser reiste auch ich mit meiner Familie an die persische Riviera am Kaspischen Meer.'

‚Wie die meisten Perser' - ist das nicht übertrieben? In Balutschestan und Mehran z.B. leiden ‚die meisten Perser' - 80 Prozent - an erblicher Syphilis. Und die meisten Perser sind Bauern mit einem Jahreseinkommen von weniger als 100 Dollar. Und den meisten persischen Frauen stirbt jedes zweite Kinde - 50 von 100 - vor Hunger Armut und Krankheit. Und auch die Kinder, die in 14stündigem Tagewerk Teppiche knüpfen - fahren auch die - die meisten? - im Sommer an die Persische Riviera am Kaspischen Meer?

[....] Sie sagen, der Schah sei eine ‚einfache, hervorragende und gewissenhafte Persönlichkeit, einfach wie ein ganz normaler Bürger.'

Das klingt ein wenig euphemistisch, wenn man bedenkt, daß allein sein Monopol an Opium-Plantagen jährlich Millionen einbringt, daß er der Hauptlieferant der in die USA geschmuggelten Narkotika ist und daß noch 1953 das Rauschgift Heroin in Persien unbekannt war, indes durch kaiserliche Initiative heute 20 Prozent der Iraner heroinsüchtig sind. Leute, die solche Geschäfte machen, nennt man bei uns eigentlich nicht gewissenhaft, eher kriminell und sperrt sie ein, im Unterschied zu den ‚ganz normalen Bürgern'.

[....] Sie schreiben über die Sorgen des Schahs um einen Thronfolger: ‚In diesem Punkt ist das iranische Grundgesetz sehr strikt. Der Schah von Persien muß einen Sohn haben, der eines Tages den Thron besteigt, in dessen Hände der Schah später die Geschicke des Iran legen kann [....]'

Merkwürdig, daß dem Schah ansonsten die Verfassung so gleichgültig ist, daß er z.B. - verfassungswidrig - die Zusammensetzung des Parlaments bestimmt und alle Abgeordneten vor ihrem Eintritt in das Parlament ein undatiertes Rücktrittsgesuch unterzeichnen müssen. Daß keine unzensierte Zeile in Persien veröffentlicht werden darf, daß nicht mehr als drei Studenten auf dem Universitätsgelände von Teheran zusammenstehen dürfen, daß Mossadeghs Justizminister die Augen ausgerissen wurden, daß Gerichtsprozesse unter Ausschluß der Öffentlichkeit stattfinden, daß die Folter zum Alltag der persischen Justiz gehört.

[....] Sie wundern sich, daß der Präsident der Bundesrepublik Sie und Ihren Mann, in Kenntnis all diesem [sic] Grauens, hierher eingeladen hat? Wir nicht. Fragen Sie ihn doch einmal nach seinen Kenntnissen auf dem Gebiet von KZ-Anlagen und Bauten. Er ist ein Fachmann auf diesem Gebiet.

[....] Wir wollten Sie nicht beleidigen. Wir wünschen aber auch nicht, daß die deutsche Öffentlichkeit durch Beiträge, wie Ihren in der NEUEN REVUE, beleidigt wird.

Hochachtungsvoll Ulrike Marie Meinhof[398]

Der Brief wurde in 200 000-facher Ausführung als Flugblatt gedruckt und in West-Berlin verteilt. Grund für diesen ungewöhnlichen Vertriebsweg war eine einstweilige Verfügung von Augsteins Spiegel-Verlag gegen die Erscheinung von *konkret*-Heft 6. Neben der Aufschrift „Der *Spiegel* ist blind! (Auf einem Auge)" und der satirischen Meldung „*Spiegel* an Springer verkauft"[399] war auf dem Titel ein verkleinertes *Spiegel*-Logo zu sehen, worin Augsteins Anwälte - wohl auch zu Recht - eine Urheberrechtsverletzung sahen. Als sich andere Medien mit *konkret* solidarisierten (der *Stern* witzelte beispielsweise: „Augstein haut mit Vehemenz auf die kleine Konkurrenz weil ein Späßchen in *konkret* sich um den *Spiegel* dreht"[400]) rief Augstein seine Juristen zurück. Für die Verbreitung des Hefts noch vor dem Schah-Besuch war es da allerdings schon zu spät.

Letztlich lasen durch die Flugblatt-Verbreitung wohl ohnehin mehr Menschen Meinhofs Anklage-Brief als sie es getan hätten, wenn er lediglich in *konkret* mit seiner damaligen Auflage von 154 000 erschienen wäre.[401] Das Flugblatt hat auf diese Weise - so glauben Röhl und Prinz[402] - mit dazu beigetragen, dass mehrere Hundert Schah-Gegner am 2. Juni vor dem Schöneberger Rathaus „Mörder, Mörder" skandierten und sich die Mitglieder der Kommune 1 mit Porträtmasken aus Einkaufstüten über den Schah lustig machten, während sich der Perser ins Goldene Buch der Stadt eintrug. Die Polizei reagierte mit Knüppeln.

398 Meinhof 1967a: 21f.

399 Meinhof/Röhl/Holtkamp 1967: 48.

400 Hachfeld 1967: 180.

401 Vgl. IVW-Auflagenmeldung 4.Quartal 1967.

402 Vgl. Röhl, Klaus Rainer 1998: 262ff und Prinz 2003: 149.

Am Abend spitzt sich die Situation weiter zu: Während das Kaiserpaar in der Deutschen Oper den Klängen der „Zauberflöte" lauschte, kam es zu gewalttätigen Auseinandersetzungen. Aus den Jubel-Persern wurden Prügel-Perser. Die Polizei schaute zu und griff dann, getreu der Devise „Knüppel frei, räumen", ein - jedoch nicht etwa, um die Demonstranten vor den Dachlatten der Iraner zu schützen, sondern um diese zu unterstützen. Es kam zur „brutalste[n] Knüppelei, die man bis dahin im Nachkriegs-Berlin erlebt hatte"[403], berichtete später Stefan Aust.

Am Ende des Abends war der Student Benno Ohnesorg tot. Erschossen von dem Polizeibeamten Karl-Heinz Kurras, der, wie sich 2009 herausstellte, auf der Gehaltsliste des MfS stand.[404] Sein Schuss war der Startschuss für die zweite - aktionistische und oftmals gewalttätige - Phase der deutschen Studentenbewegung:[405] Aus vereinzelten Protesten wurde innerhalb weniger Tage eine Massenbewegung, die nahezu alle deutschen Universitätsstädte ergriff.

5.5.2 „Notstand? Notstand!": Großer Erfolg dank Großer Koalition

Die Protestierenden einte das Gefühl - und so beschrieb es auch Röhl in einem siebenseitigen Artikel in der folgenden *konkret* - am 2. Juni Zeugen der ersten „Notstandsübung in Berlin"[406] geworden zu sein. Schon seit 1958 vom Bundesinnenministerium erste Pläne für Notstandsgesetze vorgelegt wurden, die im Krisenfall eine massive Ausweitung der Macht der Exekutive ermöglichten, sahen dies viele Kritiker als „de[n] erste[n] Schritt in eine kommende militärische Auseinandersetzung"[407] und fürchteten um den Fortbestand von Demokratie und Rechtsstaat in Deutschland. Viele setzten die Notstandsgesetze mit dem Notstandsverordnungsparagraphen 48 der Weimarer Verfassung gleich, der Reichs-

403 Aust 1994: 57.

404 Vgl. ausführlich zur Erschießung Ohnesorgs: Hevermann 1967: 22.

405 Vgl. Langguth 1983: 27. Er unterscheidet sechs Phasen der Protestbewegung: Die Erste bestand aus einem überwiegend studentischen Aufbegehren gegen die Autoriäten in Berlin, die zweite - vom Ohnesorg ausgelöste - Phase dauerte bis Ende 1968. Dann folgte eine resignative Periode, die in der Auflösung des SDS im Februar 1970 gipfelte, woraufhin eine Phase des Leninismus (März 1970-Sommer 1971), der Zentralisation (ab Juli 1971) und dann des Terrorismus (1974-1977) folgte.

406 Röhl, Klaus Rainer 1967a.

407 Hickethier 2003: 22.

präsident Hindenburg die Ausschaltung des Reichstages ermöglicht hatte.

Noch unter KPD-Führung und -Finanzierung hatte *konkret* - allen voran Ulrike Meinhof (vgl. Kapitel 4.4) - den Kampf gegen den „Notstandsstaat“[408] aufgenommen. Dass der erste Gesetzentwurf 1958 sowie zwei weitere in den Jahren 1960 und 1963 nicht die nötige Mehrheit fanden, führte die *konkret*-Kolumnistin auf den strikten Kurs der Zeitschrift („kommunistisch, linksradikal, zersetzend, pornographisch, jugendgefährdend, gotteslästerlich, progewerkschaftlich, gegen Notstandsgesetze“[409]) zurück: „Unser Erfolg besteht in sechs Jahren verhinderter Notstandsgesetzgebung.“[410] Als das Gesetzeswerk 1964 erneut zur Debatte stand, warnte der bekannte Strafrechtler Heinrich Hannover vor der „innenpolitischen Superwaffe“[411]. Wenn die SPD dem zustimme, „dann bekommen wir noch in diesem Winter den totalen Notstandsstaat“, schrieb er in *konkret*. Meinhof appellierte:

> Es liegt in der Natur der demokratischen Verfassung, daß sie der Mehrheit zur Regierungsbildung verhilft und dabei der Minderheit politischen Handlungsraum garantiert. Sie sichert der Minderheit die Chance, Mehrheit zu werden. Diese Funktion der Verfassung, daß sie die Minderheit von der Mehrheit schützt, kann der Mehrheit nicht anvertraut werden. Das wäre widersinnig, unsinnig und absurd. Das ist nicht unorthodox gedacht, nicht genialisch und nicht unbürokratisch, das ist einfach naiv, dem liegt der Traum vom Gottesgnadentum zugrunde, von der Obrigkeit, der man unkritisch, aber guten Gewissens untertan sein kann. Die Mehrheit im Deutschen Reichstag, die Hitler das Ermächtigungsgesetz anvertraute, erlag diesem Irrtum, nicht auf den Buchstaben der Verfassung käme es an, sondern auf die, die sie handhaben. [....]Wieviel uns an dieser Freiheit liegt, wird der Ausgang der Diskussion über die Notstandsgesetze erweisen.[412]

Als am 1. Dezember 1966 eine Große Koalition von CDU, CSU und SPD gebildet und das Ex-NSDAP-Mitglied Kurt Georg Kiesinger Kanzler

---

408 Vgl. beispielhaft Meinhof 1962c: 4.

409 Vgl. U.A. 1965a.

410 Meinhof 1964: 3.

411 Hannover 1964: 20f (folgendes Zitat ebenso)

412 Meinhof 1965: 3.

wurde, war Meinhof entsetzt - aber nicht überrascht. „Der Schritt war fällig. Man kann sich darüber ärgern, man braucht sich nicht zu wundern. Er ist seit Godesberg systematisch vorbereitet worden."[413] Die parlamentarische Opposition, sprich: die Fraktion der FDP, war auf einen kläglichen Rest von 49 Abgeordneten geschrumpft, woraus Meinhof schlussfolgerte: „Ist also Hopfen und Malz verloren, die zweite deutsche Republik perdu? Es sieht so aus, es sei denn... Es sei denn, die Gegner der Großen Koalition in der SPD und außerhalb schlagen Krach."[414] Es war der offene Appell für die Schaffung einer Außerparlamentarischen Opposition - jener Opposition, als deren „Speerspitze"[415] sie selbst schon bald galt.

In den Folgemonaten formierte sich in der ganzen Bundesrepublik Widerstand gegen die Große Koalition und die Notstandsgesetze.[416] Bei einem Sternmarsch marschierten am 11. Mai 1968 Tausende Demonstranten unter dem Motto „Treibt Bonn den Notstand aus" in die Bundeshauptstadt. Die Rede, die der Verfassungsrechtler Helmut Ridder bei der Schlusskundgebung hält, druckte *konkret* exklusiv: „Wir fordern sie [die Abgeordneten] auf, mit uns zusammen aus der Geschichte zu lernen, daß dieses Land, wenn es nicht endlich Demokratie wird, immer von neuem sich und die Mitwelt in den Abgrund reißen wird."[417] Eine Woche später verabschiedete der Bundestag mit 384 zu 100 Stimmen die Notstandsverfassung und die Notstandsgesetze. Der Bruch zwischen vielen Linken und der SPD, Staat und Studentenbewegung war damit vollzogen. Stellvertretend nahm Rolf Hochhuth in *konkret* daher „Abschied von der SPD"[418] und Sebastian Haffner stellte resigniert fest: „Bonn ist doch Weimar"[419].

---

[413] Meinhof 1968f: 2.

[414] Meinhof 1968f: 3.

[415] Rössler 1998a: 79.

[416] Vgl. allgemein zum Konflikt um die Notstandsgesetze: Schneider 1986.

[417] Ridder 1968: 23.

[418] Hochhuth 1968: 36.

[419] Haffner 1968: 44.

5.5.3 „Schafft zwei, drei, viele Vietnams!" - *konkret*, die Dritte Welt und Vietnam

Neben der Großen Koalition stand schon früh ein Thema im Mittelpunkt der *konkret*-Berichterstattung, das wie „[k]ein politisches Ereignis [...] in den Diskussionen und bei der Politisierung der Studenten eine so entscheidende Rolle gespielt [hat]"[420]: der Vietnam-Krieg. Bereits im März 1965, nur wenige Tage nach dem Beginn der US-Bombenangriffe gegen nordvietnamesische Stellungen, wehte in *konkret* doppelseitig die Vietkong-Flagge über einem Bunker. Auf zehn Seiten berichtete der britische Philosoph Bertrand Russell über den Guerilla-Kampf im Dschungel Südostasiens und über die bereits begonnenen Napalm-Angriffe des US-Militärs.[421] In zahlreichen Reportagen wie „Im Lager der Vietkong"[422] oder „Man nennt sie Vietkongs"[423] versuchten *konkret*-Autoren den Kampf der Vietkong aber auch das Grauen in Worte zu fassen, wie etwa Monika Warnenska, die über ein napalmverbranntes Mädchen klagt: „Ich möchte dieses Kind und seine Mutter den amerikanischen Frauen zeigen."[424]

Die Luftangriffe auf Stellungen der Vietkong, die als zynisch und sinnlos empfundenen *Body Counts* und der Einsatz von Napalm empörten *konkret* und ihre Leser. Der Krieg der USA erschien als ein Krieg gegen das vietnamesische Volk statt gegen den Kommunismus. So fragte der französische Philosoph Jean-Paul Sartre angesichts zunehmender Horror-Nachrichten: „Wie ist es möglich, nicht zu begreifen, daß die USA Südvietnam in kolonialistischer Abhängigkeit halten und dort eine Diktatur errichtet haben[...]?"[425] Drei Jahre später befand er die Regierung der Vereinigten Staaten als Vorsitzender des sogenannten Russel-Tribunals im dänischen Roskilde des Völkermordes schuldig - und begründete dies in *konkret*: „Sie macht gegenüber Vietnam eine Politik, die nach internationalem Recht eine Reihe von Verbrechen einschließt"[426].

420 Bergmann 1968: 18.

421 Vgl. Russell 1965.

422 Burchett 1965.

423 Warnenska 1966.

424 Warnenska 1966: 23.

425 Sartre 1965: 20.

426 Sartre 1968: 33.

Wie viele Studenten, die „USA=SA=SS" skandierten, zog auch *konkret* in einer Art „Opfer-Rochade"[427] Parallelen zwischen dem nationalsozialistischen Deutschland und den Amerikanern. So berichtete Robin Moore von der „SS in Vietnam"[428], Peter Weiss schrieb in Anlehnung an den Holocaust das „Protokoll einer Ausrottung"[429] während Christian Geißler schlussfolgerte: „Die amerikanischen Generale in Vietnam wären in Nürnberg als Kriegsverbrecher hingerichtet worden."[430]

Als Che Guevara auf dem Kongress der lateinamerikanischen Revolutionäre in Havanna angesichts der großen Verluste der Amerikaner aufrief „Schafft zwei, drei, viele Vietnams!"[431], stand dies wenig später in *konkret* - ein weiterer Slogan der Studenten war geboren. Ein Vierteljahr später, zum buddhistischen Neujahrsfest Tet, starteten die Vietkong ihre größte Offensive. Einige Tausend schlecht bewaffnete Dschungelkämpfer düpierten eine vermeintliche Supermacht.

Wenige Tage danach, am 17./18. Februar 1968, trafen sich im Audimax der TU Berlin rund 5000 Teilnehmer zum internationalen Vietnam-Kongress des SDS. Das Ziel der Konferenz gab Meinhof in *konkret* vor: „zu beraten, was in den Metropolen, in den reichen Ländern der kapitalistischen Welt zu geschehen hat, um den Amerikanern in Vietnam das Handwerk zu legen."[432] Von nun an erschien kein *konkret*-Heft mehr ohne einen Artikel über Vietnam.[433] Im Dezember 1968 verkündete gar die Vietkong-Führerin Nguyen Thi Binh höchstpersönlich in *konkret*: „Wir werden weiterkämpfen, so lange wie nötig."[434]

Der Krieg im Süden sollte dennoch erst im März 1973 enden - nach rund 50 *konkret*-Artikeln, knapp 1,5 Millionen getöteten Vietnamesen und rund 60 000 gefallenen GIs.

---

427 Mausbach 2006: 29.

428 Moore 1967.

429 Weiss 1968: 28.

430 Geißler 1965: 14f.

431 Guevara 1967.

432 Zitiert nach: Peters 2007: 75.

433 Vgl. beispielhaft: Guggomos 1968/ Duncan 1968/Noir 1968/ U.A. 1968c.

434 Couret 1968: 24.

5.5.4 „Eine neue Phase des Kampfes": Attentat auf *konkret*-Kolumnist Dutschke

Mit den APO-Themen Vietnam und Notstandsgesetze kamen auch die APO-Leute zu *konkret*: Ob SDSler oder Studentenführer, Basisgruppen-Mitglieder oder Einzelkämpfer, linke Schriftsteller und abgehalfterte Journalisten - immer neue Aktivisten tauchten in der *konkret*-Redaktion auf und redeten davon, mit *konkret* Öffentlichkeit im Sinne einer Gegenöffentlichkeit zur vermeintlich manipulierenden Mainstream-Presse zu schaffen.

> Die meisten hatten noch kaum etwas veröffentlicht, waren aber fest davon überzeugt, daß daran nicht ihr schlechter Stil oder Mangel an Begabung schuld sei, sondern der Kapitalismus, der Linke wie sie aus Zeitungs- und Rundfunkanstalten verbannen wolle.[435]

Alfred Willi Rudi DUTSCHKE (*1949 in Schönefeld) wurde nach dem Abitur in der DDR ein Studium verwehrt, da er den Wehrdienst verweigert hatte. Er erlernte stattdessen den Beruf eines Industriekaufmanns. 1961 kehrte Dutschke nach einem Besuch in West-Berlin nicht mehr in die DDR zurück. Er begann stattdessen ein Soziologiestudium an der FU Berlin.
1963 schloss sich Dutschke der „Subversiven Aktion" an, die 1964 im SDS aufging. Erstmals trat er anlässlich einer Veranstaltung gegen die Große Koalition im November 1966 ins Rampenlicht der Öffentlichkeit. Danach wurde er allmählich zum führenden Kopf des antiautoritären Lagers innerhalb der SDS und zum Chef-Theoretiker der APO.
Am 11. April 1968 wurde Dutschke in Berlin niedergeschossen. Erst nach einem langen Klinikaufenthalt in Cambridge studierte er wieder. Wegen angeblich subversiver Tätigkeit wurde er jedoch 1971 aus Großbritannien ausgewiesen.
1979 wurde er Mitglied der Bremer Grünen Liste. Dutschke ertrank am 24. Dezember 1979 nach einem epileptischen Anfall in seiner Badewanne (vgl. ausführlich zur Biografie: Chaussy 1986 und 1999).

Da Röhl *konkret* ab September 1968 auf zweiwöchige Erscheinungsweise umstellen wollte, brauchte er allerdings auch neue Autoren. Er trat mit den *Stern*-Journalisten Manfred Bissinger und Peter Neuhauer in - letztlich erfolglose - Verhandlungen, „[w]eil wir wollten natürlich auch kein Blatt machen, dass sich nur aufgrund von Titten verkauft und so ein bisschen ein politischer Schwanz dranhängt"[436]. Stattdessen gewann er den Viva-Maria-Mit-

[435] Röhl, Klaus Rainer 2009a: 147.

[436] Bissinger 2009: 1.

begründer Lothar Menne sowie den „Chefideologe[n] des SDS“[437], Rudi Dutschke, als Kolumnisten. Fortan rezensierte der prominente Studentenführer Autoren wie den „[w]estliche[n] Lieblingsschrifsteller Mao“[438] und vermittelte Röhl den Kontakt für seine Kommune 1-Reportage (1967b). Letztlich waren Dutschke und Menne jedoch „nur die Vorhut eines wahren Ansturms von APO-Führern und -Anhängern, die ab jetzt ins Blatt drängten“[439], wie Röhl rückblickend feststellt: Nur kurze Zeit später schloss sich die „selbsternannte Avantgarde der Zeitschrift“[440] - nämlich Hans Magnus Enzensberger und Gaston Salvatore, Rudi Dutschke, Bahman Nirumand, Ulrike Marie Meinhof, Gaston Salvatore und Peter Schneider - zum sogenannten Berliner Kollektiv zusammen. Sie wollten gemeinschaftlich für *konkret* schreiben, allerdings nur unter der Vorgabe, dass die Artikel unredigiert abgedruckt werden - und ohne Nennung eines individuellen Autoren-Namens. *konkret* hätte sich also nicht mit deren Namen schmücken können.

Die Verhandlungen wurden jedoch am 11. April 1968 unterbrochen - Rudi Dutschke, der gerade an einem Artikel für *konkret* schrieb, war in einer Schreibpause von dem Hilfsarbeiter Josef Bachmann niedergeschossen worden, als er Medikamente für seinen Sohn Hosea Che holte. Er überlebte schwerverletzt; er starb elf Jahre an den Spätfolgen des Attentats.

Die Schüsse hatten eruptive Wirkung auf die ohnehin explosive Stimmung unter den Studenten. Gleichzeitig mit der Arbeiter- und Studentenrevolute in Frankreich und einige Tage nachdem in den USA, als Reaktion auf das Attentat auf Martin Luther King, Häuser brannten, erschütterten die sogenannten Osterunruhen die Bundesrepublik. Im ersten Heft nach dem Mordanschlag auf den *konkret*-Kolumnisten Dutschke druckte Röhl statt des geplanten und durch das Attentat verhinderten Dutschke-Artikels ein Interview, das Dutschke einer Prager Zeitschrift gegeben hatte und ließ Aust in einem sechsseitigen Artikel das Bild eines „Staat[es] der Gewalt“[441] zeichnen.[442] Hans Magnus En-

---

437 *konkret* hatte Dutschke im Doppelinterview „Maoismus gegen Ulbricht“ in Heft 6/1967: 24ff so bezeichnet, was innerhalb des egalitär angelegten Studentenverbands zu turbulenten Diskussionen führte. Die Viva-Maria-Gruppe (benannt nach dem gleichnamigen Kultfilm von Louis Malle) war eine Gruppe innerhalb des Berliner SDS, die 1966 die Gewaltfrage intensiv diskutierte und gewaltsame Aktionen größtenteils auch befürwortete.

438 Dutschke 1967: 41.

439 Röhl, Bettina 2007: 540.

440 Röhl, Wolfgang 2009: 2.

441 Aust 1968b.

zensberger sprach in seinem Artikel von „Deutschland, das zum Testfall für den Versuch des Spätkapitalismus zu werden scheint, seine eigene Zukunft retten, indem er die unsere zu Tode prügelt“[443]. Auf dem Titelblatt, wo sonst leicht bekleidete Frauen posierten, prangte ein Bild Dutschkes - das Heft verkaufte sich daraufhin nur halb so gut wie das vorhergehende und nachfolgende Heft.[444]

5.5.5 „Enteignet Springer!“: *konkret* und der Kampf gegen die Konkurrenz

Nach dem Attentat auf die Gallionsfigur der Studentenbewgeung machte schnell die Parole „Bild schoß mit“ die Runde. Nicht nur der SDS - auch die *konkret*-Mitarbeiter - waren der Meinung, Springer habe „die Schusshand gehalten“[445]. Schließlich hatte die *BILD-Zeitung* erst im Februar ein Foto Dutschkes mit „Stoppt den Terror der Jung-Roten jetzt!“ übertitelt. Der Verlag von Axel Caesar Springer mit seinem Flaggschiff *BILD* war für Studenten und linksliberalen Intellektuellen schon lange ein rotes Tuch. Der vermeintliche Presse-Monopolist (1963 stellte Springer 37 Prozent der Gesamtauflage deutscher Tageszeitungen - in Berlin und Hamburg sogar 67 bzw. 69 Prozent der örtlichen Auflage[446]) galt als „Bastion des Konsensjournalismus“[447] und Sinnbild der Habermasschen „Refeudalisierung der Öffentlichkeit“[448].

Für *konkret* war Springer „das Feindbild schlechthin“[449]. Schon im September 1967 hatte Meinhof daher aufgerufen: „Enteignet Springer!“. Sie

442 Vgl. das Interview: Dutschke 1968. Um die Bezahlung für das Interview entbrannte wenige Monate später ein Streit zwischen Dutschke und dem „Röhlschwein“ (so betitelt Dutschke Röhl in einem Brief an Lothar Menne vom 27. Dezember 1968; vgl. Karl 2003: 335.)

443 Enzensberger 1968: 11.

444 Vgl. Rössler 1998a: 86.

445 Aust 1998: 68f.

446 Vgl. Schmidtke 2003: 176.

447 Hodenberg 2006a: 367.

448 Habermas (1962: 292) sprach davon in seiner Dissertation „Funktionswandel der Öffentlichkeit“, in der er die Gefährung des öffentlichen Diskurses durch den verschärften kapitalistischen Konkurrenzdruck analysiert.

449 Sösemann 1999: 691.

brachte damit eine Forderung ins Spiel, die schon bald die gesamte APO und einige Jahre später auch die RAF übernahm:[450]

> Springer ist nicht alleine schuld am Einheitsdenken der Deutschen: Dem Rechtsruck der SPD, dem KPD-Verbot, dem Antikommunismus, der Nato-Treue, der Vietnam-Komplizenschaft. Im Gegenteil: er profitierte davon, wurde dadurch erst so groß, wie er heute ist, politisch und wirtschaftlich. [....] Warum also Springer enteignen? Weil jeder Versuch der Redemokratisierung dieses Landes, der Wiederherstellung von Volksherrschaft, der Bildung urteilsfähiger Bürger jetzt, wo Springer so groß und stark ist, wie er ist, an Springer scheitert, scheitern muß. [....] Das Bedürfnis, die Bundesrepublik zu redemokratisieren, ist seit Bildung der Großen Koalition stärker geworden. Der Springerkonzern steht dem im Wege, nicht er allein, aber er mit an erster Stelle. Die Forderung, Springer zu enteignen, ist bereits ein Symptom für ein neu entstehendes demokratisches Bewußtsein. Damit es sich ausbreiten kann, muß Springer enteignet werden[451]

Der Kampagne „Enteignet Springer!", die wie man heute weiß, aus dem Osten gesteuert wurde, schloss sich noch im gleichen Monat auch der SDS an.[452] In *konkret* berichtete Carl Guggomos „Wie man Springer enteignet"[453] und auf Initiative der *konkret*-Autoren Hans Magnus Enzensberger, Gaston Salvatore und Rudi Dutschke lud der Studentenverband im Februar 1968 zu einem Springer-Tribunal in den Audimax der TU-Berlin ein. Das Tribunal wurde allerdings vertagt – statt einer Debatte zeigte der Filmstudent und spätere RAF-Terrorist Holger Meins einen Film über den Bau von Molotow-Cocktails.

konkret hatte sich ohnehin schon lange ein Urteil gebildet: „BILD macht dumm", verkündete Peter Schneider und begründete dies mit Springers

---

450 Auch die RAF fordert später in ihren Publikationen die Enteignung des Springerkonzerns (vgl. Kraushaar 2006: 1077).

451 Meinhof 1967b: 3.

452 Auch für die DDR stand die Springer-Presse nun im Zentrum ihrer Propagandamaschinerie; bereits 1962 hatte der Sekretär des Zentralkomitees für Agitation und Propaganda, Albert Norden, im Zuge seiner Attacken gegen die Bundesrepublik auch gegen Springer ausgeholt und dabei auch das MfS miteinbezogen (vgl. Knabe 2002: 352-357).

453 Guggomos 1967.

„Verbrechen an der *Gesellschaft*"[454] und dem „Zynismus der promovierten Verbrecher im Hause Springer". Auf dem Titel druckte *konkret* eine kleine Hommage an die Anti-Springer-Aktivisten: „Enteignet Springer" stand auf dem Armschmuck des verführerisch lächelnden Titel-Girls.

Hatte der SDS die Kampagne schon für beendet gehalten, trat sie durch den Dutschke-Anschlag in ein neues Stadium. Angeheizt wurden sie dabei von den vermeintlichen APO-Publikationen *Extrablatt* und *Berliner Extra-Dienst* und vom „meinungsführende[n] APO-Organ"[455] *konkret* – wie sich erst später zeigen sollte, also von drei Publikationen, die alle von Ost-Berlin aus gesteuert oder zumindest finanziert wurden.[456] Axel Springers Vermutung, die Enteignungs-Parole müsse „von drüben" stammen, erwies sich im Nachhinein als richtig.[457] Zu einer Enteignung sollte es trotz Dutzender Artikel über Springers Blätter nie kommen – ein zweites Springer-Tribunal (initiiert von Springer-Vorstandschef Mathias Döpfner) scheiterte erst 2009.[458]

5.5.6 Gegen Gebärzwang, für Emanzipation: *konkret* und die Frauenbewegung

Ein weiteres Thema, das in den späten 60er Jahren die gesellschaftliche Debatte und auch den Inhalt von *konkret* bestimmte, war §218 BGB bzw. wie es der *konkret*-Vorgänger *Studenten-Kurier* schon 1956 getitelt hatte: der „Gebärzwang durch §218"[459]. Das damalige Abtreibungsrecht ging auf Bestimmungen aus dem Jahr 1871 zurück, wonach ein Schwangerschaftsabbruch mit Geldbuße oder Gefängnis belegt wurde. Eine Abtreibung war nur straffrei, wenn das Leben der Mutter in Gefahr war. Das Thema war ein Tabu – die Anti-Baby-Pille ebenso. Zwar hatte die Schering AG schon 1961 das Antikontrazeptivum „Anovlar" eingeführt, allerdings wurde es nur verheirateten Frauen verschrieben. Werbung für Verhütungsmittel (mit Ausnahme von Kondomen) war in vielen Bundesländern aufgrund des noch immer gültigen Himmler-Erlasses aus

454 Schneider 1968: 15 (folgendes Zitat ebenso).

455 Kraushaar 2001: 332.

456 Vgl. Sösemann 1999: 674.

457 Der Spiegel 1967 (Nr.45): 34, zitiert nach Kraushaar 2001: 325.

458 Exemplarisch: Gruwe 1968. Vgl. zum abgesagten zweiten Springer-Tribunal: Winkler 2009.

459 U.A. 1956b: 9.

dem Jahr 1941 verboten.[460] Bei gleichzeitig gestiegenem Bedürfnis der Heranwachsenden nach mehr Sexualität waren die Folgen Mitte der 60er Jahre gravierend: Jährlich wurden etwa eine Million illegale Abtreibungen vorgenommen, rund 15 000 davon endeten für die Mütter tödlich.[461]

Röhl nahm sich des Themas erstmals im April 1964 an. Unter seinem Pseudonym Michael Luft schrieb er unter das Bild zweier turtelnder Teenager: „Die Babypille gibt's nur für Verheiratete. So endet diese Liebe oft auf dem Kanapee eines berufsmäßigen Abtreibers. Aus Liebenden werden Gesetzesbrecher. Das Gesetz will es so."[462] Sein Resümee: Sollte der §218 nicht abgeschafft werden, wird weiter illegal abgetrieben werden:

> Mit Seifenspritze, Stricknadel und medizinischem Gerät. Von weisen Frauen, Medizinstudenten. Kurpfuschern, Morphinisten, Gesetzesbrechern. 1 Million Gesetzesbrecher pro Jahr. Viele Millionen mal Angst, schlechtes Gewissen, Frigidität, Ehezerrüttungen, Scheidungen, Gewissensnot. So will es das Gesetz. Will die Bevölkerung das Gesetz?

Die Pille, als Möglichkeit, Sexualität und Fortpflanzung auseinander zuhalten, war damit für *konkret* bereits ein Thema, als noch nicht einmal alle Frauen in Deutschland überhaupt von deren Existenz wussten.[463] Michael Luft versprach seinen Lesern „Alles über Anti-Baby Pillen - und wie man sie bekommt"[464]. Der zugehörige Text hört sich heute banal an, war aber damals durchaus aufklärerisch: „Oft genügt also schon ein Wechsel des Medikaments, um unerwünschte Nebenwirkungen auszuschalten". Einen Monat später stellte er fest: „die Pille ist gesellschaftsfähig geworden"[465].

Der Großteil der deutschen Ärzte weigerte sich jedoch noch immer, unverheirateten Frauen die Pille zu verschreiben, so dass *konkret* 1968 ein altes SDS- bzw. Deutsche Bahn-Sprüchlein umdichtete und titelte: „Alle

---

460 Vgl. Herzog 2006: 89.

461 Vgl. Hickethier 2003: 24.

462 Luft 1964: 8f; darauffolgendes Zitat: Luft 1964: 11.

463 Erst 1966 war den Demoskopen allen Frauen in der BRD die Pille bekannt (vgl. Dose 1990: 26).

464 Luft 1966a: 9-11. Folgendes Zitat: Luft 1966a: 11.

465 Luft 1966b: 10.

reden von der Pille. Wir nicht. (Wir verschaffen sie Ihnen)“[466]. Als Auftakt für die „Aktion Freie Pille“ nannte *konkret* die Anschriften von liberalen Ärzten, die auch unverheirateten Frauen die Pille verschrieben:

> Wir fanden, es wird Zeit, in der Bundesrepublik diesen verhängnisvollen Kreislauf zwischen Rückständigkeit und Repression zu unterbrechen, den Kampf aufzunehmen für die freie Verfügung über seinen eigenen Körper, ohne Angst vor Abtreibung, Frühehen und unehelichen Kindern, ohne Schuldgefühle, Verdrängung und Neurosen.[467]

Im Zuge der sogenannten Sex-Welle rückten Frauen „als Subjekte sexueller Emanzipation“ stärker ins Zentrum der Berichterstattung von *konkret.* Während die bürgerliche Konkurrenz über die im Zuge der Studentenbewegung aufkommende neue bzw. zweite Frauenbewegung herablassend berichtete, hatte *konkret* den Emanzen allerdings schon früh ein Forum geboten.[468] So schrieb Simone de Beavouir bereits im Februar 1963: „Die Gleichberechtigung von Mann und Frau ist bisher noch nirgendwo in der Welt voll verwirklicht worden. Eine flagrante Situation: noch immer haben ausschließlich Männer die Welt in der Hand“[469]. Ähnlich äußerte sich fünf Jahre später die *konkret*-Kolumnistin Ulrike Meinhof, die schon bald zu einer prominenten Fürsprecherin der Frauenbewegung wurde:

> Gleichberechtigung, soweit sie ohne Eingriffe in die Gesellschaftsstruktur gewährt werden konnte, haben die Frauen von heute. Eherechtlich, vermögensrechtlich, scheidungsrechtlich sind sie gleichberechtigt. Lohnpolitisch sind sie es nicht. [....] „Der Protest ist fällig. Er findet nicht statt.[470]

---

466 U.A. 1968b.

467 U.A. 1968b: 30.

468 Die erste Welle der Frauenbewegung entstand Mitte des 19. Jahrhunderst im Zuge der Anti-Sklaverei-Bewegung in den Vereinigten Staaten von Amerika und überdauerte bis zum ersten Weltkrieg (vgl. hierzu Sichtermann 1996: 55).

469 Beavouir 1963: 6.

470 Meinhof 1968e: 24 und 52.

Zwei Monate später, im September 1968, kritisierte Helge Sander, Sprecherin des frisch gegründeten Aktionsrates zur Befreiung der Frau, auf dem Frankfurter SDS-Delegiertenkongress die männliche „Protestelite", weil sie die Diskriminierung der Frauen ignorierten. Auf einem Flugblatt forderte sie: „Befreit die sozialistischen Eminenzen von ihren bürgerlichen Schwänzen!"[471]. Da die Genossen Sanders Rede „Der SDS - ein aufgeblasener konterrevolutionärer Hefeteig" (die wenig später in *konkret* gedruckt wurde[472]) nicht diskutieren wollten, warfen die Frauen Tomaten in Richtung SDS-Vorstand - und ernteten dafür publizistischen Applaus von Ulrike Meinhof. Sie veröffentlichte in *konkret* „[i]n eigener Sache" einen der grundlegenden Text für die neue Frauenbewegung:

> Die Konsequenz aus Frankfurt kann nur sein, daß mehr Frauen über ihre Probleme nachdenken, sich organisieren, ihre Sachen aufarbeiten und formulieren lernen und dabei von ihren Männern erstmal nichts verlangen, als daß sie sie in dieser Sache in Ruhe lassen und ihre tomatenverkleckerten Hemden mal alleine waschen.[473]

Nach dem Bruch Meinhofs (vgl. Kapitel 5.7) mit *konkret* verschwanden jedoch auch die „Frauenthemen" Pille, Abtreibung und Emanzipation aus dem Heft. Auf vielfachen Wunsch der Leserinnen wurden ab 1971 zwar - als Zeichen vermeintlicher Gleichberechtigung - neben großformatigen Pin-Up-Girls auch kleine Bilder nackter Männer gedruckt. Frauen blieben in *konkret* jedoch die „ unpolitische[n] Produkte der Konsumindustrie"[474].

Erst als die sogenannte neue Frauenbewegung 1971 durch die „forcierte Inbesitznahme des politischen Raums"[475] mit einer Kampagne gegen den §218 und dem Bundesfrauenkongress 1972 einen zweiten Mobilsierungsschub erfuhr, widmete sich *konkret* - insbesondere die Autorin Peggy Parnass und die heutige Bundestagsabgeordnete Cornelie Sonntag wieder dem Themenbereich. So antwortete Sonntag auf Ester Vilars provokante These, der Mann werde von der Frau unterdrückt:[476] „Sie hat uns ein nettes, neues, gemeines kleines Paradebeispiel dafür

---

[471] Vgl. Werder 1984: 197.

[472] Vgl. Sanders 1968.

[473] Meinhof 1968g: 5.

[474] Siegfried 2006b: 158.

[475] Siegfried 2006b: 26. Vgl hierzu auch: Notz 2004.

[476] Vgl.: Vilar 1971.

geliefert, wie man Bücher verfaßt, die so reaktionär sind, daß sie schon wieder revolutionär wirken."[477] Peggy Parnass appellierte nach dem Vorbild des französischen *Nouvel Observateur*:

> Darum fordern wir alle Frauen, prominente und nicht-prominente Leserinnen von KONKRET auf, sich der Aktion ,Selbstanzeige' anzuschließen. Das heißt, auch ihre Bereitschaft zu erklären, öffentlich, das heißt, in KONKRET und, wenn möglich, auch noch in größeren Zeitschriften, Zeitungen und Massenmedien, mit ihrem Namen die Aktion zu unterstützen. (Apropos, hier verjährt die Selbstabtreibung nach 5 Jahren.) Wir sind sicher, daß diese Aktion dazu beitragen wird, die Öffentlichkeit für das Problem der Schwangerschaftsunterbrechung stärker zu mobilisieren und somit die erste Voraussetzung für eine Strafgesetzänderung zu schaffen. Sie ist so nötig wie eh und je. Weder mehr noch weniger. Nur bei uns Frauen hat sich etwas geändert: Wir wollen nicht länger auf Selbstverständlichkeiten warten![478]

Mit ihrem Aufruf kam Parnass und damit *konkret* allerdings zu spät: Drei Tage später veröffentlichte der Stern die Selbstbezichtigung von 374 Frauen „Wir haben abgetrieben". Die Lorbeeren erntete die Initiatorin Alice Schwarzer sowie der *Stern* – und nicht *konkret*.

5.5.7 „Krupp und Krause": *New Journalism* in *konkret*

Im Zuge der Studentenproteste und der einhergehend anwachsenden „Zuneigung der Boheme zu den Deklassierten der Gesellschaft"[479] hielten bei *konkret* neue Arten von Journalismus Einzug, die später als „engagierter Journalismus", „Bekenntnisjournalismus", „Veränderungsjournalismus", „intervenierender Journalismus" oder „Provokationsjournalismus" bezeichnet wurden. Es waren jene Arten von Journalismus, die schon bald unter dem Label *New Journalism* berühmt (und auch berüchtigt) wurden.[480]

---

477 Sonntag 1971: 31.

478 Parnass 1971: 48.

479 Siegfried 2006a: 52.

480 Der Begriff *New Journalism* wird an dieser Stelle nicht – wie so oft (beispielsweise bei Haas/Pürer 1996: 362f) – auf die literarisierte Anything-Goes-Spielart beschränkt, sondern folgt Pember (1975: 67f) breiterer Definition, der *New Journalism* als Dachmarke mehrerer journalistischer Rollenbilder wie *Muckracking Journalism* oder *Advocacy Journalism* sah.

Immer wieder scherte *konkret* aus seiner Chronistenrolle aus, ergriff Partei und wurde selbst aktiv. So folgte auf die „Aktion Freie Pille“[481] (vgl. Kapitel 5.5.6) im August 1968 die Aktion „Alle gehen zur Bundeswehr. Wir nicht. (Konkret gibt Tips für Wehrunwillige)“[482]. Zu einer Zeit, als junge Männer die Einberufung noch fluchend hinnahmen und Verweigerung sowie Ersatzdienst weitgehend unbekannt waren, beschrieb Wolfgang Röhl auf vier Seiten, wie man am besten der so verhassten Bundeswehr entgeht („[...] verweigern, krank werden, auswandern ... oder einfach: Vater werden“) - und handelte *konkret* damit einen Prozess wegen Wehrkraftzersetzung ein.[483] Die Zahl der Verweigerer stieg jedoch noch im gleichen Jahr um mehr als 11 000 Männer.[484]

Der *konkret*-Autor Gerald Kienast schrieb eindringliche Reportagen über die versteckte Schwulen-Szene Deutschlands, um zu zeigen, dass die, „die alles zu wissen meinen - nichts wissen“[485]. Offen und ganz in der Rolle des anwaltschaftlichen Journalisten plädierte er zugleich für die Abschaffung des sogenannten Schwulenparagrafen §175, der sexuelle Handlungen zwischen Personen männlichen Geschlechts unter Strafe stellte:[486] „Ebensosehr wie die Emanzipation der Frau eine Frage der Emanzipation des Mannes ist, so ist die Homosexualität eine Frage der Emanzipation der Sexualität in unserer Gesellschaft.“[487]

Auch als das griechische Obristenregime (neben Spanien und Portugal Europas dritte Diktatur) den Regimekritiker und Jura-Professor Georgios Mangakis festnahm, ergriff *konkret* Partei. Klaus Rainer Röhl rief zur Aktion „Freiheit für Mangakis“:

> Wir appellieren an alle unsere Leser, sich in Briefen, Telefonanrufen und Telegrammen an ihren Abgeordneten, ihre Zeitschriften, Zeitungen und Fernsehanstalten zu wenden sowie an das Bundeskanzleramt und das Außenministerium.[....] Laßt uns Griechenland zum schlechten Gewissen Europas machen![488]

---

481 U.A. 1968b.

482 Röhl, Wolfgang 1968. Folgendes Zitat: Röhl, Wolfgang 1968: 22f.

483 Vgl. Röhl, Klaus Rainer 1969e: 7.

484 Vgl. Bernhard 2006: 165. Vgl. zur Darstellung der Kriegsdienstverweigerung in den 60er und 70er Jahren: Kepplinger/Hachenberg 1980.

485 Kienast 1967a: 20.

486 Der Paragraf war bis zum 11. Juni 1994 in Kraft. Vgl. zum sogenannten Advocacy Journalism: Wallisch 1995: 65.

487 Kienast 1967b: 20.

488 Röhl, Klaus Rainer 1969b: 7.

In der Tradition des ursprünglichen *New Journalism* agierte *konkret* zunehmend als Anwalt der Unterprivilegierten und als Sprachrohr der Sprachlosen, der Subkulturen und der „subalterne[n] Gegenöffentlichkeiten“[489], die von der politischen Teilhabe scheinbar ausgeschlossen waren.[490] Neben Mainstream-Artikeln über „Prüfungsangst“[491] und den „Krieg der Ölkonzerne“[492], die genauso gut auch im großen Konkurrenzblatt *twen* hätten erscheinen können, berichtete *konkret* (und hier in besonderer Weise Ulrike Meinhof[493]) in umfangreichen Sozialreportagen über Prostituierte („an denen die Ausbeutung in unserer Gesellschaft am augenfälligsten wird“[494]) sowie über Stricher und Heimkinder („Sie werden wenn sie 21 Jahre alt sind, ausgebeutet und isoliert aus den Heimen entlassen. Den Schaden, den die Heimerziehung anrichtet, müssen die Betroffenen alleine tragen.“[495]).

Nach einer Revolte im hessischen Jugendheim Staffelberg und der Flucht von 30 Jugendlichen frohlockte ein unbekannter Autor: „In den Lehrlingsheimen der Bundesrepublik werden die Verhältnisse zum Tanzen gebracht“[496] und druckte das Flugblatt der Kampfgruppe Ehemaliger „Fürsorgezöglinge“: „Noch ist es unmöglich, Erziehungsheime abzuschaffen. Deshalb bleibt uns im Augenblick nichts anderes übrig, als Änderungen zu erkämpfen.“[497] Die Gruppe wurde später zum Rekrutierungsbecken für die RAF.

konkret schuf damit Öffentlichkeit für diejenigen, die auf der gesellschaftlichen Schattenseite des Wirtschaftswunderlandes standen und „leiht

---

489 Fraser 1992 und 1996 sowie auch in Spivak 1988

490 Der Begriff *New Journalism* wird William Stead, dem Herausgeber der *Pall Mall Gazette* zugeschrieben. Er hatte ihn 1886 zuerst in einem Artikel über eine Art von Journalismus, der „more responsive to the real needs of the people“ (Altschull 1990: 316) ist, verwendet (vgl. auch: Haas 2004: 43).

Als Subkulturen werden Gesellschaftsteile verstanden, „die sich in Wertordnungssystemen, Präferenzen, Bedürfnissen, Werkzeugen usw., wesentlich von der jeweiligen Gesellschaft, d.h. auch von der vorherrschenden Kultur, unterscheiden“ (Zimmermann 1984: 36; vgl. hierzu auch: Kurz 1979: 9f).

491 Moeller 1969.

492 U.A. 1969a.

493 Vgl. exemplarisch für Meinhofs Randgruppen-Reportage: Meinhof 1966a, 1966c sowie 1969e. Vgl. zu ihrem gewandelten Journalismus-Begriff, der ihrer Zuwendung zu den Randgruppen-Themen zugrundelag: Röhl, Wolfgang 2009: 5.

494 Beispielhaft: Röhl, Wolfgang 1969a: 12.

495 Herzog 1969: 30f.

496 U.A.1969b: 42f.

497 U.A. 1969b: 45.

gewissermaßen jenen seine Stimme, die etwas zu sagen hätten, aber nichts zu reden haben"[498] - oder wie es Günter Wallraff, der zur „Speerspitze dieser Gegenöffentlichkeit"[499] avancierte, ausdrückt: „Ich habe mich immer Schwächeren zugehörig gefühlt und mich gegenüber Übermächtigen, die ihre Macht missbrauchen, kritisch verhalten."[500]

Wallraff schrieb seit Februar 1968 exklusiv für *konkret*, wie Röhl seinen Lesern stolz verkündete: „Er fand, daß seine Enthüllungs-Reportagen besser zu konkret passen als in eine satirische Zeitschrift. Das fanden wir auch."[501] Für die kommenden 20 Jahre sollte *konkret* zur publizistischen Heimat Wallraffs werden - und ihn mit seinen Undercover-Recherchen endgültig zu einer Ikone künftiger Journalisten-Generationen machen.

Die Artikel von Wallraff, der laut einem Biographen „der geborene Autor für ‚Konkret'"[502] war, entsprachen der Tradition des *Muckracking*-Journalismus: „Wie mit einer Mistgabel sollte der Reporter demnach den Schmutz der Gesellschaft durchwühlen und die Öffentlichkeit auf Mißstände aufmerksam machen."[503] Meist arbeitete er mit einer falschen Identität, denn „um die Gesellschaft zu demaskieren, muß [man] täuschen und sich verstellen"[504]. So ließ er

Hans Günter WALLRAFF (*1942 in Burscheid bei Köln) besuchte bis zur mittleren Reife ein Gymnasium. Anschließend absolvierte er in Köln bis 1962 eine Buchhändlerlehre.
1966-1967 war er Redakteur bei der satirischen Zeitschrift *Pardon*, danach fester Mitarbeiter bei der Zeitschrift *konkret*. Er ließ sich dann als freier Schriftsteller in Köln nieder. Immer wieder machte er mit Undercover-Einsätzen und den anschließenden Berichten darüber Schlagzeilen: Er schlich sich als Hans Esser bei der *BILD-Zeitung* ein, heuerte als türkischer Fremdarbeiter Ali bei diversen Betrieben an und kettete sich im Mai 1974 spektakulär in Athen an eine Säule an, um die Freilassung aller politischen Gefangenen zu fordern. Er wurde prompt festgenommen, zu 14 Monaten Gefängnis verurteilt, misshandelt und war bis kurz nach dem Sturz des Militärregimes inhaftiert.
In Deutschland recherchiert Wallraff seit Mai 2007 für das wiederbelebte *ZEIT-Magazin* (vgl. ausführlich: Gottschlich 2007 und Braun 2007).

498 Haas/Pürer 1996: 357.

499 Gottschlich 2007: 8.

500 Wallraff 2009: 4.

501 Röhl, Klaus Rainer 1968: 4.

502 Gottschlich 2007.

503 Rössler 1998a: 82. Vgl. zum *Muckracking*-Journalismus allgemein: Vowe 1978, Haas 1999: 329ff sowie Haas 2004: 45f.

504 Wallraff 2004: 12.

sich in der Rolle eines Studenten als SDS-Spitzel vom Verfassungsschutz anwerben - um ein Heft später festzustellen, dass der Geheimdienst kein Interesse an einem Spitzel bei der NPD hat.[505] In seinen „Bilder[n] aus Deutschland“, lieferte er „Momentaufnahmen von einem Deutschland, das es in Illustrierten und Schullesebüchern nicht gibt“[506] - etwa über die sklavenähnlichen Arbeitsbedingungen bei einer deutschen Adeligen, über die katastrophale Bezahlung von Heimarbeitern oder Gastarbeiter, die - so Wallraff - ausgenutzt werden, weil sie „sich aufgrund von Sprachschwierigkeiten, Angst vor der Ausweisung und Unkenntnis der deutschen Gesetze nicht wehren können.“[507]

Stilbildend wurden Wallraffs Betriebsreportagen wie etwa „Husten, Röcheln, die Lunge total voll Waschpulver“[508] über die Arbeitsverhältnisse in einem Henkell-Werk sowie deren Erweiterung: Die so genannten Zangenreportagen, die er auf Anregung Klaus Rainer Röhls 1971 regelmäßig in *konkret* veröffentlichte.[509] Wallraff kontrastierte darin (mit seinem Ko-Autor Bernt Engelmann) die soziale Ungleichheit anhand der Beispiele zweier Antagonisten, wie etwa dem Playboy und Industriellen-Sohn Gunter Sachs und einem Arbeiter in den Fichtel&Sachs-Werken oder dem Unternehmer Krupp und seinem Arbeiter Krause in „Krupp und Krause“[510].

5.6 „IM ‚Wagner‘“ und „Spitzenagent“ Michels: Stasi, SED und *konkret*

Günter Wallraff steht zugleich exemplarisch für die Verbindungen von *konkret* nach Ost-Berlin, die auch nach 1964 nicht gänzlich abrissen. Vielmehr blieb die Zeitschrift in „vielfältiger Weise mit der SED verwoben“[511] und unterhielt mittelbare und wohl auch unmittelbare Kontakte zur Stasi bzw. war von dieser unterwandert.

---

505 Wallraff 1968a und 1968b.

506 Wallraff 1968: 24.

507 Wallraff 1969b:35. Vgl. auch Wallraff 1969a ebenfalls zum Thema Gastarbeiter, 1969c zu Heimarbeit und 1968c zu den „Sklaven der Frau Baronin“.

508 Wallraff 1972.

509 Vgl. Gottschlich 2007: 113 und Wallraff 2009: 3.

510 Engelmann/Wallraff 1971a und 1971b. sowie zu Sachs: Engelmann/Wallraff 1971c.

511 Knabe 2002: 320.

Günter Wallraff beispielsweise wurde laut einem neunseitigen Stasi-Dossier nur zwei Monate nachdem er bei *konkret* anfing, nämlich im April 1968, vom MfS „direkt angesprochen und zu einer Zusammenarbeit mit dem Nachrichtendienst der DDR geworben"[512]. „IM ‚Wagner'"[513], wie Wallraffs Stasi-Tarnname angeblich gelautet haben soll, erarbeitete dem Dossier-Angaben des MfS-Offiziers Heinz Dornberger zufolge „eine Reihe neuer, nicht uninteressanter Aspekte"[514] zur Kampfgruppe gegen Unmenschlichkeit (KgU), einer vom amerikanischen Geheimdienst unterstützten Widerstandsorganisation, die gegen die DDR agierte. Dass er zu KgU-Recherchen nach Schweden gefahren war, gibt Wallraff auch offen zu, eine Weitergabe der Informationen an die Stasi weißt er jedoch bestimmt zurück: „Ach, lachhaft ist das. Was soll ich der Stasi zugänglich machen?"[515] So sind die Akten der Stasi auch durchaus widersprüchlich: Wallraffs vermeintlicher Verbindungs-Offizier Dornberger schrieb beispielsweise, dass die Veröffentlichung von Wallraffs-KgU-Artikel in *konkret* „vorher mit dem MfS abgestimmt war"[516]. Ein Artikel Wallraffs zu dem Thema war jedoch nie in der Zeitschrift erschienen, lediglich ein anderer Redakteur, Reinhard Strecker, publizierte dazu 1969 zwei Artikel.[517]

Wallraff wurde nach dem Mauerfall des Weiteren vorgeworfen, er habe 1969 falsche Informationen verbreitet, wonach in der BRD im Auftrag des Verteidigungsministeriums biologische und chemische Waffen entwickelt werden, und habe damit quasi als „freischaffender Desinformant"[518]die gemeinsame Propaganda-Aktion „Verwüstung" von KGB und MfS unterstützt.[519] Tatsächlich waren zu der Thematik 1969 mehrere Artikel des Autors in *konkret* abgedruckt worden. Als angeblicher Ministerialrat „Dr.Strathmann" hatte er beispielsweise den Direktor des Hygiene-Instituts der Uni Kiel, Horst Gärtner, angerufen und gefragt, ob dieser für das Verteidigungsministerium spezielle Pockenerreger entwickeln könne. Gärtner bejahte (wie andere Institutsleiter auch). – In *konkret* war von nun an nur noch die Rede vom „Giftmischer von Kiel"[520].

---

512 Zitiert nach Krischer 1998 (folgendes Zitat ebenso). Vgl. Knabe 2002: 323 und Mk 2003: 1.

513 BStU, MfS, HA XX, Nr. 2921: 1.

514 BStU, MfS, HA XX, Nr. 2921: 7.

515 Wallraff 2009: 6.

516 BStU, MfS, HA XX, Nr. 2921: 7..

517 Vgl. Strecker 1969a und 1969b.

518 Krischer 1998: 58.

519 Gemeinsam von MfS und KGB, siehe Knabe 2001: 116.

520 Wallraff 1969f. Vgl. die Abschrift des Telefonats: Wallraff 1969e.

Studenten besetzten daraufhin das Büro des vermeintlich überführten Wissenschaftlers und forderten seinen Rücktritt. Er kämpfte jahrelang für seine Rehabilitierung.

Wallraff hingegen bescheinigte Stasi-Offizier Heinz Dornberger im „Falle Uni Kiel" habe Wallraff die „von uns übergebene Materialien" zu „neuen beweiskräftigen Aktionen" genutzt.[521] Der *konkret*-Autor Wallraff hat nach Stasi Aufzeichnungen „vor allem unter der studentischen Jugend" wesentlich dazu beigetragen „dem Kampf gegen die B- und C-Waffen in W D [...] Richtung und Inhalt zu geben"[522] und sei ein „wertvoller und zuverlässiger Verbündeter"[523] gewesen. Er wurde - so zeigt es zumindest ein Auskunfsbericht der Abteilung X der HVA von 1968 bis 1971 als IM Wagner geführt.[524] Wallraff widersprach dem. Nach Erhalt der sogenannten Rosenholz-Dateien, verkündete die Birthler-Behörde, es sei belegt, „daß Herr Wallraff vom MfS als IM geführt worden ist"[525]. Das Posteingangsbuch Sira verzeichne sechs Eingänge zu Informationen über Luftfahrt-Medizin, psychologische Kriegsführung, chemische Waffen, die bundesdeutschen Luftstreitkräfte sowie über den Arbeitnehmerverband Gesamtmetall - diese seien zum Teil an Geheimdienst der Sowjetunion (KDB) weitergegeben worden.[526] Die Birthler-Behörde musste ihre Aussagen jedoch später zurücknehmen. Das Oberlandesgericht Hamburg entschied 2004, dass Wallraff nicht IM genannt werden darf, da er wenn dann nur abgeschöpft worden sei. Das Urteil wurde 2006 vom Berufungsgericht bestätigt.[527]

„Auf keinen Fall"[528] habe es eine aktive Zusammenarbeit mit der Stasi gegeben, sagt Wallraff auch heute noch. Er habe lediglich mehrere Male in Ost-Berliner Archiven über die Nazi-Vergangenheit recherchiert[529]. „Das haben aber andere Journalisten von den großen Blättern auch getan. Das war ein ganz normaler Vorgang"[530], verteidigt ihn auch Manfred Bissinger. So bleibt es dabei: Zwar gibt es Indizien, einen Beweis für aktive Mitarbeit Wallraffs bei der Stasi gibt es jedoch nicht.

---

521 BStU, MfS, HA XX, Nr. 2921: 7.

522 Vgl. BStU, MfS, HA XX, Nr. 2921.

523 Krischer/Schmitz 1998: 34.

524 Vgl. BStU, MfS, HA XX, Nr. 2921.

525 Zitiert nach mk 2003: 1.

526 Vgl. mk 2003: 1.

527 Jipp 2003 und 2006.

528 Wallraff 2009:7.

529 Wallraff 2009: 5.

530 Bissinger 2009: 4.

Im wie auch immer gearteten Dienst der Stasi standen auch die *konkret*-Redakteure Engelmann, Haffner, Oehrens und Michels sowie die freien Mitarbeiter Carl Guggomos und Walter Barthel.[531] Bernd Michels, der 1969 als Volontär bei *konkret* angefangen hatte und seit 1973 im Dienste der Stasi stand, wurde später unter dem Decknamen „Bernhard" gar als als „Spitzenagent" geführt.[532]

Zwar war die finanzielle Unterstützung durch die KPD 1964 eingestellt worden, dennoch brachen diese Verbindungen dadurch auch nicht völlig ab, schließlich blieben einige Redakteure wie Meinhof und Klaus Steffens selbst danach Mitglieder der verbotenen KPD. So berichtete Steffens beispielsweise noch 1968 nach dem Vietnam-Kongress über den Wandschmuck der Veranstaltung an die KPD: „Es drückt sich darin der idealistische, kleinbürgerlich-radikale Charakter der Veranstaltung aus"[533]. Wie Kapitel 5.4 zeigte, empfing *konkret* auch Dokumente über die Vergangenheit Lübkes und wurde damit Teil der Strategie des DDR-Propagandisten Norden, der „systematisch Lübkes Rufmord"[534] betrieb.

Der Kontakt in den Osten verlief dabei meist über den Rechtsanwalt Friedrich Kaul. Der „exponierteste Repräsentant der SED in den Gerichtssälen der Bundesrepublik"[535] (Meinhof über Kaul) war einer der wenigen Rechtsanwälte mit Zulassung sowohl in Ost- als auch in Westdeutschland. Er blieb *konkret* auch nach dem Bruch mit der KPD treu und verteidigte Röhl regelmäßig. Der Blattmacher genoß damit die Verteidigung durch einen Spitzenanwalt und der wiederum konnte *konkret* für seine östlichen Auftraggeber im Auge behalten.

5.7 Von der linken Sibylle zur Gewalttheoretikerin: *konkret*-Kolumnistin Ulrike Meinhof

Ulrike Meinhof hatte sich zwar nach dem Bruch mit der KPD im Jahr 1964 vermehrt ihrer Karriere als Rundfunkredakteurin gewidmet, *konkret*

---

531 Vgl. zu Engelmann: Knabe 2001: 119 und 2002: 306-318, zu Oehrens: BStU, MfS, HVA Abt. X, XV 4096/76 und BStU, MfS, HA XX, Nr. 2791 und BStU, MfS, HA II/13, Nr. 2093, zu Haffner: Kapitel 5.4, zu Guggomos sowie Barthel: Knabe 2002: 325 sowie zu allen: Röhl, Wolfgang 2009: 1.

532 Vgl. BStU, MfS, XV/3821/73.

533 Klaus Steffens: SDS-Vietnamkongress Westberlin. Bericht vom 17./18.2.1968, SAPMO-BArch BY 1/KPD unbearbeitet.

534 Knabe 2001: 136.

535 Zitiert nach: Rosskopf 2002: 13.

blieb sie jedoch als Kolumnistin und Gelegenheits-Reporterin treu - und wurde von Monat zu Monat bekannter. Als sie im Januar 1965 wegen einer Strauß-Beleidigung (Meinhof hatte Franz Josef Strauß den „infamsten deutschen Politiker" genannt[536]) vor Gericht stand, wurde sie erstmals mit der bekannten *Stern*-Kolumnistin Anneliese Friedmann alias Sibylle verglichen.[537] Genau wie diese im *Stern* erschien Meinhofs Kolumne seit 1964 auf der ersten Seiten jedes *konkret*-Heftes - mit einem Schwarz-Weiß-Bild der prominenten Kolumnistin oben rechts und anfangs sogar noch handschriftlich unterzeichnet mit „Ihre Ulrike Marie Meinhof". Meinhof selbst sagte in einem Interview über ihre Kolumne:

> Ich hatte immer das Gefühl, ich schreibe die Kolumne für Landlehrer, und ich schreib sie wie ein Landlehrer. Also für die Leute, die irgendwo verstreut in ‚nem Dorf, in Kleinstädten sind. Die keinen organisatorischen Zusammenhang mit der sozialistischen Linken haben. Und die also über so ein einzelnes Heft wie KONKRET am Kiosk, durch das, was ich dann schrieb, in einen Diskussionszusammenhang mit der Linken kommen konnten.[538]

Mit spitzer Feder schrieb Meinhof über die Notstandsgesetze, das geplante Springer-Fernsehen, Vietnam, die Frauenbewegung, den Sieben-Tage-Krieg in Israel, den Lohnkampf und nicht zuletzt die Neue Linke - schlichtweg über *die* Themen der rebellierenden Jugend. Schon bald war sie „eine der wichtigsten Publizisten in Sachen Studentenrebellion"[539] - und das Aushängeschild für *konkret,* wie Manfred Bissinger sagt:

> [S]ie war sozusagen die Marke für das Blatt. [....] [D]ie Meinhof hatte halt auch Zugang zu Radio und zu Fernsehen und machte eben viele Dinge und schaffte es sozusagen, *konkret* in einer seriösen Höhe zu halten - alleine durch ihre Person und ihre Möglichkeiten, im Fernsehen zu diskutieren oder so. Die provozierte ja auch [....] und das hat natürlich auf das Blatt zurückgewirkt, gar keine Frage.[540]

---

536 Vgl. U.A. 1965b: 33.

537 Vgl. U.A. 1965b: 33.

538 Meinhof in Leßner 2001.

539 Peters 2007: 144.

540 Bissinger 2009: 2.

Privat litt Ulrike Meinhof jedoch zunehmend unter den Eskapaden ihres Mannes. Im Februar 1968 zog sie aus dem gemeinsamen Haus in Blankenese aus - sie hatte ihren Mann inflagranti mit einer anderen Frau (seiner heutigen Lebensgefährtin) erwischt. Die Scheidung folgte zwei Monate später.

Zeitgleich wurde der Ton ihrer Kolumnen allmählich martialischer und „Kampf" zum neuen Leitmotiv. So sprach Meinhof im Frühjahr 1968 erstmals offen von „Gegen-Gewalt"[541] und propagierte den „Kampf in den Metropolen"[542]. Zeitgleich überschlugen sich die Ereignisse in der BRD: In der Nacht vom 2. auf den 3. April detonierten dann in den Frankfurter Kaufhäusern Schneider und Kaufhof Brandsätze. Der „Burn ware-house, burn!"-Aufruf der Kommune 1 hatte in der Germanistik-Studentin Gudrun Ensslin, dem Studenten Thorwald Proll, dem Schauspieler Horst Söhnlein und dem Möchtegern-Journalisten Andreas Baader, die bereits am nächsten Tag verhaftet wurden, willfährige Vollstrecker gefunden.[543] Wenige Tage später wurde auf Meinhof-Intimus Dutschke geschossen. Die folgenden Unruhen interpretierte die Kolumnistin als erste Realisierung des Theorems „vom Protest zum Widerstand"[544] (vgl. Abb. 5): In Anlehnung an den Ausspruch eines Black-Panther-Aktivisten wählte sie drastische Worte: „Protest ist wenn ich sage, das und das paßt mir nicht. Widerstand ist, wenn ich dafür sorge, daß das, was mir nicht paßt, nicht länger geschieht."[545] In Heft 6 interpretierte sie den Protest gegen die Notstandsgesetze als Klassenkampf: „Der Kampf gegen die Notstands-

Ulrike Marie Meinhof

Vom Protest zum Widerstand

Abbildung 5: Vom Protest zum Widerstand - und wenig später zur Gewalt: Artikel der *konkret*-Kolumnistin und späteren Terroristin Ulrike Meinhof. Quelle: konkret (1968), Ausgabe 5: 5.

541 Meinhof 1968a: 2.

542 Meinhof 1968b.

543 Vgl. zu dem folgenschweren Flugblatt der Kommune 1: Siemens 2007: 16f.

544 Vgl. Bauß 1977: 107.

545 Meinhof 1968c: 5.

gesetze ist ein Mittel unter anderen, dieses Ziel zu erreichen, d.h. die Diktatoren in Staat und Gesellschaft zu entmachten."[546]

Probeweise bekam im gleichen Heft erstmals das Berliner Kollektiv, dem Meinhof auch angehörte, sieben Seiten zum Thema „Gewalt" eingeräumt, die - wohl nicht nur aus heutiger Sicht - eine wahre Gewaltapologie darstellen: „Erst seit wir zaghaft beginnen, die Sprache des Systems selber zu sprechen, werden wir den Arbeitern verständlich und Springer eine Gefahr: diese Sprache ist die Gewalt"[547], schrieben die Autoren. Den Mord der Vietkong an Medizinern aus der BRD stellten sie als berechtigte Hinrichtung dar: „Unter der Aufsicht der USA beteiligen sich Ärzte mittelbar am Völkermord, lernen sie das Töten, ohne selbst unmittelbar zu töten."[548] Daneben druckten sie den Aufruf „Von der Revolte zur Revolution" des inhaftierten Black-Panther-Aktivisten Rap Brown:

> Ein Mann sein, das bedeutet lebenslangen Kampf. Mit jedem schalen Kompromiß, den er mit der Autorität irgendeiner Macht schließt, die er nicht anerkennt, geht ein Stück seiner Männlichkeit verloren. [....] Wir müssen vom Widerstand zum Angriff übergehen, von der Revolte zur Revolution. [....] Wir müssen kämpfen.[549]

Es war die erste offene Gewaltdiskussion in einem deutschen Populärmedium. Nicht weil er diese ablehnte, „sondern weil ich sie für langweilig hielt, zu schlecht, unpünktlich abgeliefert und zu teuer"[550]. ließ Röhl den Probevertrag mit „konkret Berlin" platzen, der ursprünglich am 1.September 1968 in Kraft treten sollte und Dutschke, Enzensberger, Nirumand, Salvatore, Schneider und Meinhof 19 unredigierte Seiten für mehrere Tausend Mark Honorar zusicherte.[551]

Auch die parallel geführten Verhandlungen mit den *Stern*-Leuten Bissinger und Neuhauser (siehe Kapitel 5.5.4) scheiterten. Stattdessen wandte sich Röhl an Meinhof, ob sie nicht wieder Chefredakteurin von *konkret* werden wolle. Meinhof lehnte ab. Sie wolle sich nicht „verein-

---

546 Meinhof 1968d: 2.

547 Berliner Kollektiv 1968a: 25.

548 Berliner Kollektiv 1968b: 30.

549 Brown 1968: 29.

550 Röhl, Klaus Rainer 1998: 246.

551 Der genaue Vertragstext ist nachzulesen in: Röhl, Klaus Rainer 1998: 241f.

nahmen lassen"[552], werde aber weiter für *konkret* schreiben, teilte sie ihrem Ex-Mann auf dem Postweg mit.

Als im Oktober 1968 vor der Großen Strafkammer des Frankfurter Landgerichts der Prozess gegen die Warenhausbrandstifter begann, fuhr Meinhof hin, um darüber zu schreiben. Noch während des Prozesses besuchte sie Gudrun Ensslin in der Haftanstalt. Beeindruckt von der schwäbischen Pfarrerstochter kehrte sie zurück nach Hamburg - ohne einen Artikel geschrieben zu haben. „Wenn das veröffentlicht wird, was sie mir gesagt hat, kommen die nie aus dem Gefängnis"[553], begründete sie dies in der Redaktion. Erst nachdem am 31. Oktober das Urteil (drei Jahre Zuchthaus) gefallen war, schrieb Meinhof in ihrer Kolumne „Warenhausbrandstiftung":

> Gegen Brandstiftung im allgemeinen [sic] spricht, daß dabei Menschen gefährdet sein könnten, die nicht gefährdet werden sollen. Gegen Warenhausbrandstiftung im besonderen spricht, daß dieser Angriff auf die kapitalistische Konsumwelt - und als solchen wollten ihn wohl die im Frankfurter Warenhausprozeß Angeklagten verstanden wissen - eben diese Konsumwelt nicht aus den Angeln hebt, sie nicht einmal verletzt, das, was sie treibt, selbst treibt, denen, die daran verdienen, Verdienste ermöglicht. [....] Das progressive Moment einer Warenhausbrandstiftung liegt nicht in der Vernichtung der Waren, es liegt in der Kriminalität der Tat, im Gesetzesbruch.[554]

Erstmals thematisierte Meinhof „den Aspekt der Vermittlung einer gewaltsamen Tat, also deren potentieller propagandistischer Wirkung"[555]. Sie schloss mit einem Bezug auf ein berühmt gewordenes Zitat des Oberkommunarden Fritz Teufel:

> So bleibt, daß das, worum in Frankfurt prozessiert wird, eine Sache ist, für die Nachahmung - abgesehen noch von der ungeheuren Gefährdung für die Täter, wegen der Drohung schwerer Strafen - nicht empfohlen werden kann. Es bleibt aber auch, was Fritz Teufel auf der Delegiertenkonferenz des SDS gesagt hat: „Es ist immer noch

552 Meinhof, zitiert nach: Röhl, Klaus Rainer 2009a: 161.

553 Zitiert nach: Aust 1994: 77.

554 Meinhof 1968h: 5.

555 Elter 2006: 1069.

besser, ein Warenhaus anzünden, als ein Warenhaus zu betreiben." Fritz Teufel kann manchmal wirklich sehr gut formulieren.[556]

Meinhof-Ziehmutter Riemeck sieht hier ebenso wie Butz, der Meinhofs Weg in die RAF nachgezeichnet hat, einen ersten Schritt weg von der Journalistin, hin zur Terroristin:[557] „Ulrike war kompasslos geworden, lebte in der konzeptionslosen Hoffnung auf irgendeine große Krise und bewegte sich in Konventikeln, die durch Aufruhraktionen kritisches Bewußtsein erzeugen wollten"[558], so Riemeck. Ihr publizistisches Wirken erschien Meinhof mehr und mehr sinnlos. Immer weiter schritt ihre Entfremdung von *konkret* und auch von der Realität voran.

Den Bruch provozierte Meinhof im Dezember 1968. Ihrem Chef und Ex-Mann gab sie statt ihrer Kolumne für *konkret* eine Kolumne *gegen konkret* ab. Röhl stand vor einem Dilemma: „Lehne ich ihn ab, gibt es einen Eklat, wir verlieren unsere beliebteste Mitarbeiterin. Drucke ich ihn, mache ich mich selber und die Zeitung fragwürdig, beginne ich eine Diskussion um die Abschaffung der *konkret.*"[559] Schlussendlich erschien der Artikel „Kolumnismus" und damit, wie Wolfgang Röhl findet, Meinhofs „Abschied vom Journalismus"[560] im Februar-Heft 1969:

> Kolumnisten haben Entlastungsfunktionen: Sie dürfen schreiben, wie und was sie wollen. So wird der Eindruck erweckt, in dieser Zeitung dürfte geschrieben werden, wie und was die Schreiber wollen. [....] Sie werden relativ gut bezahlt, ihre Namen werden fett gedruckt. Kolumnen sind Luxusartikel, Kolumnisten sind Stars, in ihrer Badewanne sind sie Kapitän. [....] Die Kehrseite der Kolumnisten-Freiheit ist die Unfreiheit der Redaktion. Da müssen Artikel ‚durchgeschrieben' sein, müssen verkäuflich sein, müssen Leserbedürfnisse platt befriedigt werden. Bei konkret nennt man das: Sex-Appeal, Horror-Appeal, Crime-Appeal, Oppositions-Appeal, Human-Touch. [....] Kolumnisten sind die Neger im State Department, die Frauen in der Bundesregierung, Feigenblatt, Alibi, Ausrede. Der Kolumnist ist dem autoritären Zugriff der Redaktion entzogen. Die Form der Kolumne ist autoritär genug, da kann nicht viel passieren.

556 Meinhof 1968h: 5.

557 Vgl. Peters 2007: 160.

558 Riemeck 1972: 107.

559 Röhl, Klaus Rainer 1998: 258.

560 Röhl, Wolfgang 2009: 5.

> [....] Eingezäunte Spielwiesenfreiheit für den Kolumnisten, auf Leserbedürfnisse spekulierender redaktioneller Teil, Lesermitbestimmung in Form von Leserabstimmung am Kiosk à la Springer, das sind natürlich nicht die schäbigen Erfindungen der Verleger, das ist nur marktkonformes Verhalten, Anpassung an die Mechanismen des Marktes. [....] Wir wollen keine Heiligen, wir verlangen nur, daß [....] Kolumnistenfreiheit als das erkannt wird, was sie ist: Ein Prestige-, ein Profitfaktor, ein Leserbetrug, ein Selbstbetrug, Personenkult. Man muß Kolumnist sein, um Kolumnistenfreiheit als Kehrseite redaktioneller Unfreiheit beschreiben zu dürfen. Damit aus der Theorie keine Praxis wird, leistet man sich Kolumnisten, ohnmächtige Einzelne, Außenseiter, Stars. [....] konkret ist weniger eine linke als eine opportunistische Zeitung.[561]

Ohne wirklich auf Meinhofs Argumente einzugehen antwortete Röhl auf Seite 6 in einem Brief an die „Liebe[n] konkret-Leser":

> Ulrike Marie Meinhof ist die ständige Kolumnistin von ‚konkret'. Kolumnisten sind selbstständig. [....] Wir distanzieren uns von Ulrike Marie Meinhof nicht. Wir identifizieren uns mit ihren oft ungewöhnlichen, aber fast immer einleuchtenden Gedankengängen. Ulrike aber hat in dieser Ausgabe das Bedürfnis verspürt, sich von unserer Zeitschrift zu distanzieren [....] Gut. Über ‚konkret' gibt es in der Linken soviel Meinungen, wie es in der Linken überhaupt Meinungen gibt. Insofern bringt sie die Kritik eines Teils der Leser zum Ausdruck. [....] Kolumnisten sind, wie Ulrike fast widerwillig bemerkt, unabhängig. Ihre Artikel werden nicht redigiert. Darum haben sie auch das Recht, unredigiert zu irren. [....] Nur: die Artikel unserer Volontäre und Jungredakteure werden redigiert. Sie müssen oder sollten tatsächlich, ich gesteh' es zu meiner Schande, *durchgeschrieben* sein, *müssen verkäuflich sein*, gut lesbar sein, *Leserbedürfnisse befriedigen*. Wenn ich recht verstehe, wirft Ulrike uns vor, kein *Kursbuch* zu sein. Sie hat Recht. konkret ist kein Kursbuch. konkret ist eine linksstehende Publikumszeitung mit einer Auflage von z.Z 230 000 Stück pro Heft, die sich auch an Leser wendet, die Kursbuch und Neue Kritik, Marcuse und Marx nicht lesen und dennoch zur Apo zu zählen sind oder zu ihr stoßen werden. Wenn diese Leser später Marcuse oder Che Guevara, das Kursbuch und die Neue Kritik lesen werden, dann werden sie es durch konkret kennengelernt

561 Meinhof 1969a: 2.

haben. Arbeitsteilung nennt man das. [....] Wir bekennen freimütig: das Heft muß pünktlich erscheinen, es muß gut umbrochen sein, verständlich und interessant geschrieben sein, gut bebildert sein, mit Titelbild und Vorspännen aufgemacht sein, möglichst viele Themen enthalten: es muß gut verkäuflich sein. Denn wo soll sonst das Geld herkommen für die Verbreiterung der Redaktion, den Aufbau eines Archivs, den Fernschreiber, die Fotokopiergeräte und Tonbänder, die Flugreisen und Lizenzen für Cohn-Bendit-Abdrucke? Ach, Ulrike verlangt etwas Schönes, Begeisterndes, aber Unmögliches: Die Reinheit der Lehre und die Akribie der Forschung, die Aktualität des Spiegel und die Sorgfalt des Kursbuchs, keine nackten Mädchen auf dem Titelbild und keine Zugeständnisse an den Markt, aber mehr Geld für die Redaktion und pünktliche Honorarüberweisungen. Ich bin sicher: wäre eine solche linke Zeitung möglich, es gäbe sie schon, und Ulrike wäre ihre Mitarbeiterin. [....] Ulrikes Kritik wird uns [....] helfen. Und ihre Kolumnen, die weiter in konkret erscheinen. Wo auch sonst?[562]

Tatsächlich schrieb Meinhof bereits im nächsten Heft wieder einen Leitartikel zum Mitbestimmungsentwurf des DGB und im übernächsten Heft zu Persien sowie über den Umgang mit Schah-Kritikern in Deutschland („Wir haben den Zusammenhang zwischen Konsum- und Polizei-Terror hier und den Interessen des deutschen Kapitals an der Ausbeutung des persischen Volkes begriffen. [....] Wir müssen aufhören, in bezug auf Frauen und Kinder vom Wetter zu reden“[563]).

Während der SDS und das Aktionszentrum Unabhängiger und Sozialistischer Schüler (AUSS) vermehrt Boykott-Aufrufe gegen *konkret* starteten („Durch sie wird die schichtenspezifische Konsummanipulation [....] Jugendlicher vervollkommnet“[564]) entfachte Meinhof mit Hilfe des ehemaligen *ZEIT*-Filmkritikers Uwe Nettelbeck – der nach dem Ausscheiden von Aust zu *konkret* gekommen war – den neuen Volontären Peter Homann (der Kommunarde war Meinhofs damaliger Liebhaber) und Reinhard Kahl einen Kleinkrieg um die Oberhoheit bei *konkret*. Klaus Rainer Röhl verlor allmählich die Kontrolle über sein Blatt:

562 Röhl, Klaus Rainer 1969a: 6.

563 Meinhof 1969c.

564 AUSS Frankfurt 1969: 180 und vgl. U.A. 1969/1970.

> Es herrschte eine Zeitlang die totale Anarchie, besser gesagt ein Partisanenkampf mit den Redaktionsräumen als revolutionäres Kampffeld: Tags amtierten die Redakteure und ich, nachts herrschte eine ominöse »Gegenredaktion« unter Führung von Ulrike.[565]

Röhl beraumte zur Klärung eine Redaktionskonferenz ein. Nach stundenlangen Wortgefechten gab er nach und stimmte der Einrichtung eines Dreierdirektoriums zu, das künftig die Redaktion leiten sollte. Es bestand aus Röhl selbst, Uwe Nettelbeck und Peter Rühmkorf. Alle drei besaßen ein Vetorecht, Beschlüsse konnten künftig nur noch einstimmig gefasst werden.[566] – Zwar sah dies wie ein vermeintlicher Punktsieg für Ulrike Meinhof aus, die Kolumne „Gustav, Gustav" zum Wahlsieg Heinemanns in Heft 7 sollte dennoch ihre letzte sein. Nachdem sie im April 1969 vergeblich versucht hatte, das SDS-Strategiepapier „Zur Situation an den Hochschulen" ins Heft zu bringen, beendete sie ihre Zusammenarbeit mit *konkret* und gab dies per Pressemitteilung bekannt, die am 26. April 1969 in der *Frankfurter Rundschau* erschien:

> Ich stelle meine Mitarbeit jetzt ein, weil das Blatt im Begriff ist, ein Instrument der Konterrevolution zu werden, was ich durch meine Mitarbeit nicht verschleiern will, was zu verhindern im Augenblick nicht möglich ist. [....] Ich gebe den Kampf um die Zeitung auf, um folgender Gefahr vorzubeugen, daß wir durch unsere Mitarbeit das Linksimage der Zeitung aufpolieren, ihr einen neuen Vertrauenskredit verschaffen.[567]

5.8 *„konkret* geht in den Untergrund": Der Bruch mit der radikalen Linken

In der *konkret*-Redaktion kehrte dennoch keine Ruhe ein. Dutzende Autoren – darunter Günther Amendt, Hans Magnus Enzensberger, Heinz Grossmann, Marianne Herzog, Jürgen Holtkamp, Peter Homann, Reinhard Kahl, Annegret Kirchhoff, Reinhard Lettau, Wolfgang Neuss, Bahman Nirumand, Detlev Schneider, Michael Schneider, Peter Schneider, Monika Mitscherlich-Seifert, Christian Semler, Eckhardt Siepmann und

---

565 Röhl, Klaus Rainer 1998: 266. Vgl. dazu auch: Krebs 1988: 176.

566 Röhl, Klaus Rainer 1998: 270.

567 Zitiert nach Rühmkorf 1972: 228.

Horst Thomeyer - riefen öffentlich zum Boykott auf.[568] Zudem rang Röhl weiterhin mit Uwe Nettelbeck um die Hoheit in der Redaktion bis er ihm nach Ablauf seiner Probezeit zum 31. August kündigte. Die von Meinhof thematisierten Probleme bestanden derweil fort: „Erstens ging es um die Frage, ob eine linke Publikumszeitschrift oder eine Zeitschrift für die Linke gemacht werden sollte - das beinhaltete den Aspekt des Populären. Zweitens gab es einen Dissens darüber, inwiefern die politische Bewegung, auf die sich die Zeitschrift teilweise (manche meinten: hauptsächlich) stützte, den Inhalt der Zeitschrift bestimmen sollte. Und drittens ging es darum, inwieweit das Prinzip des «Stars» - also des herausgehobenen Einzelnen - durch kollektive Arbeitsweisen durchbrochen werden sollte“[569]. Und auch Meinhof gab nicht auf. Zusammen mit den ehemaligen *konkret*-Journalisten Peter Homann, Hans-Jürgen Krahl, Jürgen Holtkamp und Karl Heinz Roth veröffentlichte sie am 1. Mai 1969 im Berliner Szene-Informationsdienst *RPK* eine deftige Kritik:

> Der immense, innerhalb des Zeitschriftenhandels einmalige Auflagenerfolg der Zeitung wurde erzwungen durch eine Anpassung der Zeitung an das kaputte Bewusstsein ihrer Leser durch Sex und Crime, durch Horror und human touch [....] Der Widerspruch zwischen der Zeitschrift als Ware und der Zeitschrift als Forum für linke Agitation [....] dieser Widerspruch brauchte solange nicht zur Kontroverse aufzubrechen, als das Anwachsen der linken Bewegung daran interessierten Verlagen zum Geschäft wurde, als die Zeitschrift als Forum linker Agitation ebenso auflagenfördernd war wie der an den Publikumsgeschmack angepasste Teil der Zeitung.[570]

Nur eine Woche später erschien ein 30-köpfiges - laut *Spiegel* sogar 60-köpfiges - „Apo-Anarchisten“[571]-Rollkommando aus Berlin und Frankfurt in Hamburg unter der Leitung von Ulrike Meinhof und versuchte die Redaktions- und Verlagsräume zu besetzen. Auf einem Flugblatt forderten sie:

---

568 Vgl. Ditfurth 2008: 188.

569 Siegfried 2006b: 534.

570 Meinhof et al. 1969: 5-6.

571 U.A. 1969e. Nach Recherchen von Günter Wallraff (vgl. Wallraff 2009: 2 und Röhl, Klaus Rainer 2009a: 186) bezahlte das Berliner Spiegel-Büro sogar die Teilnehmer des Sturms auf die *konkret*-Redaktion.

> Überm Schreibtisch Che Guevara/Unterm Schreibtisch McNamara./Ihr fahrt mit der Straßenbahn,/der Chef reist mit 'nem Porsche an./ Macht Schluß mit dem konkreten Mief/und schafft ein APO-Kollektiv.[572]

Die *konkret*-Redaktion hatte jedoch schon einige Tage zuvor von dem geplanten Sturm auf die Redaktion Wind bekommen und die Redaktionsräume evakuiert[573]. Statt *konkret*-Redakteuren warteten die Polizei und Medienvertreter. Unverrichteter Dinge zogen die APO-Rebellen daher weiter zu Röhls Haus in Blankenese und verwüsteten es.[574] Sie zerstörten das Inventar, malten einen Penis auf die Wände und pinkelten in das ehemalige Ehebett von Röhl und Meinhof. Der *konkret*-Vertrieb verteilte zur gleichen Zeit an der Hamburger Uni 2500 Flugblätter:

> *Konkret geht in den Untergrund*
>
> Die Verlags- und Redaktionsräume von konkret sollen von einer Aktionsgruppe besetzt werden, die mit Bussen aus Berlin heute eingetroffen ist. Ziel dieser Besetzung ist, die Herstellung der gerade im Umbruch befindlichen Zeitung zu verhindern, um unter diesem Druck ultimative Forderungen durchzusetzen (Absetzung des Chefredakteurs, Auswechslung der Redaktion, Einsetzung eines von niemandem gewählten Redaktionsrates aus Berlin) oder zu erreichen, daß *konkret* die Polizei ruft, um so zu beweisen, daß *konkret* eine »konterrevolutionäre« Zeitung ist. In der vierzehnjährigen Geschichte dieser Zeitung hat es nicht an Versuchen gefehlt, das Blatt politisch gleichzuschalten. Die geplante Besetzung der Verlags- und Redaktionsräume ist ein solcher Versuch. Der Berliner Gruppe gehörte Ulrike Marie Meinhof an, die langjährige Kolumnistin von *konkre*t, die in der *Frankfurter Rundschau* erklärt hat: »Ich gebe den Kampf um diese Zeitung auf.« Kurze Zeit später versuchte sie jedoch einen Boykott der wichtigsten Autoren gegen *konkret* zu organisieren. Als dieser Versuch scheiterte, wurde die gewaltsame Besetzung beschlossen. Die Redaktion stellt dazu einstimmig fest, daß hinter der Initiative Ulrike Marie Meinhof keine Aktionseinheit des antiautoritären Lagers steht. Wir stellen schließlich fest, daß wir die Aktion mißbilligen und ihre politischen Konsequenzen bedauern.

[572] Zitiert nach; Aust 1994: 85.

[573] Vgl. eine Chronik der Ereignisse: Röhl, Wolfgang 1969c.

[574] Die Idee für die Verwüstung der Röhlschen Villa in Blankenese kam laut Ditfurth (2008: 187) vom SDS.

> Wir haben uns darum entschlossen, die unabhängige Produktion dieser Zeitung unter allen Umständen zu sichern. Wir werden *konkret* außerhalb der Redaktionsräume weiterproduzieren. *konkret* geht in den Untergrund![575]

In der folgenden Ausgabe rief Peter Rühmkorf die linke Prominenz der BRD auf, „den Terroraktionären zu bedeuten, was sie sind: agents provocateurs."[576] Der „Marsch der noch linkeren Jungen auf die Redaktion der sehr linken Jungen"[577] war damit endgültig gescheitert, doch *konkret* hatte gelitten. Das Geschäftsjahr schloss die Zeitschrift mit Verlust ab.[578]

5.9 „Ulrikes Rote Armee": *konkret* und die RAF

Ulrike Meinhofs Bruch mit *konkret* war mit der versuchten Redaktionsbesetzung unweigerlich vollzogen. Der Wandel von der Gewalttheoretikerin zur Gewaltpraktikerin folgte ein Jahr später, am 14. Mai 1970, mit der Gefangenenbefreiung von Andreas Baader. Meinhofs damaliger Sprung aus dem Fenster des Deutschen Zentralinstituts für soziale Fragen in Berlin war ihr Sprung in die Illegalität.

Die Nachricht von der Befreiung des Warenhausbrandstifters Baader durch die Ex-*konkret*-Kolumnistin Meinhof platzte in die 15-Jahres-Feier der Redaktion. Im nächsten Heft, das am 21. Mai 1970 erschien, stand dennoch kein Wort zu Meinhof, die fortan steckbrieflich gesucht wurde („Mordversuch. 10000,- DM Belohnung"[579]). Erst mit Heft 12/1970 ging *konkret* in die Offensive und begann laut Röhl mit der „tiefgreifendsten, persönlichsten und folgenschwersten Kurskorrektur"[580]: In einem Leitartikel wandte er sich direkt an alle Linksliberalen, die noch immer mit Meinhof sympathisieren. Den Namen seiner Ex-Frau nannte er dabei jedoch nicht:

---

575 Röhl, Wolfgang 1969c: 49.

576 Rühmkorf 1969: 3.

577 U.A. 1969c.

578 Vgl. Röhl, Klaus Rainer 1998: 281.

579 Vgl. Ditfurth 2009: 19.

580 Röhl, Klaus Rainer. 1998: 289.

> Schluß mit der falschen, falschverstandenen Solidarität, mit diesen ‚Genossen'. Es sind nicht unsere Genossen, sondern die Hilfstruppen von Strauß und Springer, die Feinde der Arbeiterklasse und des Sozialismus. Handeln wir nach ihrem eigenen Motto: *Macht kaputt, was eucht kaputt macht.* Macht den Anarchismus kaputt.[581]

Zeitgleich mit Erscheinen der 12. Ausgabe 1970 am 4. Juni, übergab Meinhof der französischen Journalistin Michèle Ray, die für *konkret* wenige Monate zuvor (im November- und Dezemberheft 1968[582]) über die Fatah in Israel und Palästina berichtet hatte, in Berlin Tempelhof ein besprochenes Tonband, dessen menschenverachtender Text später im *Spiegel* veröffentlicht wurde: „[W]ir sagen natürlich, die Bullen sind Schweine, wir sagen der Typ in der Uniform ist ein Schwein, das ist kein Mensch, und so haben wir uns mit ihm auseinanderzusetzen. Das heißt, wir haben nicht mit ihm zu reden, und es ist falsch, überhaupt mit diesen Leuten zu reden, und natürlich kann geschossen werden."[583] In *konkret* antwortete Günter Wallraff der zur Terroristin konvertierten Ex-Kollegin unter der Überschrift „Ulrikes Rote Armee":

> Die Gleichsetzung der Polizeiangestellten mit Schweinen, die man umbringen kann - nicht einmal die südamerikanischen oder vietnamesischen Revolutionäre, die unter Diktatur und Folter leben, haben je diese Gleichsetzung vollzogen -, stellte die Gruppe der Roten Armee außerhalb jeder sozialistischen Anstrengung zur Veränderung der Welt. [....] Die Argumente aus den Gewehrläufen, die Meinhof fordert, werden dazu beitragen, die Linke weiter zu verteufeln.[584]

Klaus Rainer Röhl machte sich inzwischen auf die Suche nach seinen Kindern Bettina und Regina. Sie waren noch am Tag der Baader-Befreiung von Meinhof-Freunden entführt worden. Die Leitung der Zeitschrift übernahm unterdessen sein Bruder Wolfgang.[585] Bis Röhl seine Töchter wiedersah, sollten noch fünf Monate vergehen: Erst im

581 Röhl, Klaus Rainer 1970c: 6.

582 Vgl. Ray 1968a und 1968b.

583 Meinhof 1970: 74.

584 Wallraff 1970: 7.

585 Vgl. Röhl, Wolfgang. 2009: 6.

September fand der ehemalige *konkret*-Journalist Stefan Aust die Kinder in einer sizilianischen Hippie-Kommune.[586]

Während fast kein Tag verging, ohne dass ein bürgerliches Medium neue Details über die „Baader-Meinhof-Bande" publiziert, finden sich in den *konkret*-Jahrgängen 1970 bis 1972 vergleichsweise wenig Artikel über die RAF: Das Blatt, das Meinhofs ehemalige publizistische Heimat war, berichtete lediglich über die Fahndungsmaßnahmen (dem „größten Notstandseinsatz seit Bestehen der Bundesrepublik"[587]), den Versuch, über das sogenannte Sozialistische Patientenkollektiv neue Kämpfer für die Stadtguerilla zu rekrutieren („Die Rote Armee der armen Irren"[588]), distanzierte sich aber deutlich von den Taten der RAF („Lieber langer Marsch für Sozialismus (Rudi Dutschke) als kurzer Marsch in den Faschismus (Baader)"[589]).

Wolfgang RÖHL (*1947) fing nach dem Abitur am Gymnasium in Stade als Jungredakteur bei der Zeitschrift *konkret* - dem Blatt seines Bruder Klaus Rainer - an. Nach dem Konkurs des Linksorgans im Jahr 1973 arbeitete er bis 1979 für die Zeitschrift *Dasda/avanti*, die Klaus Rainer Röhl nach seinem Ausscheiden bei *konkret* herausgab. Seit 1980 ist Wolfgang Röhl Freier Autor beim *Stern*.

Erst 1972, Röhl hatte inzwischen wieder die Leitung übernommen, forderte Meinhofs Ziehmutter Renate Riemeck in einem Offenen Brief in *konkret*: „Gib auf, Ulrike!":

> Du bist anders, Ulrike. Ganz anders, als die Leute meinen, die dein Bild auf dem Steckbrief gesehen und von dir in Presse, Funk und Fernsehen gehört haben. [....] Ich bin überzeugt, daß du in der „Roten-Armee-Fraktion" mitmachst, weil du ehrlich den „Jugendlichen in Gefängnissen und Heimen, in Schulen und in der Ausbildung" helfen möchtest und dich an die richtest, „denen es am dreckigsten geht" [....] .Ihr habt nicht die Rechtfertigung der Tupamaros von Uruguay für Aktionen, bei denen geschossen wird und Menschen ihr Leben verlieren. Ihr müßt euch korrigieren.[590]

586 Vgl. Aust 1998: 134ff.

587 Michels 1971:8f.

588 U.A.1971: 8f.

589 Neumann 1971: 54.

590 Riemeck 1971: 8-9.

In ihrem „Brief an eine Sklavenmutter", der in einem Berliner Papierkorb gefunden wird, rechnete Meinhof daraufhin mit ihrer Pflegemutter ab:

> Ulrike, du bist anders als dein Steckbrief, ein Sklavenkind - selbst Sklavin. Wie also solltest du fähig sein, auf deine Unterdrücker zu schießen? Laß dich nicht verführen von jenen, die keine Sklaven mehr sein wollen. Du kannst sie nicht schützen. Ich will, daß du Sklavin bleibst - wie ich. Ich und du - wir haben gesehen, wie die Herren den Aufstand der Sklaven zerschlugen, noch ehe er begann. [....] Die Revolution ist groß - wir sind zu klein für sie. [....] Sei Untertan der Obrigkeit, die Gewalt über dich hat. Ulrike gib auf! Verflucht der Gott, der Sklaven zu seiner Zerstreuung schuf.[591]

Auch wenn Röhl in einem Leitartikel die Stilisierung Meinhofs als *„Bandenchefin"*[592] kritisierte und darin einen Versuch sah, auch *konkret* zu kriminalisieren, war die bundesweite Fahndung nach der Ex-Kolumnistin in seinen Augen beste PR für *konkret*. Sie habe dem Blatt „den höchsten Bekanntheitsgrad seiner Geschichte"[593] verschafft. In einer zweiteiligen Serie sprang *konkret* schließlich 1972 auf den publizistischen RAF-Zug auf und publizierte „Die Analyse der B&M-Gruppe" - verbunden mit der Hoffnung, dass „sich das ‚Problem' RAF endgültig in die Anekdote verwandeln, die wir hier erzählt haben"[594].

Nachdem im Juni 1972 kurz nacheinander Baader, Ensslin und Meinhof verhaftet worden waren, veröffentliche Röhl ein verfrühtes Plädoyer für seine Ex-Frau: „Während Baader sich nur mit dem Daumen oder mit dem Zündholz artikulieren konnte, schrieb Ulrike Meinhof mit dem Kopf. [....] So oder so war sie eine Gefangene der Baader-Gruppe"[595] Dass der Terror nach der Verhaftung des innersten Kerns der RAF weiterging und mit dem Olympia-Attentat durch den palästinensischen „Schwarzen September" internationalisiert wurde, war *konkret* hingegen nur noch kleine Meldungen wert. Erst als Ulrike Meinhof 1973 im so genannten „Toten Trakt" der Justizvollzugsanstalt Köln in den Hungerstreit trat, schloss sich Röhl dem im linken Milieu weit verbreiteten Vorwurf der Isolationsfolter an: „Die jahrelange perfekte Isolierung in einer moder-

591 Aust 1994: 210.

592 Röhl, Klaus Rainer 1971: 5 [Hervorhebung im Original].

593 Röhl, Klaus Rainer 1998: 300.

594 U.A. 1972b: 43. Vgl. zweiten Artikel: U.A. 1972a.

595 Röhl, Klaus Rainer 1972b: 18f.

nen Haftanstalt kann die gleichen psychischen Auswirkungen haben wie die Tigerkäfige der südvietnamesischen Diktatoren."[596]

Im November 1974 wurde Ulrike Meinhof wegen des von ihr geplanten Anschlags auf das Springer-Haus in Hamburg zu acht Jahren Freiheitsstrafe verurteilt. Das Ende des 1975 begonnenen Stammheim-Prozesses erlebte sie nicht mehr. Die ehemalige *konkret*-Kolumnistin wurde am 9. Mai 1976 erhängt in ihrer Zelle aufgefunden.

5.10 Aufgeilung statt Aufklärung: *konkret* im Post-68-Sog

Mit dem Einschwenken von *konkret* auf einen strikten Anti-RAF-Kurs im Jahr 1970 war der Bruch mit der linksradikalen Szene, der sich schon mit Meinhofs Sturm auf die Redaktion ein Jahr zuvor angekündigt hatte, besiegelt.[597] Statt „Zerschlagt Springer" hieß es nun „Zerschlagt konkret"[598]. Die APO war gescheitert, der SDS aufgelöst und *konkret* war auf der Suche nach einer neuen inhaltlichen Linie. Als die SPD bei der Wahl 1969 den Durchbruch schaffte und eine sozialliberale Koalition bildete, war auch das Feindbild Große Koalition verschwunden. Es ging trotz publicity-garantierender Titelbilder wie im Dezember 1969 mit Uschi Obermaier abwärts mit *konkret*. „Der Niedergang von *konkret* oder des Einflusses von *konkret* ging praktisch parallel mit dem Niedergang des Einflusses, den die so schlagkräftig geglaubte Studentenbewegung hatte"[599], sagt Wolfgang Röhl im Rückblick. So lag die Verbreitung 1970 nur noch bei 1,9 Prozent. Die Konkurrenz von *twen* und *pardon* hingegen erreichte 10,1 bzw. 5,5 Prozent.[600]

Begründet lag der massive Leserschwund in Klaus Rainer Röhls persönlichem Kampf gegen die „monströse Nachgeburt von 1968"[601], wie er den militanten Feminismus, Terrorismus und vermehrten Drogenkonsum nannte. Der Kampf isolierte ihn zusehends vom linken *konkret*-Klientel - und das merkte auch Röhl. Trotzig entgegnete er seinen Kritikern im April 1969 in einem offenen Brief:

---

596 Röhl, Klaus Rainer 1973a: 6.

597 Vgl. Siegfried 2006b: 536.

598 RED/Agit 883 1979: 6.

599 Röhl, Wolfgang 2009: 7.

600 Vgl. Siegfried 2006b: 280.

601 Röhl, Klaus Rainer 2009a: 251.

> Denen aber, denen die Zeitung nicht paßt, den Sittenschnüffeln und Verfassungsbütteln von rechts und den konkret-Muffeln von links, möchte ich einen Satz Ossietzkys wiederholen: „Sie haben nur ein Recht, meine Zeitung n i c h t zu lesen."[602]

Langsam aber sicher machte sich Röhl zum Buhmann der Linken. Standen in *konkret* noch einige Jahre zuvor wahre Elogien auf den Rauschgiftkonsum - die Rede war von „durchlebten Farbräusche[n] und Orgien der Phantasie"[603] - machte er eine Kehrtwendung. Aufgeschreckt durch die Erfahrungen mit seiner Tochter („Anja [....] ist 14 Jahre alt. [....] Sie [....] macht die Bekanntschaft eines älteren Jungen, der bereits ‚schießt', auch ‚dealt', um seinen wachsenden Konsum zu finanzieren, ist also in gefährlicher Nähe der Drogenszene. Ich fühle mich hilflos [....] in meiner Zeitung hat ja gestanden: ‚Haschisch ist weniger gefährlich als Alkohol'"[604]) warnte er seine Leser: „Hasch löst keine politischen Probleme. Hasch löst nicht einmal private Probleme. Hasch macht dumm"[605]. Und unter dem Motto „Sucht ist Flucht" organisierte er den ersten linken Anti-Drogen-Kongress - und vergraulte damit weitere Stammleser, wie sein Bruder meint:[606] „Das entfremdete uns auch einem nicht großen, aber einem bestimmten Teil der Leserschaft, die da anders drüber dachten"[607].

Eine inhaltliche Linie war in *konkret* schon bald nicht mehr erkennbar. Neben Berichten über Kriegsverbrechen in Vietnam rückten Küchentisch-Psychologie-Artikel à la „Wie man durch Streiten glücklich wird"[608]. Auf hochintellektuelle Abhandlungen Sartres über Marx und Freud folgten schlüpfrige Artikel über Nacktbands mit so aussagekräftigen Namen wie „Sweethearts"[609]. Mal druckte *konkret* unveröffentlichte Mao-Reden, dann gab das Blatt Tipps wie „So schröpft man das Finanzamt"[610]. Nahezu jedes Heft enthielt nun Pseudo-Psycho-Über-Ich-Artikel à la „Du und Deine Komplexe"[611] und „Das Kind, das eine Maschine

602 Röhl, Klaus Rainer 1969c: 3.

603 Aust 1967d: 16.

604 Röhl Klaus Rainer 2009a: 247f.

605 Röhl, Klaus Rainer 1970a: 8.

606 Vgl. zum Anti-Drogen-Kongress: Röhl, Klaus Rainer 1972a.

607 Röhl, Wolfgang 2009: 8.

608 Bach 1970: Teaser im Inhaltsverzeichnis und zu Vietnam daneben: Vogel 1970.

609 Vgl. Sartre 1970 und Dufner 1970.

610 Michels 1970.

611 Mummert 1970.

war"[612], daneben Selbsttests wie „Sind sie männlich?"[613]. Demgegenüber: Artikel über Massenhinrichtungen im Irak und Röhls Appelle für Verhandlungen mit der DDR.[614]

Aber v.a. Sex-Storys, wie man sie heute in billigen Groschenheftchen in der hintersten Ecke schäbiger Bahnhofkiosks findet, eroberten sich im Laufe des Jahres 1970 ihren festen Platz im Heft. Aus den Sex-Pol-Protokollen (Sex-Pol stand für Sexualökonomie und Politik) wurde die Politik gestrichen; übrig blieben Sex-Protokolle.[615] Und auf dem Titel und im Heft-Inneren fielen endgültig die letzten Hüllen. Waren Bilder von nackten Frauen früher noch im Kontext vermeintlicher Aufklärungs- oder Sensationsartikel eingebettet, fehlte dieser nun komplett. Mitte 1970 erschien in *konkret* dann das erste doppelseitige Nacktposter, ähnlich dem Centerfold im amerikanischen Playboy. Wollte *konkret* im Jahr 1967 noch über Schwule aufklären, bedienten Artikel über Homosexuelle 1970 nur noch den Voyeurismus der Leser: „Wie kräftig sie doch war, meine schöne Amazone! [....] Sie geißelte mein Gesäß mit den Brennesseln, und ich war nur noch ein einziges Feuer, eine riesige Schmach"[616]. Die Aufklärung von früher verkam zur Aufgeilung - zum Ärger der ehemaligen Stammleser. Während der Spaß-Kommunarde Langhans die Theorie- und Intellektlosigkeit von Blattmacher Röhl bemängelte („Seine Brüste standen für billige Sextitelblätter, um zu verkaufen und eben kein anderes Menschenbild dahinter."[617]), beklagten linksradikale Spontis die Entsolidarisierung des Blattes. In der *Süddeutschen Zeitung* monierte der Ex-*konkret*-Autor Günter Grass, das Blatt sei zu einem Heftchen verkommen, „das unter dem Deckmäntelchen politischen Engagements die Bedürfnisse der sexuell Verhemmten in ihrer Rolle als Möchtegernradikale befriedigt"[618].

Trotz aller Klagen Linker und Links-Intellektueller brachte die Verschiebung zum „Mezzoporno"[619] *konkret* kurzfristig neue Leser. Die Auflage stieg im ersten Quartal 1971 auf den absoluten Höhepunkt von 173 000 Lesern. Die Reichweite verdoppelte sich im Vergleich zum Vorjahr und

---

612 Bettelheim 1970.

613 U.A. 1970.

614 Vgl. März 1970 und Röhl, Klaus Rainer 1970b.

615 Vgl. beispielsweise das Sex-Protokoll Röhl, Wolfgang 1970 in Kontrast zu dem Sex-Pol-Protokoll Bacia/Werth 1969.

616 Kirchknopf 1970: 38.

617 Langhans 2009: 3.

618 Grass 1971.

619 Rühmkorf 2004a: 13.

überraschenderweise stieg auch der Anteil der Leserinnen von 23 auf 31 Prozent.[620] Dabei darf jedoch nicht übersehen werden, dass zeitgleich der bisherige *konkret*-Konkurrent *twen* eingestellt wurde und daher von einem nicht geringen Lesertransfer auszugehen ist. Linken Lesern mit Hang zur Populärkultur boten sich laut Wolfgang Röhl schließlich keine Alternativen: „So einen großen Kommunikator, der in Deutschland überall an den Kiosken hing, gab es ja gar nicht. So mussten einige wohl auch mit zusammengeknirschten Zähnen *konkret* lesen, nehm ich mal an."[621]

Zwar brachte Sex als dominierendes Thema, „das in Wort und Bild in allen denkbaren Varianten behandelt wurde"[622] vorübergehend den Erfolg am Kiosk, langfristig brachte es *konkret* jedoch ins Zwielicht. Schon 1972 schienen die Leser kein Interesse mehr zu haben an pornographischen Texten wie Nanni de Lollis „Der Prostitut" („Sie hielt still. Er lutschte"[623]). Die Auflage fiel. *konkret* war endgültig zu einer „kaum noch ernstgenommenen Winkelpostille"[624] verkommen.

5.11 Anfang vom Ende: Die Statutenbewegung erfasst *konkret*

Um *konkret* mit Blick auf die bevorstehende Bundestagswahl wieder auf einen politischeren Kurs zu bringen, holte Röhl peu à peu Journalisten von den großen Konkurrenzblättern *Spiegel, Stern* und *ZEIT* in seine Redaktion - und damit ungewollt auch die sogenannte Statutenbewegung:[625]

> [D]ass er von denen absolut Krawall zu erwarten hatte, das war vollkommen klar. Nur meinem Bruder nicht, dem war das nicht klar. Der fand das toll, sich mit diesen erlesenen Edelfedern zu schmücken.[626]

---

620 Vgl. Arbeitsgemeinschaft Leseranalyse 1971.

621 Röhl, Wolfgang. 2009: 10.

622 Siegfried 2006b: 538.

623 Lollis 1972: 27.

624 Rühmkorf 2004a: 162.

625 Vgl. zur Statutenbewegung: Hodenberg 2006b: 154, Holtz-Bacha 1986: 24ff. und Skriver 1970.

626 Röhl, Wolfgang 2009: 6.

Insbesondere Otto Köhler, Peter Neuhauser und Hermann Gremliza hatten schon bei ihren vorherigen Arbeitergebern für mehr Mitbestimmung gekämpft und für Aufruhr in den Redaktionen gesorgt.[627] So hatte Gremliza zuvor zur sogenannten „Spiegel-APO"[628] gehört. Als Mitglied der „Aktionsgruppe kritischer Redakteure" hatte er nicht nur ein Vetorecht in Personalfragen, sondern auch eine dezidiert kapitalismuskritische Ausrichtung des Augstein-Blattes gefordert und war daran gescheitert. Er verlies den *Spiegel* 1971 im Streit und wechselt zur in seinen Augen „linksradikalen"[629] *konkret*, wo zuvor bereits Neuhauser eingestellt worden war. Als einzige Bedingung hatte Gremliza von Röhl ein Redaktionsstatut gefordert: „Ich kann nicht irgendwo wegen fehlender Demokratie im Betrieb ausscheiden und dann irgendwo hingehen, wo die Verhältnisse noch autoritärer sind."[630]

So bekam *konkret*, die ohnehin bereits im Juli 1969 - noch vor Augstein - eine Gewinnbeteiligung für alle Redakteure eingeführt hatte, am 1. Januar 1972 eine „Redaktionsverfassung"[631]. „Ich war so schlau und dachte, dass - das ist eine der ewigen Illusionen der Menschheit - wenn ich mich an die Spitze der Bewegung setzte und mache selbst ein Redaktionsstatut, dann kann mir ja nichts passieren"[632], begründet Röhl den Schritt. Den Posten des Chefredakteurs schaffte er nominell ab, neben ihn als Herausgeber trat stattdessen - quasi als gleichberechtigter Chefredakteur - ein gewählter Produktionsleiter, der wie der Herausgeber über ein Vetorecht verfügt. Ein Veto konnte nur mit einer 2/3 Mehrheit der Redakteure überstimmt werden. *konkret* wurde damit zum ersten deutschen Zeitschrift mit vollem Mitbestimmungsrecht der Redaktion und Röhl zum wohl ersten Verleger, der sich selbst entmachtet hat - oder wie es seine Tochter Bettina ausdrückt:[633] „Röhl war plötzlich ein Ritter von der traurigen Gestalt im eigenen Laden."[634]

---

627 Vgl. Gremliza 2009: 1.

628 Vgl. Zeuner 1972: 157.

629 Gremliza 2009: 2.

630 Gremliza 2009: 2.

631 Die komplette Redaktionsverfassung wurde in Heft 26 abgedruckt (vgl. konkret 1971). Vgl. zur 1969 eingeführten Gewinnbeteiligung: konkret 1969: 3.

632 Röhl, Klaus Rainer 2009b: 28.

633 Vgl. U.A. 1973a: 98.

634 Röhl, Bettina 2007: 627.

Zum Produktionsleiter wurde erst Neuhauser gewählt, wenig später übernahm Gremliza das Amt. Zusammen mit Verlagschef Steffens überzeugte er Röhl, *konkret* ab Oktober 1972 zu einem Wochenmagazin zu machen. Neben politischen Ambitionen (*konkret* wollte der SPD bei der Bundestagswahl im November zum Sieg verhelfen) standen dahinter v.a. ökonomische Motive: „Steffens und ich hatten kalkuliert, daß wir bei wöchentlichem Erscheinen die Einnahmen verdoppeln und die Druckkosten senken könnten."[635] Möglich machen sollte dies eine drucktechnische Zweiteilung des neuen „Gegen-Spiegel[s]"[636]: Während der Umschlag und die Sex-Poster weiterhin im Foto-Tiefdruck hergestellt wurde, erschienen die Reportagen und aktuellen Berichte - sprich: der wirklich journalistische Teil - im billigen und v.a. schnelleren Zeitungsdruck. *konkret* sei damit „so aktuell wie sonst nur noch der ‚Spiegel'"[637], verkündeten sie den Lesern stolz.

Hermann Ludwig GREMLIZA (*1940 in Köln) studierte Geschichte, Philosophie und Politikwissenschaft und begann seine journalistische Laufbahn bei der von Augstein finanzierten Berliner Projektzeitschrift *Heute*. Danach arbeitete Gremliza als Redakteur beim *Spiegel*, zuletzt war er dort ab 1969 leitender Redakteur für deutsche Politik. Nach einer Auseinandersetzung um Fragen der Mitbestimmung und wechselte er 1971 als Redakteur zu *konkret*.
Nach deren Konkurs lieh er sich den Zeitschriftentitel *konkret*, den Klaus Hübotter aus der Konkursmasse ersteigert hat. Seit Oktober 1974 ist er Herausgeber, Verleger und Mitautor von konkret. Nebenbei versuchte er, das Satiremagazin *Pardon* wiederzubeleben. Es wurde jedoch 1982 eingestellt. Zuvor schon hatte Gremliza die Titelrechte von *Twen* erworben, sie aber später wieder verkauft.
Er war lange Zeit SPD-Mitglied, verließ die Partei jedoch 1989, nachdem die SPD-Bundestagsfraktion anlässlich der Grenzöffnung zwischen Ost und West im Bundestag stehend die deutsche Nationalhymne gesungen hatte.
1987 sorgte Gremliza für Schlagzeilen, als er behauptete, Günter Wallraffs *BILD*-Buch „Der Aufmacher" geschrieben zu haben (vgl. ausführlich: Knabe 2001: 211, Merseburger 2009: 331f)

Steffens und Gremlizas Milchmädchenrechnung ging dennoch nicht auf. *konkret* war trotz teuer Neuanschaffungen und Neueinstellungen nicht reif für die erste Zeitschriften-Liga:

> Die Kostenschere öffnet sich rapide, KONKRET gerät ins Schlingern. Die Linie verschwimmt, Buchhaltung und Verwaltung halten

[635] Gremliza 2009: 4.

[636] Piwitt 2009: 2.

[637] konkret 1972: 7.

nicht Schritt [....] Aggressiver Klassenkampf beherrscht die Redaktion. Die Folge: inhaltliche Stagnation. Die Auflage sinkt.[638]

Die Kombination von Gremliza als Produktionsleiter und Röhl als Herausgeber erwies sich zunehmend als schwierig: „während Röhl konzeptionell wie gehabt verfuhr, sich aber gleichzeitig mehr und mehr aus der praktischen Redaktionsarbeit zurückzog, wollte Gremliza - und mit ihm fast die ganze, im Laufe des folgenden Jahres größtenteils neu zusammengestellte Redaktion - die kommerzielle Seite zurücknehmen und statt dessen ein scharf profiliertes politisches Blatt machen"[639]. Gremliza und Neuhauser bezichtigten Röhl per Brief zudem, er arbeite nach den „Maximen eines Kräuterladens"[640] und habe das „Image des Blattes [....] durch unseriösen Journalismus in den Keller"[641] getrieben. Der derart Angegriffene antwortete rund eine Woche später: Es sei zutreffend „[d]aß ich die Zeitschrift nicht genügend energisch geleitet habe", seine Blattkonzeption sei jedoch „immer erfolgreich" gewesen. Der größte Teil der Leser, so verteidigte Röhl die „Massenlinie seines mit Haut und Haaren garnierten Druckwerks", erwarte eine „bunte Mischung"[642].

Daraufhin entband die Redaktionsversammlung Röhl am 30. März 1973 von seinen Rechten und Pflichten. Mit 12 Stimmen zu einer Gegenstimme und zwei Enthaltungen änderte die Redaktion die Statuten: „Die Produktionsleitung besteht aus einem Produktionsleiter, der von der Produktionskonferenz auf ein Jahr gewählt wird." Artikel 3b2, der Röhl einen der zwei Plätze in der als „Produktionsleitung" bezeichneten Chefredaktion einräumte, wurde ersatzlos gestrichen.[643] Erstmals feuerte in der Bundesrepublik eine Redaktion ihren Verleger. Als neuer Redaktionsleiter wurde Hermann Gremliza bestimmt. Klaus Rainer Röhl stellte die Redaktion ein Ultimatum: Bis zum 31. März 12 Uhr sollte er allen Beschlüssen zustimmen, ansonsten werde gestreikt.

---

638 Röhl, Bettina 2007: 627.

639 Siegfried 2006b: 539.

640 Gremliza/Neuhauser 1973: 9.

641 Gremliza/Neuhauser 1973: 8.

642 Röhl, Klaus Rainer 1973b: 10.

643 Vgl. Redaktionsversammlung 1973.

Röhl reagierte schnell und kündigte die vier Wortführer Hermann Gremliza, Peter Neuhauser, Werner Heine und Udo Hergenröder fristlos und erteilte ihnen Hausverbot. Er berief sich auf eine Klausel, wonach die Redaktionsverfassung gekündigt werden kann, wenn vier Nummern unter die Deckungsauflagen fallen - was damals zutraf. Als die übrigen Redakteure die Streikdrohung dennoch nicht zurücknahmen, kündigte Röhl 14 weiteren Mitarbeitern und erteilte auch ihnen Hausverbot. Die Entkapitalisierung von *konkret* schien vom Tisch; im Editorial von Heft 15 und 16 hieß es: „Verantwortlich für alle Artikel: Klaus Rainer Röhl".

Klaus HÜBOTTER (*1930 in Hannover) studierte nach dem Abitur Jura-, Biologie- und VWL Hamburg, Göttingen und Tübingen. Als 21-Jähriger trat er in die KPD ein und saß nach deren Verbot zwischen 1953 und 1957 mehrmals im Gefängnis. 1955 gründete er den *Studenten-Kurier*, wurde jedoch von Klaus Rainer Röhl während einer Inhaftierung aus dem Heft gedrängt. Im Mai und Juni 1956 brachte er die „Kommunistische Studenten-Information und Diskussion" heraus - eine Zeitung, die wie eine Ziehharmonika gefaltet war und deswegen den Spitznamen „Knittrifix" trug.

Seit 1964 arbeitet Hübotter als Bauunternehmer sowie Immobilienmakler und erwirtschaftete sich damit ein ansehnliches Vermögen. Er stieg 1973 bei *konkret* ein und ersteigerte nach dessen Konkurs die Rechte an dem Titel. Er lieh sie Hermann Gremliza, der seit 1974 wieder eine Zeitschrift namens *konkret* herausbringt. 1991 trat Hübotter aus der KPD-Nachfolgepartei DKP aus (vgl. ausführlich zur Biografie Hübotters: Groth 2007, Bleyl 2007, Hübotter 1992/1993/2009).

Das Hamburger Arbeitsgericht nahm Röhls Entscheidung jedoch zurück und setzte die Redaktionsverfassung wieder in Kraft, die fristlosen Kündigungen seien „nicht wirksam"[644], urteilten die Richter. Wohl oder übel musste Röhl mit den Redaktionsrebellen zusammenarbeiten. *konkret* wurde zu einer „Rakete, deren automatische Steuerung ausgefallen ist und deren Notsteuer von zwei sich erbittert bekämpfenden Parteien hin- und hergerissen wird"[645].

Bei der Druckerei Broschek und Auer stand *konkret* wenig später mit Wechselschulden von mehr als 200 000 Mark in der Kreide und blieb für die April-Gehälter seiner eigenen Belegschaft sogar Lohnsteuern und Sozialabgaben schuldig.[646] Das Blatt war am Ende; im Mai 1973 verkündet Röhl die bevorstehende Pleite.

644 U.A. 1973c.

645 Röhl, Klaus Rainer 1974: 445.

646 Vgl. U.A. 1973a: 98f.

Die vorübergehende Rettung bzw. „(Schein-)Lösung“[647] kam von unerwarteter Seite: Der Gründer des *Studenten-Kuriers*, Klaus Hübotter, der mittlerweile mit Immobilien Millionen erwirtschaftet hatte, investierte rund 1,5 Millionen Mark und übernahm von Röhl ein Drittel der *konkret*-Anteile. Als Grund für sein Engagement sagt Hübotter heute:

> Die Röhlsche Pleite 1973 erschien mir wie eine historische Gerechtigkeit, die sie ja auch war. Außerdem baten mich praktisch alle damaligen Mitarbeiter von *konkret*, die sich seinerzeit in härtestem Streit mit Röhl befanden, um diesen Wiedereinstieg. Was soll man machen, wenn einem fast 20 Jahre nach dessen Geburt das eigene, scheinbar für immer verlorene Kind, wieder vor die Füße fällt?[648]

Eine komplizierte Form der Gewinnbeteilung ermöglichte es den *konkret*-Mitarbeitern innerhalb von drei Jahren einen Drittel-Anteil ohne eigene Mittel zu übernehmen. Die verbleibenden 33,3 Prozent verblieben bei Röhl und seinem bisherigen 30-Prozent-Teilhaber Klaus Steffens. Alle wichtigen Entscheidungen konnten nur noch mit zwei Drittel Mehrheit gefällt werden. „Die Frage nach Siegern und Besiegten stellt sich nicht, denn gewonnen hat zuletzt das Blatt“, meldete die Redaktion. Röhl fühlte sich dennoch degradiert. Frustriert von den neuen Teilhabern schied er am 1. Juni als Geschäftsführer aus, gab Herausgeberschaft und Firmenanteil auf und verließ *konkret* im August 1973. Das Röhlsche Zeitalter bei *konkret* war endgültig beendet.

Ab Heft 37 erschien *konkret* ohne nackte Haut. Doch das Experiment „als sozialistisches Forum mit sozialistischer Alternativinformation und -agitation“[649] scheiterte. Die Auflage sank so stark, dass *konkret* nach Heft 42 eingestellt wurde. Am 20. November 1973 meldete der Zeitschriften-Verlag wegen Verbindlichkeiten in Höhe von rund zwei Millionen Mark Konkurs an.[650]

---

647 Gallus 2001: 237.

648 Hübotter 2009:

649 konkret 1973: 4.

650 Vgl. U.A. 1973a: 98.

5.12 Zwischenresümee III

Rückblickend betrachtet begann mit der Zahlungseinstellung der KPD an Klaus Rainer Röhl eine neue und erfolgreiche Ära von *konkret*. Befreit von den Vorgaben und gleichzeitig unter dem Druck, die Publikation am Kiosk zu verkaufen, versuchte der Blattmacher es mit der Röhlschen Mischung - jener „Gemengelage von Politik, Kultur, Zeitgeist, Beziehungskisten, Emanzipation, Jugendaufbruch und etwas Sex“[651], einer Mischung mit der Zeitschriften wie der *Stern* noch heute eine breite Leserschaft gerieren. Röhl traf damit den Puls der Zeit. Was der fast zeitgleich auf Sendung gehende *Beat-Club* im Fernsehen, war *konkret* auf Papier: Ein Auffangbecken für jene jungen und rebellischen Non-Konformisten, die Hollstein als „Revolutionäre des modernen Daseins“[652] bezeichnet und die für *Bravo* schon zu alt, für *twen* zu links und für den *Spiegel* zu unangepasst waren. Sie einte ein Aufbegehren gegen das autoritäre Spießertum sowie ein neues Körpergefühl - nämlich „ein[..] rauschhafte[s] Erleben, das ganz auf das Individuum ausgerichtet war [....] ganz auf eine gefühlsbetonte Grenzüberschreitung und imaginative Welterweiterung abzielend“[653]. Die Sex-Welle war geboren - und *konkret* war eines der ersten Medien, das darauf ritt. Die Auflage stieg parallel zum Anteil nackter Haut auf dem Titel - und fiel auch entsprechend, wie das Titelblatt zum Attentat auf Dutschke bewies.

Abbildung 6: Mit der Röhlschen Mischung zum Erfolg und zurück: *konkret*-Titelblätter (1964-1973). Quelle: *konkret* (Originale farbig).

Zwar war *konkret* beileibe nicht das einzige Blatt, das mit der massenmedialen Darstellung nackter Haut provozierte und damit den Verkauf ankurbelte: allein im Jahr 1965 zeigten 27 Titel von *Quick*, 28 der *Revue* und acht des *Stern* halbnackte Frauen.[654] Als Alleinstellungsmerkmal erwies sich jedoch die (anfängliche) Einbindung des Sexuellen in einen

651 Röhl, Bettina 2007: 473f.

652 Hallstein 1967: 417.

653 Hickethier 2003: 16.

654 Vgl. Glasenapp 2003: 139.

politischen Kontext. Während sich das Konkurrenzblatt *twen* 1964 von der politischen Berichterstattung gänzlich verabschiedete, verband *konkret* ab 1965 die „voyeuristische Faszination am Ehebruch im Allgemeinen und Dreiersex im Speziellen“[655] mit Politik und linkem Lifestyle. Mit seiner Mischung aus Sex und Revolution trug das Blatt damit nicht unerheblich zur Enttabuisierung von vorehelichem Sex bei und brachte das bisherige No-Go-Thema auf breiter Front in die Medien. *konkret* wurde zu einem Vorreiter der sexuellen Revolution.

Neben seiner Unterstützung für die Liberalisierung des Abtreibungsrechtes und die weite Verbreitung der Pille wandte sich *konkret* zudem gegen sexuelle Gewalt gegen Frauen („Irgend etwas muß passieren“[656]), womit die Zeitschrift schlussendlich bereits in den 60er Jahren die wichtigsten Themen der aufkommenden - zweiten - Frauenbewegung aufgriff.[657] Sie wurde zu einem der wenigen „Organe für Überlegungen, die man zur sexuellen Befreiung anstellte“[658], wurde jedoch trotz Autorinnen wie Ulrike Meinhof, Helge Sanders und der späteren Ober-Feministin Alice Schwarzer nie zu einem wirklich bedeutenden Blatt der Frauenbewegung.[659] Dafür war auch das Geschlechtergefälle in der *konkret*-Leserschaft zu extrem. Es war 1968 ähnlich dem einer Autozeitschrift: So waren 77 Prozent der Leser Männer[660]. Sie stellten auch in der Redaktion die große Mehrheit - und entsprechend gering war auch der Einsatz für Frauenthemen, wie Wolfgang Röhl sagt: „Wir waren Machos durch und durch. Und dieser ganze Feministenkram [....] hat uns nicht so richtig tangiert“[661]. Der „Anspruch von sexueller Befreiung und Darstellung der Verbindung von Erotik und Politik“ verkam auf lange Sicht „zu einem Nebeneinander von Pin-Ups und Nachrichten“[662] (vgl. Kapitel 5.2). Geradezu exemplarisch dafür steht Klaus Rainer Röhls Entscheidung, neben einen Pillen-Aufklärungsartikel das Bild einer knapp bekleideten „Nymphe“ zu platzieren - mit dem Hinweis „Das ist Fran. Sie

655 Herzog 2006: 104.

656 Luft 1968a: 17. Vgl. auch: Röhl, Wolfgang: 1969b.

657 Die Pille wurde anfangs von der Frauenbewegung noch als Mittel der Unterdrückung durch das Patriachat abgelehnt, schließlich aber „als beste Bundesgenossin in ihrem Bemühen, aus alten (Körper-)Fesseln freizukommen“ (Sichtermann 1996: 58) befürwortet.

658 Weißler 1986: 142.

659 Vgl. Schwarzer 1970.

660 Vgl. Arbeitsgemeinschaft Leseranalyse 1968.

661 Röhl, Wolfgang 2009: 4.

662 Weißler 1986: 141.

hat nichts mit der Anti-Baby-Pille zu tun. Obwohl sie einen Minirock trägt."[663]

konkret stand Mitte bis Ende der 60er Jahre geradezu sinnbildlich für den Geist der „Zeit der Restaurationsdämmerung"[664]. Die Ära Adenauer war gerade beendet. Stattdessen übernahm der Vater des Wirtschaftswunders, Ludwig Erhard, das Ruder, während auch Willy Brandt erste Schritte in der Bundespolitik wagte. Gleichzeitig wurde angesichts von Eichmann- und Auschwitzprozess die Frage nach den NS-Tätern virulent. Das politische Interesse der Bevölkerung stieg: Während sich 1959 nur 29 Prozent als politisch interessiert eingestuft hatten, waren es sechs Jahre später bereits 39 Prozent.[665] Gleichzeitig zogen die Mods, Rocker, Provos, Hippies und Gammler Einzug in den Alltag - und provozierten Geschmack und Toleranz der Elterngeneration.[666] Die Anzeichen für ein Aufbegehren der Jugend, für einen Kulturkampf, der schon bald ein Generationenkampf werden sollte, mehrten sich.

Den Weg für die spätere Studentenrevolte ebnete medial neben *twen* vor allem *konkret,* wobei das Röhl-Blatt „eine markante Linksaußenposition"[667] einnahm: Schon früh thematisierte das Blatt die Inhalte, die später die Gemüter der Jugend bewegen sollten: Neben der von der Mehrheit der Deutschen verdrängten Nazivergangenheit (die *konkret* v.a. als „Ausgangspunkt zur Beurteilung politischer Gegenwartsprobleme"[668] nutzte und damit bewusst oder unbewusst der Strategie Ost-Berlins folgte) waren dies die Notstandsgesetze, die verkrusteten Strukturen an den Ordinarienuniversitäten, das angebliche Springer-Monopol und die Befreiungskriege in der Dritten Welt - allen voran in Vietnam.

Von Beginn an begleitete *konkre*t auf diese Weise das Entstehen der Außerparlamentarischen Opposition und repräsentierte mit seiner Themenwahl bis 1969 „den revolutionären Zeitgeist"[669]. Redaktionsinterne Vorreiter und Trendsetter waren dabei die Journalistin Ulrike Meinhof, die in ihrer Kolumne den politischen Teil der 68er abdeckte und *konkret* so zu einem zeitkritischen Medium machte, und Stefan Aust, der wäh-

---

663 Luft 1966b: 11.

664 Merseburger 2009: 344.

665 Vgl. Noelle-Neumann/Peter 1967: 338 sowie ergänzend: Hoffmann/Sarcinelli 1999: 727.

666 Vgl. Baacke 1972: 22f.

667 Schütt 1968: 118 sowie ähnlich Meinhof et al. 1969: 5f.

668 Siegfried 2006b: 177.

669 Aly 2008: 218 (Fußnote 62).

renddessen die sexuelle und bewusstseinserweiternde Seite der Studentenrevolte beleuchtete und v.a. bebilderte.[670]

Aber war *konkret* deshalb auch eine der „wohl wichtigsten Zeitschriften der außerparlamentarischen Opposition“[671] oder gar *der* „Wortführer“[672] der studentischen Opposition? Die Antwort ist ein klares Jein: So repräsentierte die Leserschaft von *konkret* - also die Studenten - auf der einen Seite den Nukleus der Bewegung. Von ihnen bezeichneten sich 1968 23 Prozent als politisch sehr stark interessiert, während es nur 8 Prozent der Nichtstudierenden waren.[673] Als „Organ einer kritischen Jugendkultur“[674] bot *konkret* den Themen und v.a. auch den Protagonisten der APO ein Forum. Keine andere deutsche Zeitschrift zählte so viele APOisten zu ihren Autoren - mit Rudi Dutschke als prominentestem Beispiel. Von den Ideen der Theoretiker der APO hingegen, also den Vertretern der Frankfurter Schule wie Wolfgang Abendroth, Theodor Adorno, Max Horkheimer und Jürgen Habermas fand sich in *konkret* nur ein „banal dünne[r] Aufguß“[675]. Statt Marx, Mao und Marcuse thematisierte *konkret* die Spaßguerilleros der Kommune 1 („Erster Eindruck [....]: Bestialischer Gestank nach Exkrementen von Katzen.“[676]), die Demonstrationen und Aktionen, sprich: den schrägen und unterhaltsamen Teil der 68er - jenen Teil, der die „Kinder von Karl Marx und Coca-Cola“[677] interessierte: „Das Erfolgsgeheimnis [....] war [....] selbstverständlich eine von meinem Bruder eingeführte Mischung aus Unterhaltung, Sex und Politik. Auch schon damals wollten die Leute nicht diese endlosen Monologe von Dutschke mehr hören, als sie das bei Teach-Ins, Sit-Ins sowieso hatten. Die wollten schon linken Stoff, aber der sollte unterhaltsam kommen“[678], so Wolfgang Röhl. Die APO bzw. jenes „Ominosum, [...] schillernde[.], ja irrlichternde[.] Phänomen“[679] ‘68 wurde zum „Auflagenkatalysator“[680] von *konkret* und zeitgleich der Publizitätshöhepunkt Röhls.

---

670 Als zeitkritische Medien wurden diejenigen betrachten die sich nicht dem allgemeinen Medien-Konsens anschlossen, sondern „einen durchaus populären Kurs der Skandalisierung und regierungskritischen Berichterstattung einschlugen“ (Hodenberg 2006b: 143).

671 Röhl, Bettina 2007: 540.

672 Bohrmann 1975: 140.

673 Vgl. Wildenmann/Kaase 1968: 34f.

674 Doderer 1993: 556.

675 Sösemann 1999: 681.

676 Röhl, Klaus Rainer 1967b: 6.

677 So der Untertitel von Jean-Luc Godards (1965) Film „Masculin - Feminin“.

678 Röhl, Wolfgang 2009: 4.

679 Kraushaar 1998a: 311.

Auch wenn Zeitgenossen *konkret* eine bündelnde Wirkung attestieren („Die Linke war damals ein nach allen Seiten vagabundierender Haufen, und *konkret* fasste ihn, so gut es ging, zusammen“[681]), spielten sich die Debatten der Linken eher in Publikationen wie dem *Kursbuch* ab.[682] Eine Zeitung der Studentenbewegung sei *konkret* nie gewesen, betont auch Rainer Langhans: „Zeitung der Bewegung hieße ja, dass sie wirklich einen ernsthafteren Kontakt gehabt hätten, den hatte sie nicht. [....] Man kann sagen es war der *Stern* der Bewegung“[683]. *konkret* war ein Transmissionsriemen, der die hauptsächlich in Berlin stattfindende APO-Rebellion in die Dörfer und Kleinstädte brachte, wie Peggy Parnass meint: „*konkret* war *das* Blatt für Schüler, Studenten und junge Lehrer - und damit sehr erfolgreich. Das waren ja Multiplikatoren.“[684]

Die „Medienrevolte“[685] der 68er, also der „ein Kampf um den Zugang zur Öffentlichkeit, ein Kampf um Kommunikationsmittel“[686] ging jedoch auch an *konkret* nicht spurlos vorbei. Dies schlug sich in Inhalt und Methode der Berichterstattung nieder. So entstand auch in *konkret* - wenn auch in beschränktem Umfang - eine Art Gegenöffentlichkeit dahingehend, dass im Sinne von Scholl (2005) Informationen und Meinungen publiziert wurden, die im vorherrschenden- oder wie Enzensberger später meinte, „repressiven Mediengebrauch“[687] unterblieben. Lange bevor mit *Tempo* das „Zentralorgan des deutschsprachigen New Journalism“[688] gegründet wurde, fand sich dieser bereits in *konkret*.

Ulrike Meinhof war es schließlich, die 1969 vergeblich versuchte, *konkret* zu einem antikommerziellen Gegenmedium zu machen. Ihr Ex-Mann, der vermeintliche Kapitalist und Pornokrat, sollte im Zuge einer „Expropriation der Expropriateure“[689] enteignet, *konkret* zu einem Medium der politischen Gegenpresse a la *Linkeck, Agit 883, Pflasterstrand* oder *Stadtanzünder* werden[690]. Die Rosa Luxemburg der Neuen Linken, deren

---

680 Ditfurth 2009: 243.

681 Piwitt 2009: 1.

682 Vgl. ausführlich zum *Kursbuch*: Kube 2008.

683 Langhans 2009: 5.

684 Parnass 2009: 3.

685 Kraushaar 2000: 338.

686 Stamm 1988: 22.

687 Enzensberger 1970: 160.

688 Pörksen 2004: 308.

689 Siegfried 2006a: 65.

690 Vgl. Thomas Daun (1975) unterscheidet zwei Arten von Gegenmedien: Politische Gegenpresse wie *Linkeck, Agit 883, Fizz, Stadtanzünder* und Untergrundpresse, die unpolitisch ist und ausschließlich literarisch-künstlerische Zielsetzungen vertritt.

Rhetorik sich schon lange von Empörung zu Protest und von Protest zu Widerstand gewandelt hatte, scheiterte jedoch. Sie geriet ebenso wie *konkret* in den „Desillusionierungs- und Fragmentierungssog der Studentenbewegung“[691] - mit dem Unterschied, dass sie den Weg der Gewalt und ihre ehemalige publizistische Heimat hingegen den Weg der Fraktionierung ging.

So spiegelte sich die Aufsplitterung der ehemaligen Massenbewegung APO auch in *konkret* wieder: „In dieser Zeit war unsere Zeitschrift kein Organisator, noch weniger ein Führer, sondern ein richtungsloser Spiegel der Bewegung: Vernünftige Reformer, sozialistische Pragmatiker, Steine- und Drogenapostel erhielten darin wechselweise das Wort“[692] - oder wie es Rühmkorf ausdrückte: *konkret* wurde zu einem „Sammelbecken vieler aus unterschiedlichen Beweggründen mit der anstehenden Gesellschaft Zerstrittener“[693].

Als Meinhof 1970 zur Terroristin wurde, begann Röhls Kampf gegen „Pseudolinke, Drogenverharmloser und Anarchoflipper“[694] und damit die Abkehr von seiner ehemaligen Klientel. Er wurde zum Buhmann der linken Subkultur. Als die Auflage sank, versuchte Röhl, den Erfolg von 1964 zu wiederholen und trieb die Sexualisierung von *konkret* noch weiter voran. Sex in allen erdenklichen Formen in Wort und Bild, bestimmte ab 1970 das Heft. Wohl auch bedingt durch die Übernahme zahlreicher ehemaliger Leser der zeitgleich eingestellten *twen* gelang ihm der kurzfristige Erfolg mit einer Auflage von 173 000 im Jahr 1971. „Das Verkäufliche an *konkret* waren die bunten Onanierhilfen, die Sexgeschichten, die ‚Hilfe-ich-bekomme-ein-Kind‘-Artikel, die Titten und die Ärsche. Sowas gab es am deutschen Kiosk noch nicht“[695], so Gremliza. Je höher die Auflagenzahl stieg, desto tiefer sank jedoch das Ansehen bei den Linken. Bei Autoren wie Peggy Parnass mehrten sich Befürchtungen, das Blatt wandle sich zu einem reinen „Wichsblatt“[696]. Autoren wie Wallraff oder Piwitt blieben Röhl dennoch treu - auch wenn dies nach Meinung Gremlizas nicht mehr viele Leser wahrnahmen: „Daß hinter dieser Fassade, im Innern des Blattes, immer auch noch politisch bedeut-

691 Siegfried 2006b: 533.

692 Röhl, Klaus Rainer 1998: 240.

693 Rössler 1998a: 81.

694 Röhl, Klaus Rainer 2009a: 154.

695 Gremliza 2009: 3.

696 Parnass 2009: 4.

same Beiträge [....] erscheinen, muß dem Käufer des Blattes fast schon als Etikettenschwindel erscheinen."[697]

Mit Gremliza und Neuhauser erreichte 1971 bzw. 1972 die Statutenbewegung *konkret* (wie viele andere Redaktionen auch). Ihre Vertreter hinterfragten Hierarchien sowie Machtpositionen, forderten mehr Mitbestimmung und v.a. Redaktionsstatute, in welchen diese festgeschrieben ist. Ihr Versuch, *konkret* zu einem „Anti-Spiegel"[698] zu machen, scheiterte jedoch. Die Auflage knickte ein. Es kam zum Eklat und dem Versuch, Röhl endgültig zu entmachten. Er scheiterte ebenso wie auch Röhls Bemühung, die Unruhestifter aus dem Blatt zu entfernen. Unter den persönlichen Animositäten litten letztendlich v.a. das Blatt und die Auflage. Selbst die siebenstelligen Investitionen des ehemaligen *Studenten-Kurier*-Gründers Hübotter hielten *konkret* nur kurzfristig weiter am Leben. Die komplette Abkehr von nackter Haut - vom *Spiegel* als Beendigung der „die kompromittierende Koexistenz von Marx und Mäuschen"[699] gefeiert - brachte *konkret* letztlich nach 16 Jahren den Konkurs.

---

697 Gremliza 1987: 135.

698 Gremliza 1987: 147.

699 U.A. 1973a: 98.

6 Gesamtresümee: Die Zeitschrift *konkret* als Spiegel der Zeit

Im folgenden Kapitel sollen mehrere Analysestränge getrennt voneinander betrachtet werden. Denn blickt man auf die 16- bzw. bei Inklusion der Vorgängerblätter 23-jährige Geschichte der Röhlschen *konkret* ist dies ein deutlicher Beleg für Haackes 1961 aufgestellte These von der Zeitschrift als „Schrift der Zeit“[700]. So spiegelt sich in *konkret* exemplarisch der gesellschaftliche Wandel Westdeutschlands wieder. Damit jedoch nicht genug: An der Historie des Blattes lässt sich zudem ein großer Teil des Wandels in der Zeitschriftengestaltung, der Umbrüche im Medienmarkt und der Entwicklungen sowie evolvierender Verhältnisse innerhalb der deutschen Linken ablesen.

6.1 *Konkret*er Medienwandel: Von der Tiefe in die Breite

Während die meisten der in den 50er Jahren bestehenden Zeitschriften Westdeutschlands in der Lizenzierungsphase der unmittelbaren Nachkriegszeit oder nach 1949 von einem Altverleger gegründet wurden, ging der Gründung von *konkret* im Jahr 1957 bzw. vorhergehend des *Studenten-Kuriers* im Jahr 1955 eine anders geartete Entwicklung voraus: Nachdem einige der studentischen Redakteuren bereits die Flugblatt-Zeitschrift *Der Untertan* herausgegeben hatten, entstand im Umfeld einer Gruppe pazifistisch-kreativer Hamburger Studenten die Zeitschrift *Zwischen den Kriegen*, die mit ihrer inhaltlichen und gestalterischen Konzeption sämtliche Merkmale - nämlich das Querdenkertum, das elitäre Selbstverständnis, der niedrigen Auflage und den verhältnismäßig weiten Erscheinungsabstand - einer politischen Kulturzeitschrift erfüllte.[701]

Im Anspruch war es ein Blatt für einen kleinen, elitären Kreis - entwickelt von einer Avantgarde, die sich selbst auch so wahrnahm und die - so Habermas' Avantgarde-Definition - als „Kundschafter in unbekanntes Gebiet vorstößt, die sich den Risiken plötzlicher, schockierender Begegnungen aussetzt, die eine noch nicht besetzte Zukunft erobert, die sich orientieren, also eine Richtung finden muß in einem noch nicht

[700] Haacke 1961.

[701] Vgl. zu den genauen Charakteristika von politischen Kulturzeitschriften und anderen Zeitschriftentypen: Straßner 1997: 14f.

vermessenen Gelände"[702]. Das noch nicht vermessene Gelände, das die *ZdK*-Macher betraten, war künstlerisch gesehen der Expressionismus und im politischen Bereich die offene Kritik an der Adenauer-Regierung. Da Letztere im Klima des Kalten Krieges schnell mit kommunistischer Propaganda gleichgesetzt wurde, zählten die jungen Blattmacher zu einer „ebenso hoch motivierten wie gefährdeten »Vorhut«, die dem »Gros« erst den Weg bahnt"[703]. Die Autoren - allen voran die Lyriker Riegel und Rühmkorf - sahen sich dabei in einer Traditionslinie mit der radikalisierten Boheme der 20er Jahre - und damit mit Blättern wie der *Weltbühne* und dem *Sturm*.[704] Ihre Angst vor dem Dritten Weltkrieg drückte sich in der von ihnen begründeten Stilrichtung des „Finismus" aus.

Noch bevor Begriffe wie „Alternativpresse"[705], „andere Medien"[706], „Bewegungsmedien"[707], „citizen media"[708] oder „counter-hegemonic journalism"[709] überhaupt aufkamen, erfüllte *ZdK* die Hauptmerkmale von Alternativmedien, wie Weichler sie einschlägig definierte: „Zur Alternativpresse zählen Zeitschriften und Zeitungen, die von demokratisch strukturierten Redaktionskollektiven in selbstverwalteten Betrieben nach dem Kostendeckungsprinzip, das heißt ohne Profiterzielung und unter Verzicht auf Anzeigen produziert werden. Bei in der Regel periodischer Erscheinungsweise verfolgen sie das Ziel der Herstellung von Gegenöffentlichkeit zur traditionellen Presse."[710]

Mit Abstrichen galt dies auch für die Zeitschriften *Plädoyer* und *Studenten-Kurier*, welche die Entwicklungslinie von *konkret* begründeten, sowie für *konkret* selbst bis ins Jahr 1964. Genau genommen sind diese Publikationen jedoch der Parteipresse zuzuordnen - auch wenn sie eine Gegenöffentlichkeit im Sinne einer „gegen eine hegemoniale Öffentlichkeit gerichtete[n] Teilöffentlichkeit"[711] darstellten und „Arbeiten von ver-

702 Habermas 1990a: 35. Vgl. zur Selbstwahrnehmung der Redaktion: Röhl, Klaus Rainer 2009b: 10.

703 Clausen/Singelmann 1992: 455.

704 Vgl. ausführlich zu beiden Publikationen: Enseling 1962, Madrasch-Groschopp 1999 sowie Alms/Steinmetz 2000.

705 Vgl. Dorsch 1982.

706 Vgl. Weichler 1987.

707 Vgl. Hollstein 1970.

708 Vgl. Rodriguez 2001.

709 Vgl. Harcup 2003.

710 Weichler 1987: 151f. Vgl. zur Thematik der Alternativpresse auch: Eurich 1981: 11 und Straßner 1997: 23f.

711 Krotz 1998: 653.

gleichbarer Schärfe in so exponierter Position nicht auszumachen“[712] waren. Letztlich waren sie jedoch getarnte Presseorgane der verbotenen KPD, die ganz im Sinne Lenins als „kollektiver Agitator, Propagandist und Organisator“[713] wirken sollten - und dies auch taten. Der nonkonformistische Habitus der Hefte, „der über dem vermeintlichen Spießertum des traditionellen Konservativismus und der befriedeten Sozialdemokratie stand und sich auch vom Stalinismus distanzierte“[714] diente dem heimlichen Financier in Ostdeutschland lediglich zur Vertuschung der wahren Finanzierung. So wirkte das Blatt nach außen wie eine typische Avantgarde-Zeitschrift - mit geringer Auflage und einem elitären Leserkreis.

Nur die klandestine Geldquelle in Ost-Berlin gewährleistete die dauerhafte Etablierung des *Studenten-Kuriers* und von *konkret* während einer aus medienökonomischer Sicht v.a. von Konzentration und Titelschwund geprägten Zeit.[715] So erreichte *konkret* bereits 1960 auf dem begrenzten und insbesondere politisch eher konservativen Studentenzeitschriften-Markt größte Verbreitung.[716] Seinen von den Lesern geschätzten Nonkonformismus konnte sich das Blatt leisten, da es nicht - wie etwa die Jugendblätter *Bravo, Okay* und *Rave* von Werbung bzw. dem Kioskverkauf abhängig war. Diese scheinbare Unabhängigkeit erkauften sich die *konkret*-Macher jedoch mit der Abhängigkeit von den KPD-Kadern im Osten. Es wirkt daher wie ein Treppenwitz der Wissenschaftsgeschichte, dass sich Enzensberger These, dass es keine reine unmanipulierte Wahrheit gibt, sondern sich letztlich nur die Frage stellt, wer manipuliert, damit genau bei dem Blatt bestätigte, für das er selbst arbeitete.[717]

Dies änderte sich im Jahr 1964 schlagartig, als Ost-Berlin die Zahlungen einstellte. *konkret* musste sich nun am Kiosk gegen Zeitschriften wie die 1959 bzw. 1962 gegründete *twen* und *Pardon* behaupten, die ein ähnliches Lesersegment ansprachen. Innerhalb von zwei Monaten machte Röhl aus der politisch-literarischen Avantgarde- bzw. Rundschau-Zeitschrift *konkret* die linke, zeitkritische und v.a. populärkulturelle sowie Illustrierten-

---

712 Rössler 1998a: 86.

713 Lenin, zitiert nach Staritz 1984: 1798.

714 Siegfried 2006b: 299.

715 Vgl. Kötterheinrich 1965.

716 Vgl. Demoskopisches Institut Allensbach 1961: 10-19. Vgl. zum Studentenzeitschriften-Markt: Bohrmann 1975: 123-160.

717 Vgl. Enzensberger 1970: 166.

ähnliche *konkret*.[718] Der Strategiewechsel war erfolgreich. Die Auflage verdoppelte sich innerhalb eines Jahres, wobei dies nicht zuletzt einem allgemeinen Popularitätsschub zeitkritischer Medien geschuldet sein dürfte.[719] In der Folge vollzog sich auf dem deutschen Medienmarkt ein genereller Linksruck. Die Rede war gar von Medien als „Monopolen der Linksintellektuellen"[720].

Das mediale Marketingprinzip von *konkret* wurde die Provokation - mit scharfer Regierungskritik, dem bewussten Brechen gesellschaftlicher Tabus und dabei v.a.: nackter Haut. So zeigte *konkret* als erste Publikumszeitschrift Westdeutschlands Brustwarzen auf dem Titelblatt[721]. Blattmacher Röhl hatte die Zeichen der - sexuell revoltierenden - Zeit erkannt und auf die mediale Ebene übertragen. *Stern*-Chef Henri Nannen machte sich die Idee innerhalb weniger Jahre zu Eigen, erhob sie zur Blattmaxime und begründete den bis heute andauernden Erfolg des Blattes: „Gehört nicht beides zu dieser Welt? Gehört der Popo der Bardot, den ich auch ganz gern ansehe, nicht genauso dazu wie die Frage, ob Schröders Außenpolitik richtig oder falsch ist?"[722]

Zusammen mit dem Konkurrenten *twen* erfüllte die von der Avantgarde- zur Massenzeitschrift mutierte *konkret* die Nachfrage nach einem „Magazin[.] für die zunehmend kaufkräftige, konsum- und freizeitorientierte, an internationalen Trends interessierte Generation um die 20 Jahre"[723], wobei *konkret* den politisch sensibilisierten und nonkonformistischen Teil dieses Lesersegments ansprach, wie die ehemalige *konkret*-Autorin Heike Doutiné bestätigt: „Es war die einzige Zeitung, die von jungen Leuten gelesen wurde.[....] Wir waren ein bisschen radauiger und lauter. Da war das die richtige Zeit."[724]

Das Röhl-Blatt nutzte die aufkommende APO und deren führende Köpfe, die als Redakteure gewonnen wurden, als Auflagenkatalysator und trug gleichzeitig zur Verbreitung der Ideen der außerparlamentarischen Opposition bei. Diffusionstheoretisch gesprochen, stellte *konkret* nicht die APO-Avantgarde, sondern eher die die so genannten frühen Überneh-

---

718 Vgl. zum zur Avantgarde-Zeitschrift synonym verwandten Begriff der „Rundschau-Zeitschrift" ausführlich: Stöber 2004: 280-291.

719 Vgl. Hodenberg 2006a: 369. So stieg zeitgleich auch die Auflage von *Spiegel* und *ZEIT*.

720 Studnitz 1967.

721 Vgl. Rössler 1998a: 86.

722 Nannen, zitiert nach Schrieber 1999: 272. Vgl. auch: Gremliza 2009: 3.

723 Koetzle 1995: 17.

724 Doutiné 2009: 6.

mer dar.[725] Sie half als Multiplikatormedium der Innovation APO zum Durchbruch, indem sie sie in der v.a. nicht-berlinerischen Gesellschaft und hier v.a. der Jugend verbreiteten. *konkret* benutze die APO - und umgekehrt. Die Politik der Studentenbewegung wurde von *konkret* publiziert und interpretiert, was schlussendlich wiederum auf die Massenbewegung zurückwirkte. Zwischen APO und *konkret* bestand also eine deutliche Interdependenz.

Austs Diktum von '68 als einer Revolte „mit den Medien, gegen die Medien, vor den Medien"[726] bestätigte sich auch insofern, dass die APO auch die *konkret*-Redaktion erreichte. Der Verleger und Chefredakteur Klaus Rainer Röhl erschien den APO-Aktivisten als einseitiger Profiteur, der „linke Politik vermarktet, für die andere ihre Köpfe vor die Polizeiknüppel gehalten hatten"[727] - ein Vorwurf, mit dem sich in leicht abgewandelter Form einige Jahre später auch Alice Schwarzer konfrontiert sah.[728] Als Organ, das über die APO berichtet, kam bei radikalen Studentenbewegten schnell die Forderung auf, das Blatt zu einem Organ der APO zu machen und quasi in den Dienst einer Gegenöffentlichkeit „gegenüber einer von Massenmedien und politischen Autoritäten manipulierten Öffentlichkeit"[729] zu stellen. Ähnlich wie beim *Sender Freies Berlin* Sendezeit für die APO verlangt wurde, wollte die APO unredigierten Platz oder gleich die Kontrolle über das Blatt. Klaus Rainer Röhl wehrte dies jedoch erfolgreich ab und so entzog sich *konkret* dem Trend linker Blätter, „deren Funktion sich zumeist auf die Verkündigung der eigenen organisationspolitischen Vorstellungen und programmatischen Zielsetzungen reduzierte"[730]. Im Gegensatz zu Publikationen wie *Charly Kaputt, Oberbaumblatt, Peng, Fizz, Linkeck* oder *Agit 883,* blieb *konkret* zum Ärger vieler APO-Aktivisten eine „reine Kommerzgeschichte"[731]. Der Versuch, die Zeitschrift zu einer frühen Alternativpresse zu machen, scheiterte an Röhl.[732]

---

725 Vgl. Rössler 1998b: 11 mit Bezug auf: Rogers 1983..

726 Aust 1993: 81.

727 Aust 1994: 84.

728 Vgl. Mika 1999: 209.

729 Stamm 1988: 40. Vgl. einschlägig zu Gegenöffentlichkeit: Krotz 1998: 653.

730 Brüseke/Größe-Ethinghaus 2000: 12.

731 Langhans 2009: 3. Vgl. ausführlich zur *Oberbaumzeitung*: Sösemann 199: 673 sowie zu *Agit 883*: Baumann 1977: 55f..

732 Die Gründung des Kursbuchs 1968 gilt als Geburtsjahr der Alternativpresse, die 1973 ihren ersten Höhepunkt erreichte und als deren prominentestes Überbleibsel heute die taz anzusehen ist (vgl. Weichler 1983: 22 sowie allgemein zur Alternativpresse: Emig/Engel/Schubert 1980).

Das Prinzip „Gegenöffentlichkeit" äußerte sich allemal dadurch in *konkret*, dass es dem engagierten Redaktionsteam gelang, „Themen auf die öffentliche Tagesordnung zu setzen, bevor sie andere (auch andere Medien) aufgegriffen hatten"[733]. Mehr wollten die Macher auch nicht: „Dass es nur eine Öffentlichkeit geben sollte, die sich dadurch definierte, dass sie nur noch ihre eigenen Leitsätze und Glaubensbekenntnisse aufschrieb und die ungefiltert abdruckte, das war eine Strategie, die mir nicht zusagte und meinem Bruder, der zu entscheiden hatte, schon gar nicht, deswegen fand die bei uns nicht statt."[734] Vielmehr bildete *konkret* die diversen Stränge und Auswüchse der Nachkriegslinken ab und machte deren Themen allmählich auch für bürgerliche Medien hoffähig.

Inhaltlich hielt mit der APO ein neuer journalistischer Stil Einzug bei *konkret*. Der Neue Journalismus bzw. *New Journalism* setzte sich vom bis dahin gängigen Ideal des distanzierten Berichterstatters ab und war stattdessen gekennzeichnet durch: „ein ‚zeitgeistiges' Thema, emotionelles Eingehen auf die Protagonisten, Darstellung aus der ‚Innenperspektive", Verwendung einer ‚authentischen' Sprache, Widersetzung gegen sprachliche und grammatikalische Konventionen etc."[735] Was *konkret* schon früh begonnen hatte, setzte sich in den Folgejahren auch in anderen Medien fort: So stieg die Zahl der politischen Fernsehmagazine, der *Spiegel* druckte sozialkritische Unterpriviligierten-Reports und der konservativ-konformistische *Bayerische Rundfunk* brachte ein Sonntagshörbild über „Erfahrungen mit dem Rauschgift LSD".[736]

Mit dem Niedergang der APO, deren Ideen *konkret* „wie ein Scharnier"[737] weitergegeben und davon in Form reißenden Absatzes profitiert hatte, sank jedoch auch die Auflage der Zeitschrift. Die weitere Sexualisierung des Heftes, das zumindest rein äußerlich immer mehr das Aussehen eines Pornoheftes annahm, brachte nur vorübergehende Besserung. Zwar entsprach das skurrile „Nebeneinander von publizistischer Seriosität auf der einen und dumpfem Bedienen voyeuristischer Leserbedürfnisse auf der anderen Seite"[738] dem weit verbreiteten Prinzip moderner Illustrierter („Gleichzeitigkeit von Unverträglichem"[739]), dem Konzept

733 Rössler 1998a: 81.

734 Röhl, Wolfgang 2009: 5.

735 Wallisch 1995: 50.

736 Vgl. Hodenberg 2006b: 139.

737 Röhl, Klaus Rainer 2009b: 25.

738 Glasenapp 2003: 139.

739 Holzer 1966: 349.

war mit der allgemeinen Liberalisierung jedoch das Provokations- bzw. Innovationspotential abhanden gekommen.

Gleichzeitig erreichte mit leichter Verzögerung auch *das* medienpolitische Thema der späten 60er Jahre, nämlich die Statutenbewegung, die *konkret*-Redaktion. Es handelte sich dabei letztlich um eine Nachwirkung von '68. Erstmals wurden auch innerhalb der deutschen Redaktion die kapitalistischen Medienstrukturen hinterfragt und gemäß dem Schlagwort von der inneren Pressefreiheit mehr Rechte und Pflichten gegenüber dem Verleger gefordert. Die Bewegung hatte 1968 bereits den Suhrkamp-Verlag, 1969 den *Stern* und den *Spiegel* erreicht - 1971 folgte dann *konkret*.[740] Herausgeber Klaus Rainer Röhl gestand der Redaktion dabei soviel Macht zu, wie noch kein anderes Medium zuvor - und bezahlte dafür schlussendlich mit seiner vollkommenen Entmachtung.

Die neuen Herren im Hause *konkret*, allen voran Gremliza und Neuhauser, versuchten, aus *konkret*, die mittlerweile ohnehin schon eine linke General-Interest-Zeitschrift war, ein Nachrichtenmagazin links vom *Spiegel* zu machen.[741] Sie folgten damit dem generellen Trend der so genannten Rundschaublätter hin zum Nachrichtenmagazin für das breite Publikum.[742]

Entsprechend der neuen Blattlinie verbannten sie ab 1973 sämtliche Nuditäten aus dem Heft - „eine glatte Fehlentscheidung“[743], wie Gremliza rückblickend sagt. „Die Bedeutung der Arsch- und Titten-Seiten für den Verkaufserfolg ging zwar kontinuierlich zurück, aber immer noch waren die Onanierhilfen das bedeutendste Verkaufspfund.“ Mit Verbannung der nackten Frauen aus *konkret* brach der Absatz von einem Heft zum nächsten ein. *konkret* ging Pleite - und reihte sich damit vorübergehend ein in die bis heute fast vollständig verschwundenen kulturpolitischen Rundschau-Magazine.[744]

740 Vgl. Kraushaar 2001: 344f, Zeuner 1972 und Schreiber 2001: 353.

741 Vgl. allgemein zur Klassifizierung beispielsweise in Zielgruppenzeitschrift oder General-Interest-Zeitschrift: Menhard/Treede 2004: 21.

742 Vgl. Stöber 2005: 289.

743 Gremliza 2009: 6.

744 Vgl. Stöber 2005: 280.

6.2 Von der Bleiwüste zur Illustrierten: Der gestalterische Wandel von *konkret*

Gestalterisch hatte *konkret* zuvor, also in den Jahren 1957 bis 1973, einen enormen Wandel durchgemacht: So glich die Zeitschrift anfänglich (wie der *Studenten-Kurier* auch) vom Layout her eher einer Zeitung denn einer Zeitschrift. Das Format war das einer Zeitung, das Papier ebenso und Fotos waren anfangs nur sehr vereinzelt und wenn überhaupt dann schwarz-weiß zu finden. Bis zum zweiten Relaunch im Jahr 1962 war von Setzkunst im Heft-Inneren wenig zu sehen. Vielmehr glich *konkret* einer (immerhin in moderner, serifenloser Brotschrift gehaltenen) Bleiwüste im Schachtelumbruch - lediglich aufgelockert durch die älteste Form der Infografik, nämlich Landkarten (die allerdings noch handgezeichnet waren).[745]

Ausschließlich die Titelblätter spiegelten die aktuellen Trends der Zeitschriftengestaltung der 50er Jahre wieder: „Durch die Einführung großflächiger Farbphotographie, angeschnittener Schriftbilder, Collagen und innovativer Typographie wurde das Layout freier. Photographien wurden beschnitten, um dramatische Effekte zu erzielen."[746] Das spartanische und für damalige Zeit ungewöhnliche Layout war dabei weniger einem speziellen Avantgarde-Begriff der Zeitschriftenmacher, als den technischen und finanziellen Umständen geschuldet. Für farbigen Fotodruck und Hochglanzpapier fehlte schlichtweg Geld, für die Umstellung auf ein kleineres Format die passende Druckmaschine.

Erst als Röhl und Meinhof 1962 allmählich mit dem Kioskverkauf liebäugelten, setzten sich die bis dahin unbeachteten Trends des Zeitschriftenlayouts auch bei *konkret* langsam durch. Es wurde auf den hochwertigeren und v.a. (zumindest auf dem Umschlag) vierfarbigen Kupfertiefdruck umgestellt, der Weißraum erhöht und die Text-Bild-Relation zugunsten des Bildes verschoben.[747]

Als sich *konkret* ab 1964 gänzlich auf dem freien Markt behaupten musste, wurde die Seitengröße reduziert und ein modernes Zeitschriftenlayout hielt allmählich Einzug. Das Foto als „das wesentliche Element der Kommunikationsmedien"[748] fand in Form angeschnittener Doppelseiten

---

745 Vgl. zum Schrifteinsatz im Zeitschriftenlayout: Brielmaier/Wolf 1997: 195-220.

746 Grossman 1992: 18.

747 Vgl. Straßner 1997: 33. Vgl. zu Verbesserung der Reproduktionstechniken und deren Auswirkungen auf das Layout auch: Brielmaier/Wolf 1997: 112.

748 Eskildesen 1985: 9.

und längerer Bildstrecken zunehmend Beachtung. *konkret* näherte sich damit auf der einen Seite dem Erscheinungsbild zeitgenössischer Illustrierter wie *Quick* und *Stern*, auf der anderen Seite (beispielsweise durch die Umrandung auf dem Titelbild) dem Layout von Nachrichtenmagazinen wie dem *Spiegel* und *Time* an. Ebenbürtig wurde die Zeitschrift jedoch keinem der beiden Layoutkonzepte - nicht zuletzt, da aus Kostengründen bis 1971 im Heft-Inneren weiterhin schwarz-weiß gedruckt wurde.[749]

So hatte sich das Innovationspotential von *konkret* bis 1964 auf den Inhalt beschränkt. Erst Mitte der 60er Jahre setzte das Blatt mit der allmählichen Zuwendung zu nackter Haut einen wichtigen Layout-Impuls. War nackte Haut in Zeitschriften bis dahin ein Tabu, folgten ab Mitte der 60er Jahre neben den späteren Po-und-Busenblätter *Spontan*, *Quick*, *Revue* und *Neue Illustrierte* auch Zeitschriften wie *Constanze* und *Eltern* mit leichter bekleideten Frauen als Verkaufsanreiz.[750] Sex auf dem Titel - oft als „Visitenkarte einer Zeitschrift"[751] bezeichnet - verkaufte sich, auch wenn die *konkret*-Autoren damit nicht immer zufrieden waren („Ich hätte lieber andere Cover gehabt, aber dann hätte es kein Mensch gekauft."[752]).

Dem Motto der Alternativzeitungen „Der Inhalt ist alles, die Form dagegen nichts"[753] widersetzte sich *konkret* damit erfolgreich. Gleichzeitig wurde Blattmacher Klaus Rainer Röhl immer mutiger: Waren es anfangs lediglich verschämte Po- und Brustansätze, versuchte *konkret* bis 1972 zunehmend „die Grenzen des öffentlichen Geschmacks auszuloten"[754]. Der 1971 eingeführte Farbdruck des mittlerweile 60-seitigen Blattes blieb bis zu seiner Einstellung den nudistischen Inhalten, wie dem Nackt-Centerfold, vorbehalten.Journalistische Beiträge wurden nach wie vor in Schwarz-Weiß bebildert.

---

749 Als „reinrassige" Illustrierte galten 1966 nur die *Bunte Illustrierte*, die *Neue Revue*, *Quick* und der *Stern*. Vgl. ausführlich zur Abgrenzung von Illustrierten zu anderen Publikationen: Marckwardt 1982: 4f.

750 Vgl: Hartung /Schlüter 1990.

751 Brielmaier/Wolf 1997: 167.

752 Parnass 2009: 4.

753 Holtz-Backe 1999: 334.

754 Rössler 1998a: 86.

Abbildung 7: Vom Riesenformat zur handlichen Illustrierten: Größenentwicklung von *konkret* (1957-1974). Quelle: *konkret*, Grafik: Obermaier (Originale farbig).

Die Hochzeit aller Illustrierten neigte sich jedoch 1971 allmählich dem Ende zu - und das bekam auch *konkret* zu spüren.[755] Daran sollte auch noch mehr nackte Haut nichts ändern. Denn was 1965 noch ein Tabu und absoluter Hingucker im Zeitschriften-Regal war, war mittlerweile Alltag. Mit dem Plan, das Blatt als aktuelles Links-Nachrichtenmagazin auf dem Markt zu positionieren, ging 1972 die gestalterische Zweiteilung des Heftes einher: Um aktuell berichten zu können, wurde der nachrichtliche Teil des Blattes per (schnellem und billigem) Zeitungsdruck hergestellt, während Pin-Ups und Werbung weiterhin im (zeitaufwendigen und teureren) Hochglanzverfahren gedruckt wurde.

Den gestalterischen Trends hinkte *konkret* damit gerade in einer einsetzenden (zweiten) Modernisierungsphase der Publikumszeitschriften erneut hinterher.[756] Eine Zeitschrift im Zeitungsdruck war in Zeiten der Hochglanzmagazine *Stern* und *Spiegel* undenkbar - und entsprechend erfolglos.

6.3 Von Exi zu Sexy: Deutschlands Gesellschaftswandel im Spiegel der *konkret*

Wie nur wenige andere Zeitschriften zuvor verhalf *konkret* in den 50er, 60er und beginnenden 70er Jahren der „spontan sich erneuernden Aktualität des Zeitgeistes zum Ausdruck“[757]. So waren die 50er Jahre, in denen die Vorläufer von *konkret* und 1957 schließlich *konkret* selbst gegründet wurde, geprägt vom Wiederaufbau. In der Hurra-wir-leben-noch-

755 Vgl. Glasenapp 2003: 129.

756 Vgl. Zimmermann 2006: 29. Eine erste Modernisierungsphase verortet Zimmermann um 1900.

757 Habermas 1994: 34.

Generation war wenig Platz für Politik - auch wenn der Ost-West-Konflikt zur selben Zeit in seine erste Hochphase trat. In einer von der Avantgarde allgemein „schlecht bedienten“[758] Zeit zählten die Macher von *Untertan, ZdK, Plädoyer, Studenten-Kurier* und *konkret* zu einer sehr kleinen Minderheit, die schon früh vor einer neuen Eskalation warnte. Statt Wirtschaftswunder war Wiederbewaffnung das Thema der kleinen v.a. von Expressionismus und Existenzialismus geprägten Boheme, die der Subkultur der sogenannten Exis nahestanden. Die studentischen Blattmacher griffen damit einer Protestbewegung vor, die 1958 *en masse* auftrat und allmählich Teile aller Bevölkerungsschichten erfasste: Die Anti-Atomtod-Bewegung oder wie sie in Anlehnung an ihre Protest-Nachfahren genannt werden: die 58er. Was anfangs noch den „Hautgout des Unangepassten und Ausgegrenzten“[759] verströmte und gerade deswegen von *Studenten-Kurier* und *konkret* thematisiert wurde, wuchs allmählich zur ersten nachkriegsdeutschen Massenbewegung.

Dass die Studenten, denen Habermas und von Friedeburg noch Ende der 50er attestierten, überwiegend apolitisch (66 Prozent) und autoritätsgebunden (16 Prozent) zu sein, sich 1958 und 1959 gegen die antikommunistische Mainstream-Meinung auflehnten, ist mitunter der *konkret*-Gruppe innerhalb des SDS zuzurechnen.[760] Erstmals seit 1945 bildete sich auf den SDS-Konferenzen in Berlin und Frankfurt „ansatzweise eine studentische Gegenöffentlichkeit“[761], deren Breitenwirkung 1968 erst voll erkennbar wurde. Etwa zur gleichen Zeit, nämlich mit Beginn des Ulmer Einsatzgruppenprozesses, wurde die bundesdeutsche Gesellschaft mit ihrer Vergangenheit - der wie es der Historiker Heimpel erstmals 1960 formulierte: „unbewältige[n] Vergangenheit“[762] - konfrontiert. Schien es bis Ende der 60er Jahre so, als sei mit Hochkonjunktur und Vollbeschäftigung auch die NS-Zeit überwunden, brachen mit dem Eichmann-Prozess in Israel und dem Frankfurter Auschwitz-Verfahren die Zeit der großen Prozesse an. Allen übrigen Medien voran thematisierte *konkret* dabei die mangelnde Aufarbeitung der deutschen NS-Vergangenheit.

Das Blatt wurde zu einem Forum für alle, „die sich nicht als reaktionär verdächtigen lassen“[763] und verband die Aufklärung über die Vergangenheit mit der scharfen Mahnung vor einer Wiederholung - Anzeichen

---

758 Till 1995: 7.

759 Siegfried 2006b: 299.

760 Vgl. Kraushaar 1977: 253ff.

761 Fichter/Lönnendonker 2008: 84.

762 Heimpel 1960: 45f.

763 G.J. 1965: 12.

sah *konkret* mit der *Spiegel*-Affäre, den Notstandsgesetzen und der Remilitarisierung genügend: *konkret* traf damit den Nerv einer sich nach und nach politisierenden Gesellschaft und stieß mit seiner scharfen Gegenwartskritik v.a. bei den Studenten auf offene Ohren: So las bereits im Sommersemester 1962 mehr als jeder zweite Student *konkret*.[764] Letztlich bestätigte sich damit auch eine gesetzesähnliche Aussage der Kommunikationswissenschaft: „Medien entstehen dann (und als dauerhafte Institutionen nur dann), wenn gesellschaftlicher Bedarf für sie erwachsen ist (*Bedarfsgesetz*)."[765] Dieser Bedarf bestand in den späten 50er Jahren offensichtlich.

Zwar hatten *Studenten-Kurier* und die frühe *konkret* die vorherrschende Jugendkultur der 50er, also die Rock'n Roller und Halbstarken, nicht thematisiert, nach dem (finanziellen) Bruch mit der KPD spiegelte sich der radikale Wandel der Jugendkultur dafür umso stärker wieder. Mit einer Verjüngung der Redaktion weg von der Flakhelfer-Generation der Zeitschriftengründer zu den Nachkriegsgeborenen schwappte die Beatwelle auch in die Spalten von *konkret*.[766] Ähnlich wie z.B. der Verlag März oder die Konzertagentur Lippmann-Rau entwickelte sich *konkret* so zu einem der„entscheidenden Katalysatoren für die Ausbreitung ursprünglich gegenkulturell intendierter Praktiken"[767]. Frühzeitig leitete sie eine Entwicklung ein, die in 1967 und 1968 kulminierte. Das Blatt machte die Beatniks und Underground zum neuen Chic. Aus Subkultur wurde Massenkultur - und *konkret* gleichzeitig von einer „Zeitung für Einzelgänger, für kritische Einzelne"[768] zu einer Publikumszeitschrift.[769]

Die Jugend wollte nicht mehr hart sein wie Kruppstahl und zäh wie Leder; stattdessen breitete sich ein neues Körpergefühl aus. Allmählich begehrten die Nachkriegsgeborenen gegen die erotische Eiszeit der 50er Jahren auf - die sexuelle Revolution hielt Einzug bei *konkret* und wenig später der ganzen Jugend.[770] Das Blatt trug dabei zusammen mit *twen* wesentlich zur „Enttabuisierung des Eros"[771] bei. In Artikeln wie „Ist

---

764 Bohrmann 1975: 149.

765 Schmolke 2004: 245.

766 Vgl. hierzu auch Doutiné 2009: 3f.

767 Siegfried 2006a: 50.

768 Röhl, Klaus Rainer 1998: 14.

769 Vgl. ausführlich zu Charakteristika und Abgrenzung des Subkultur-Begriffs: Schwendter 1993 und Zimmermann 1984.

770 Der Ausdruck „Sexuelle Revolution" geht auf das gleichnamige Buch Wilhelm Reichs (1945, auf Deutsch: 1966) zurück. Ihren Höhepunkt erreichte die Sexuelle Revolution 1968 (vgl. Weißler 1986: 138).

771 Koetzle 1995: 14.

Ehebruch gesund?"[772] griff *konkret* die neuen Moralvorstellungen der Jugend („Wer zweimal mit der gleichen pennt, gehört schon zum Establishment") auf und thematisierte aber gleichzeitig deren absehbare Folgen: Frühehen, Baby-Boom und Abtreibungen.

Gleichzeitig spiegelten sich in *konkret* die Themen wider, die unruhige Zeiten in der Bundesrepublik versprachen: die Auseinandersetzung um Reformen an den Universitäten, die geplanten Notstandsgesetze und v.a. Vietnam - den ‚großen Katalysator' des Konflikts zwischen einer aufbegehrenden Jugend und ihrer als reaktionär wahrgenommenen Elterngeneration. Der Vietnam-Krieg, der auch in *konkret* breit behandelt wurde, „streute Dynamit in überlieferte Generationenkonflikte, sprengte Reste der Staatsloyalität auf, [....] lieferte das gesamte Arsenal der Legitimationsideologien des ‚freien Westens' dem historischen Mülleimer aus"[773] Zumindest Ende der 60er Jahre war *konkret* ein „Medium der ‚Öffentlichen Meinung'"[774] in dem Sinne, dass es die öffentlich werdende Meinung der Nachkriegsgeneration aufgriff.

Mit dem Tod Benno Ohnesorgs im Juni 1967 nahmen auch die Proteste der „Hippieyippieyeahmakelovenotwarandfuck&luck-Generation"[775] zu. Die Demonstrierenden forderten einen umfassenden Wandel von Staat und Gesellschaft. Die Kritik an der herrschenden Politik wurde immer heftiger und vielfach auch aggressiver - wie auch der Ton in *konkret*. An Widerstand und Protest in der „Period of noise"[776] zerbrach schließlich auch der Konsens der Nachkriegsgesellschaft. Zeitgleich strebte *konkret* seinem verlegerischen Höhepunkt entgegen.

Als sich Ende 1968 allmählich eine Krise der Studentenbewegung abzeichnete, schlug sich dies auch in *konkret* nieder. Das Blatt geriet wie die APO in eine Identitätskrise. „Als die APO sich in Parteien aufzugliedern begann, wurde das antiautoritäre Moment eines unter vielen anderen. Ein Teil der APO orientierte sich an der traditionellen Arbeiterbewegungs-Linken: Gewerkschaften, linke SPD, DKP, Volksfront. Zu denen zählten auch wir. In dieser Linken wollten wir publizistisch intervenieren."[777]

Parallel zum Auseinanderdivergieren der Bewegung wandte sich *konkret* vom bewaffnetem Kampf ab, den ein Teil von ihnen (u.a. auch die ehe-

---

772 Reiche 1968.

773 Siepmann 1986: 195.

774 Haacke 1961: 203.

775 Schroeder/Miller 1986.

776 Bell 1976: 122.

777 Gremliza 2009: 3. Vgl. zur KPD: Staritz 1984.

malige Chefredakteurin Meinhof) einschlug. Je mehr sich konkret von den Ideen der APO ab und der Pornografisierung zuwandte, desto mehr ehemalige Leser gingen verloren. Endgültig stürzte *konkret* im Jahr 1973 in die Krise - parallel zur Wirtschaftskrise. In dem Monat als auch der Ölpreisschock die Bundesrepublik erschütterte, nämlich im November 1973, ging das Blatt Konkurs.

6.4 Von den 58ern über die APO hin zur IPO: *konkret* und die deutsche Linke

Neben den gesellschaftlichen Umwälzungen spiegelt sich in *konkret* auch die Entwicklung der Nachkriegs-Linken im Kontext der deutschen Teilung wieder. Während nach dem Zweiten Weltkrieg in der Ostzone die beiden relevanten linken Parteien, nämlich SPD und KPD, zur SED zwangsvereinigt wurden, bestanden sie in Westdeutschland getrennt voneinander fort. Finanziert von der SED vertrat die West-KPD die inhaltliche Linie der Kominfrom und sollte auf eine Einheitsfront mit der SPD hinarbeiten.[778] Erschwert wurde ihr dies durch den strikten Anti-Kommunismus der Regierung Adenauer, zu dessen „revolutionäre[m] Sturz"[779] die Partei aufgerufen hatte. Die Unionsregierung beschloss 1950 ein Berufsverbot für alle KPD und FDJ-Mitglieder im Öffentlichen Dienst. Die Jugendorganisation FDJ wurde 1951 als verfassungsfeindlich verboten, 1956 folgte nach einem Verfahren, das „kaum heutigen rechtsstaatlichen Vorstellungen"[780] entsprach, das Verbot der KPD. Damit war Westdeutschland neben der spanischen Diktatur Francos das einzige europäische Land, in dem eine kommunistische Partei verboten war. Durch die Verbote nahm die Wichtigkeit der Tarnzeitschrift *Studenten-Kurier* bzw. *konkret* zu, die von KPD-Mitgliedern bzw. deren *Fellow Travellers* betrieben wurden.[781]

Als die Zeitschrift *Studenten-Kurier* gegründet wurde, war die West-Integration bereits weit fortgeschritten, Stalins Angebot eines neutralen, aber dafür vereinigten Deutschlands abgeschmettert, so dass *konkret* als publizistisches Kind der deutschen Teilung anzusehen ist. In der Zeitschrift und ihren Vorgängern spiegelt sich das Bemühen der illegal und

---

778 Vgl. Kubina 2001: 300.

779 Staritz 1984: 1673.

780 Schildt 2002: 19.

781 Als *Fellow Traveller* galt, wer mit dem kommunistischen Gedankengut sympathisierte, jedoch nicht Mitglied der KPD war.

geheim operierenden West-KPD, gegen eine Wiederbewaffnung und für eine Wiedervereinigung bzw. Anerkennung zu agieren. Die inhaltliche Linie entsprach dem Bemühen der DDR, die 1955 beschlossene Hallstein-Doktrin aufzuweichen, um schlussendlich eine Anerkennung des Arbeiter- und Bauernstaates zu erreichen. Mit verdeckten Mitteln sollte eine Entspannungspolitik und Politik der Koexistenz verwirklicht werden. Um eine atomare Bewaffnung zu verhindern, unterstützte *konkret* publizistisch die breite Front der „Ohne-mich-Bewegung“. Das Blatt war damit von Beginn an ein wichtiger Teil des SED- bzw. KPD-Planes, mit Hilfe der Friedensbewegung Front gegen die westdeutsche Unions-Regierung zu machen.[782]

Ein erster Erfolg stellte sich auf dem Kongress gegen Atomrüstung 1959 ein, als mit entsprechender Resonanz der bürgerlichen Medien seitens der von *konkret* unterwanderten Studenten erstmals der antikommunistische Konsens der Nachkriegsgesellschaft aufgekündigt wurde. Nahezu zeitgleich bahnte sich der Bruch der SPD von ihrem Studentenverband SDS an. Hatte die Mutterpartei bereits mit dem Ausscheren aus der Anti-Atomtod-Bewegung für Missmut bei zahlreichen v.a. jungen Linken gesorgt, brachte das geplante Godesberger Programm weiteren Zünd- und v.a. Reibstoff mit dem SDS (wie auch einem Teil der Parteimitglieder). Die Partei wollte sich damit vom „ideologischen Ballast“ (Carlo Schmid) befreien, indem sie sich von Sozialismus verabschiedete und entgegen der bisherigen Parteilinie die West-Bindung befürwortete. Dass der im November 1959 beschlossene Wandel von der sozialistischen Arbeiter- zur sozialdemokratischen Volkspartei für Ärger und später auch zum Bruch mit dem SDS führen sollte, zeichnete sich bereits 1959 ab. Die beiden von *konkret* unterwanderten Kongresse sind damit „Geburtsstunde einer sich selbst als solche begreifenden »Neuen Linken«“[783] zu sehen.

Mit der Entfremdung der Studenten von der SPD ging auch die Entfremdung von der DDR einher. Anfangs hatte der ostdeutsche Staat noch eine gewisse Anerkennung genossen, weil dort „ehemalige NS-Verfolgte versuchten, einen sozialistischen Staat aufzubauen - im Gegensatz zur Bundesrepublik, wo die Täter längst wieder in großen Scharen Einfluss auf das gesellschaftliche Leben nahmen“[784]. Diese Sichtweise änderte sich jedoch erstmals mit der Niederschlagung der Volksaufstände in der DDR 1953 und in Ungarn 1956. Als am 13. August 1961 die Mauer gebaut wurde, war der Bruch endgültig vollzogen. Für diesen

---

782 Vgl. BArch BY1/2458.

783 Frei 2008: 90f.

784 Ditfurth 2009: 145.

Staat, der seine Bürger einsperrte, war jegliche Sympathie der Linken verflogen - entsprechend schlecht war auch das Wahlergebnis der vom Osten lancierten und von *konkret* unterstützten KPD-Nachfolgepartei DFU bei den Bundestagswahlen im gleichen Jahr. Die Partei war ursprünglich gegründet worden, um Kommunisten, Sozialisten und Neutralisten zu bündeln und um eine parlamentarische Opposition gegen Westintegration aufzubauen, nachdem selbst die SPD gegen diese nicht mehr opponierte. Wie die gesamte westdeutsche Linke beobachtete und kritisierte auch *konkret* die Politik der SED. Die daraus resultierenden Probleme und der folgende Bruch mit dem Financier in Osten war die logische Konsequenz - und standen sinnbildlich für das zerstörte Verhältnis der Linken zur DDR.

Nachdem 1963 der rheinische Kanzler Adenauer zurückgetreten und Ludwid Erhard die Regierungsgeschäfte übernommen hatte, zeichnete sich in Westdeutschland allmählich ein oppositionsfeindliches Klima ab. In Erhards „Formierte[r] Gesellschaft"[785] schien dafür kein Platz - in der Großen Koalition erst recht nicht mehr. Viele Linke sahen sich von der SPD verraten, die nun mit dem Ex-NSDAP-Mitglied Kiesinger koalierte. Die parlamentarische Opposition war auf einen winzigen Rest der FDP-Fraktion geschrumpft.

In der Konsequenz ging die Zeitschrift *konkret*, die viele Beobachter als „beinahe die einzige Opposition"[786] sahen, die noch verblieben war, den Weg vieler enttäuschter Sozialdemokraten bzw. deren Wähler - zur nonkonformistischen Linken, heute besser bekannt unter dem Begriff Neue Linke bzw. APO.[787] Sie bestand aus Intellektuellen, Bürgerrechtlern, Jugendlichen und Studenten, die einen dritten Weg zwischen Sowjetkommunismus und Sozialdemokratie suchten. Zu ihren Vordenkern entwickelte sich die Frankfurter Schule, allen voran Herbert Marcuse, der gelegentlich auch in *konkret* publizierte.[788]

Wie die Studenten auf der Straße protestierte *konkret* in seinen Spalten gegen Vietnam, den Muff von 1000 Jahren unter den Talaren und die Notstandsgesetze. Besonders durch die Kolumnen der ehemaligen *konkret*-Chefredakteurin Ulrike Meinhof zog sich seit der *Spiegel*-Affäre 1962 die Warnung vor den restaurativen Tendenzen wie ein roter Faden. In

---

785 Erhard 1965.

786 U.A. 2007a: 21.

787 Den Begriff „Neue Linke" stammt ursprünglich von Wright C. Mills. Vgl. hierzu Mills 1960 sowie allgemein: Schmidtke 2003: 34 und Ludz 1968: 29f.

788 Vgl. einführend: Marcuse 1967: 48.

ihren Artikeln äußerte sich auch das „Weimar-Syndrom“[789], das sie mit vielen Nachkriegs-Linken teilte. Meinhof verglich die 60er Jahre mit der Weimarer Zeit und sah Beweise für eine Wiederholung der Geschichte - und damit eine Re-Faschisierung.

Bewusst oder unbewusst spielte sie damit den KPD- und Stasi-Strategen in Ost-Berlin in die Hände, deren Strategie die „gezielte Lancierung von Fakten, Dokumenten oder Fehlinformationen in die Öffentlichkeit“[790] war, um die BRD als einen faschistischen Staat darzustellen - und damit indirekt den Bau des „antifaschistischen Schutzwalles“, wie die Mauer im DDR-Sprachgebrauch hieß, zu rechtfertigen. So wurde der Sturz Lübkes, jenes rhetorischen Trappatonis unter den Politikern der 60er Jahre (berühmt waren seine Aussprüche: „Meine sehr verehrten Damen und Herren, liebe Neger“ und „Equal goes it loose“), von den Studenten gefeiert, war aber letztlich nur die Konsequenz einer langen Strategie von KPD und wohl auch Markus Wolfs Auslandsabteilung X. *konkret* steht dabei exemplarisch für die Infiltration westdeutscher Medien und auch der APO durch ostdeutsche Behörden und Geheimdienste.[791]

Als sich die Große Koalition 1969 dem Ende zuneigte, riet *konkret* auch wenn die BRD „eines der undemokratischsten und minderheitenfeindlichsten Wahlstysteme“ habe vom Wahlboykott ab: „die Erststimme der SPD, die Zweitstimme der FDP“[792]. Die SPD siegte, Willy Brandt wurde Bundeskanzler. In seiner Regierungsansprache versprach er, mit seiner sozialliberalen Koalition mehr Demokratie zu wagen. Der erste sozialdemokratische Bundeskanzler der Nachkriegszeit leitete eine regelrechte politische Trendwende ein. Erstmals bröckelte der Alleinvertretungsanspruch der BRD. Weltweites Aufsehen und viele Sympathien bei den westdeutschen Linken brachte Brandts Kniefall im Warschauer Ghetto, die Unterzeichnung der sogenannten Ost-Verträge (insbesondere des Moskauer und Warschauer Vertrages sowie des Viermächteabkommens) folgte. Als 1969 die Große Koalition beendet wurde und Brandts sozialliberale Koalition eine politische Zeitenwende einläutete, ging *konkret* ein Feindbild verloren. Röhls Leitartikel-Überschrift „APO, was nun?“[793] stand geradezu sinnbildlich für die Studentenbewegung, deren Forderungen durch die Regierung Brandt teils erfüllt wurden.

---

789 Hodenberg 2006a: 284.

790 Knabe 2001: 110.

791 So führte die Stasi 1969 allein innerhalb dem engeren Kreis der APO 17 IMs und 11 sogenannten Kontaktpersonen (vgl. Knabe 2000: 22)

792 Röhl, Klaus Rainer 1969d: 5.

793 Röhl, Klaus Rainer 1968b: 3.

Auch setzte der sozialdemokratische Kanzler mit seiner Ostpolitik letztlich die Forderungen um, welche die *konkret*-Gruppe im SDS bereits 1959 gestellt hatte. Entsprechend schlug sich in der Zeitschrift auch die Unterstützung für die 1968 gegründete DKP und für die SPD nieder - wenn auch besonders für deren jungsozialistischen und damit linken Flügel. Das Motto der Stunde lautete: IPO statt APO[794]. Die APO stürzte zeitgleich in eine Sinnkrise. Während sich *konkret* und viele Linke der IPO - also der innerparteilichen Opposition -, der legalen KPD-Nachfolgepartei DKP oder den sogenannten neuen sozialen Bewegungen zuwendeten und damit zum langen Marsch durch die Institutionen aufbrachen, griffen einige wenige radikale Elemente, darunter zahlreiche ehemalige *konkret*-Autoren wie Ulrike Meinhof, Marianne Herzog und Peter Homann zur Waffe. Mit Gewalt wollten sie das durchsetzen, woran sie letztlich mit Worten gescheitert waren. Damit begann jenes Kapitel der deutschen Nachkriegsgeschichte, was im Deutschen Herbst seinen blutigen Höhepunkt fand.

Als die SPD bei den Bundestagswahlen 1972 mit 45,8 Prozent der Stimmen erstmals stärkste Fraktion im Parlament wurde, fühlten sich viele Linke am Ziel. Linke Politik schien endgültig machbar. Der bisherige Höhepunkt der SPD war gleichzeitig auch ihr Scheitelpunkt. Brandt wurde den hohen Erwartungen nicht gerecht. Die Ölkrise tat ihr übriges. Zur gleichen Zeit brach in der *konkret*-Redaktion der Machtkampf zwischen Röhl und Gremliza offen aus - mit den bereits beschriebenen Konsequenzen. Noch bevor Brandt in Folge der Guillaume-Affäre zurücktrat, verschwand *konkret* (vorübergehend) vom Zeitschriftenmarkt.

---

794 So auch der Titel eines Artikels von: Vogel/Karsunke 1970: 51. Vgl. zur DKP: Heimann 1983. Sowie zur entsprechenden Linie von *konkret*: Gremliza 2009: 3f.

7 Abschließende Bewertung

konkret, so hat die vorliegende Arbeit gezeigt, ist nicht nur eine Geschichte, auch nicht zwei (wie Gallus und Gremliza meinen[795]), sondern viele. Es ist zum Einen die Geschichte der Vorgänger-Zeitschriften *Untertan*, *ZdK*, *Plädoyer* und *Studenten-Kurier* sowie der anfangs kommunistischen und später kapitalistischen *konkret*. Es ist aber andererseits auch die Geschichte sowohl der „langen sechziger Jahre“[796] (1958-1963) als auch des „rote[n] Jahrzehnt[s]“[797] (1967-1977) und damit vom Aufkommen einer Protestbewegung, ihrer mitreißenden Massenwirkung und dem späteren Auseinanderdivergieren.

Auch ist es ein Teil der Geschichte der APO und ihrer Medien. *konkret* stellt ebenso ein wichtiges Kapitel der Lebensgeschichte Ulrike Meinhofs, Stefans Austs und Günter Wallraffs dar - Personen, die der Politik und auch dem Journalismus der Nachkriegszeit ihren Stempel aufgedrückt haben. Gleichzeitig ist die Historie von *konkret* eine Geschichte der gebrochenen Tabus durch ein „stets [...] sehr skandal-, kampagnen- und diffamierungsfreudiges Blatt“[798], aber auch eine Historie der gespalteten Meinung ob selbigem. So war *konkret* für die Einen eine der niveauvollsten deutschen Kulturzeitschriften, während sie für die Anderen lediglich ein schäbiges, mit etwas linker Politik garniertes Sex-Blättchen darstellte. Gleichzeitig steht *konkret* exemplarisch für den unlösbaren Konflikt zwischen der kapitalistischen Geschäftsbasis einer linken Publikation und dem Selbstverständnis ihrer Leser. So war die Zeitschrift den Links-Dogmatikern stets zu kommerziell, während sich die gemäßigteren Linken an den Gewaltdiskussionen und -apologien störten. So sieht Blattmacher Klaus Rainer Röhl in *konkret* auch noch eine weitere Geschichte, nämlich „die unserer Fehler und Selbstkorrekturen“[799]. *konkret* erzählt schließlich auch, und das soll und kann nicht beschönigt werden, die Geschichte von der „politische[n] Erblindung der meinungsbildenden Eliten“[800], die der DDR-Geheimdienst nutzte, um die westdeutschen Medien zu infiltrieren und für ihre Zwecke zu missbrauchen. Ebenso ist es die Geschichte vom Abdriften des radikalen Flügels der Linken - exemplarisch dargestellt durch Ulrike Meinhof, die ihren publizistischen

[795] Gremliza 1987: 9 und Gallus 2001a: 227.

[796] Hodenberg/Siegfried 2006c: 8.

[797] Koenen 2001.

[798] Gallus 2001a: 234.

[799] Röhl, Klaus Rainer 1998: 283.

[800] Knabe 2001: 51.

Kampf für den terroristischen beendete. Vor allem aber ist die Geschichte der *konkret* eine deutsche (Medien-)Geschichte – eine, die noch zahlreiche kommunikationswissenschaftliche Erforschungsansätze bietet.

So lässt sich die genaue Rolle von *konkret* bei der gesellschaftlichen Liberalisierung (z.B. der Verbreitung der Pille oder der Lockerung der Paragraphen 175 und 218) letztlich nur durch einen breiten diffusionstheoretischen Forschungsansatz mit entsprechender Einbeziehung der damaligen Rezipienten feststellen.[801] Es spricht vieles für eine tiefgreifende Beeinflussung der heutigen Eltern- bzw. teils schon Großeltern-Generation durch den Kommunikationskanal *konkret*; eine entsprechende quantitative Erhebung fehlt derzeit jedoch noch.

Auch sind von einer mikrostrukturellen Inhaltsanalyse von *konkret* weitere Erkenntnisse zu erwarten, ebenso wie von einer vergleichenden Untersuchung mit dem Konkurrenzblatt *twen*. Denn zur Legendenbildung dieses Blattes haben viele vermeintliche Alleinstellungsmerkmale (wie die Enttabuisierung des Sexuellen in den Medien) beigetragen, die letztlich zu einem Teil *konkret* zuzuschreiben sind.[802] Zudem böte sich *konkret* als Teil einer großangelegten berufssoziologischen Studie an. Wie die vorliegende Arbeit gezeigt hat, haben viele Autoren, die wie Manfred Bissinger, Stefan Aust, Günter Wallraff und Alice Schwarzer bei *konkret* begonnen haben, es später zu Erfolg und Renommee gebracht. *konkret* fungierte dabei wie wenige andere Medien als Durchlauferhitzer und Sprungbrett für junge Schreibtalente. Auch bestätigt die Geschichte des Blattes die These Stöbers, wonach die meisten Rundschau- bzw. Avantgarde-Zeitschriften „[i]mmer [....] von dem Engagement einer zentralen Person"[803] leb(t)en. Schließlich ist die Entwicklung der *konkret* auch die Geschichte des Blattmachers Klaus Rainer Röhl, der mit seinem progressiven Ideen aus einem kleinen Hamburger Studenten-Blatt ein publizistisches Flaggschiff der APO gemacht hat.

Zu Recht sieht Klaus Rainer Röhl die Zeitschrift *konkret* in Tradition der *Weltbühne*, womit sich ein weiteres Forschungsfeld eröffnet, das bis heute wenig bearbeitet wurde. So ist das Blatt durchaus in die Ahnenreihe von linksideologisch motivierten Zeitschriften wie der von Willi Münzberg 1921 bis 1938 herausgegebenen *Arbeiter Illustrierten Zeitung* (1921-1938) und der *Fackel* von Karl Kraus (1899-1936) zu sehen, wobei es bislang auch in diesem Bereich an einer umfassenden historischen und v.a.

801 Vgl. zur empirischen Diffusionsforschung zusammenfassend. Schenk 1987: 280-301.

802 Vgl. allgemein verklärend: Koetzle 1995.

803 Stöber 2005: 281.

theoretisch untermauerten Erschließung dieser Zeitschriftengattung mangelt.[804]

Zu guter Letzt bietet die Geschichte der *konkret* noch weitere Anknüpfungspunkte für die Kommunikationswissenschaft: Denn nach dem Konkurs im Jahr 1973 wurde das Redaktionsinterieur versteigert - ebenso wie der urheberrechtliche Titel „konkret", für den Röhl 25 000 Mark bot. Den Zuschlag bekam jedoch der *Studenten-Kurier*-Gründer und spätere *konkret*-Teilhaber Klaus Hübotter für 30 000 Mark.[805] Er lieh den Titel an Hermann Gremliza, der seit dem 26. September 1974 wieder eine Monatszeitschrift namens *konkret* herausgibt - diesmal ohne Konzessionen an den Massengeschmack zu machen.[806] *konkret* ist damit heute eine der langlebigsten Politikzeitschriften der BRD, eines der letzten klassischen Linksblätter - und auch 52 Jahre nach seiner Gründung noch lange nicht (nur) Geschichte.

---

804 Vgl. allgemein dazu Stöber 2005: 280-291 und zur *Weltbühne*: Holly 1989.

805 Röhl, Klaus Rainer 1998: 18.

806 Laut Gremliza bezahlte er Hübotter 30 000 Mark im Form von Anzeigenplatz, so dass konkret heute ein auf ihn eingetragenes Waren- und Markenzeichen ist: „Der Titel *konkret* gehört ganz und gar mir" (2009: 9). Dem widerspricht Hübotter: „Gremliza hat mir nie etwas gezahlt. Er hat sich immer nur bezahlen lassen." (2009: 8). Der Titel gehöre daher nach wie vor ihm (2009: 9).

8 Anhang

8.1 Abkürzungsverzeichnis

(Medientitel sind *kursiv* angegeben)

a.D.	außer Dienst
AdsD	Archiv der sozialen Demokratie
AfS	*Archiv für Sozialgeschichte*
APO	Außerparlamentarische Opposition
AStA	Allgemeiner Studierendenausschuss
AUSS	Aktionszentrum Unabhängiger und Sozialistischer Schüler
BAK	Bundesarchiv Koblenz
BArch	Bundesarchiv
CDU	Christlich Demokratische Union
CSU	Christlich-Soziale Union
DDR	Deutsche Demokratische Republik
DFU	Deutsche Friedens-Union
DGB	Deutscher Gewerkschaftsbund
DKP	Deutsche Kommunistische Partei
DP	Deutsche Partei
EKD	Evangelische Kirche in Deutschland
FAZ	*Frankfurter Allgemeine Zeitung*
FDJ	Freie Deutsche Jugend
FDP	Freie Demokratische Partei
FR	*Frankfurter Rundschau*
GVP	Gesamtdeutsche Volkspartei
Hrsg.	Herausgeber
HVA	Hauptverwaltung A
IPO	Innerparteiliche Opposition
Jg.	Jahrgang
KgU	Kampfgruppe gegen Unmenschlichkeit

Kominform	Kommunistisches Informationsbüro
KPD	Kommunistische Partei Deutschlands
KZfSS	*Kölner Zeitschrift für Soziologie und Sozialpsychologie.*
MfS	Ministerium für Staatssicherheit (Stasi)
NATO	North-Atlantic Treaty Organisation
OHA	Oral History Association
OKH	Oberkommando des Heeres
o.P.	ohne Paginierung
o.T.	ohne Titel
RAF	Rote-Armee-Fraktion
RPK	*Rote Presse Korrespondenz*
SAPMO	Stiftung Archiv der Parteien und Massenorganisationen der DDR im Bundesarchiv
SBZ	Sowjetische Besatzungszone
SDS	Sozialistischer Deutscher Studentenbund
SED	Sozialistische Einheitspartei Deutschland
SPD	Sozialdemokratische Partei Deutschlands
SZ	*Süddeutsche Zeitung*
U.A.	Unbekannter Autor
WamS	*Welt am Sonntag*
ZdK	*Zwischen den Kriegen*

8.2 Abbildungsverzeichnis

(Seitenangaben sind in Klammern angegeben)

8.3 Primärquellen

8.3.1 Transkripte der narrativen Gespräche

Die Transkripte der narrativen Gespräche mit

- dem ehemaligen *konkret*-Autor und späteren Chefredakteur (1981-1984) **Bissinger, Manfred (2009)**, vom 11. August 2009
- der ehemaligen *konkret*-Autorin und Lyrikerin **Doutiné, Heike (2009)**, vom 5. August 2009
- dem aktuellen *konkret*-Chefredakteur **Gremliza, Hermann (2009)**, vom 4. August 2009
- dem *Studenten-Kurier*-Gründer und späteren *konkret*-Teilhaber **Hübotter, Klaus (2009)**, vom 21. Juli 2009
- dem ehemaligen KPD-Funktionär und *konkret*-Verbindungsmann **Kapluck, Manfred (2009)**, vom 25. August 2009
- dem Ex-Kommune 1-Mitglied und Vorzeige-68er **Langhans, Rainer (2009)**, vom 28. April 2009
- der ehemaligen *konkret*-Autorin und Gerichtsreporterin **Parnass, Peggy (2009)**, vom 6. August 2009
- dem *konkret*-Autor und Schriftsteller **Piwitt, Hermann (2009)**, vom 12. August 2009
- Klaus Rainer Röhls erster Ex-Frau **Röhl, Brunhild** (geb. Fiebing) **(2009)**, vom 21. Juli 2009
- ehemaligen *konkret*-Chefredakteur und -Herausgeber sowie Ex-Ehemann Ulrike Meinhofs **Röhl, Klaus Rainer (2009b)**, vom 8. Juli 2009
- dem Bruder von Klaus Rainer Röhl und ehemaligen *konkret*-Mitarbeiter (1968 bis 1973) sowie kommissarischen Chefredakteur **Röhl, Wolfgang (2009)**, vom 21. Juli 2009
- dem ehemaligen *konkret*-Autor und heutigen Undercover-Ikone **Wallraff, Günter (2009)**, vom 26. September 2009

werden auf Wunsch einiger Befragter nicht in voller Länge veröffentlicht.

8.3.2 Zitierte Akten des Bundesarchivs und der Birthler-Behörde

Bundesarchiv:

- BArch BY 1/KPD
- BArch BY 1/3894
- BArch BY 1/3895
- BArch DY 24/2534
- BArch DY 30 IV 2/2028/2

Bundesbeauftragte für die Unterlagen des Staatssicherheitsdienstes der ehemaligen Deutschen Demokratischen Republik (Birthler-Behörde):

- BStU, MfS, HA XX/AIG, Nr. 2362
- BStU, MfS, HA XX, Nr. 2921
- BStU, MfS, HVA Abt. X, XV 4096/76
- BStU, MfS, HA XX, Nr. 2791
- BStU, MfS, HA II/13, Nr. 2093
- BStU, ZA, AOP 4220/71, Bd6, Bl. 151
- BStU, ZA, HA II/19 3115, Bl1f
- BStU, ZA, MfS A-589/85, Bd. VI, Bl.306-322
- BStU, ZA, SdM 1239, Bl189-191.
- BStU, ZA, SdM 1239, Bl. 217-221
- BStU, ZA, VSH HA II/12

8.3.3 Zitierte *Untertan-*, *Plädoyer-*, *Studenten-Kurier-* bzw. *konkret-*Artikel

1952 (*Der Untertan*)

Röhl, Klaus Rainer (1952): Da ist neulich etwas passiert, das allen zu denken geben müßte. Das geht nun alle an. In: *Der Untertan*: u.S.

1953 (*Zwischen den Kriegen*)

Röhl, Klaus Rainer (1953): Das Eiszeitliche. In: *ZdK*, Ausgabe 4: 10.

1955 (*Zwischen den Kriegen*)

Rühmkorf, Peter/Riegel, Werner (1955): [Unbekannter Titel] In: *ZdK*, Ausgabe 25: 15.

1955 (*Das Plädoyer*)

Einstein, Albert (1955): Albert Einstein mahnt! In: *Das Plädoyer*: 4.

Heimendahl, Eckart (1955a): Europäische Koordinaten. In: *Das Plädoyer*: 1f.

Heimendahl, Eckart (1955b): In eigener Sache. In: *Das Plädoyer*: 5.

Röhl, Klaus Rainer (1955a): Haben Sie Lust zum... In: *Das Plädoyer*: 3.

Unbekannter Autor (1955): „Akademische" Lügen. In: *Das Plädoyer*: 5.

1955 (*Studenten-Kurier*)

Frieder, John (1955): Dezente Diktatur. In: *Studenten-Kurier*, Ausgabe 5: 2.

Lyng (1955): Zum 8.Mai. In: *Studenten-Kurier*, Ausgabe 2, S.4.

Röhl, Klaus Rainer (1955b): 3 Minuten Gehör. In: *Studenten-Kurier*, Ausgabe 1: 2.

Sartre, Jean-Paul (1955): Zwischen Diktatur und Ohnmacht. In: *Studenten-Kurier*, Ausgabe 5: 9.

Unbekannter Autor (1955b): Mit Freundin und Mietauto. In: *Studenten-Kurier*, Ausgabe 2: 2

Wilkening, Werner (1955): Nicht allein auf der Welt... In: *Studenten-Kurier*, Ausgabe 6: 2.

1956 (*Studenten-Kurier*)

Fontara, Johannes (1956): Trotz allem: Realpolitik. In: *Studenten-Kurier,* Ausgabe 7: 11

Frieder, John (1956): Weg mit dem Alten. In: *Studenten-Kurier,* Ausgabe 3: 5.

Heinemann, Gustav (1956): Das Verbrechen an Ungarn. In: *Studenten-Kurier,* Ausgabe 8: 4.

Hiller, Kurt (1956): Zur Mathematik der Wiedervereinigung. In: *Studenten-Kurier,* Beilage zu Ausgabe 3: c.

Kuby, Erich (1956): Der Sinn: Farbe bekennen. In: *Studenten-Kurier,* Ausgabe 8: 11.

Unbekannter Autor (1956a): Come to see our last professor. In: *Studenten-Kurier,* Ausgabe 4: 3.

Unbekannter Autor (1956b): Gebärzwang durch §218. In: *Studenten-Kurier,* Ausgabe 5: 9.

1957 (*Studenten-Kurier*)

Fontara, Johannes (1957): Dämonokratie. In: *Studenten-Kurier,* Ausgabe 3: 11.

Unbekannter Autor (1957a): „Menschlich gesehen. In: *Studenten-Kurier,* Ausgabe 3: 5.

Unbekannter Autor (1957b): Wo ist denn die Fahne. In: *Studenten-Kurier,* Ausgabe 6: 3.

Unbekannter Autor (1957c): Menschlich gesehen. In: *Studenten-Kurier,* Ausgabe 3: 5.

1957 (*konkret*)

Die Redaktion (1957): konkret. In: *konkret,* Ausgabe 8: 7.

1958 (*konkret*)

Enzensberger, Ernst Magnus (1958): Neue Vorschläge für Atomwaffen-Gegner. In: *konkret,* Ausgabe 7:2

Fontara, Johannes (1958): Über allen Gipfeln. In: *konkret,* Ausgabe 3: 3.

Mochalski, Herbert (1958): Gewissen kommt von Wissen. In: *konkret,* Ausgabe 6: 2.

Röhl, Klaus Rainer (1958a): „Volksbefragung … Generalstreik“. In: *konkret,* Ausgabe 4: 3-4.

Röhl. Klaus Rainer (1958b): Zwei Volksbewegungen. In: *konkret,* Ausgabe 15: 1.

Zoll, Rainer (1958): Wenn Franco's Stunde schlägt. In: *konkret,* Ausgabe 6: 5-6.

1959 (*konkret*)

Corleis Jutta/Corleis Jürgen (1959): Das alte Tibet ist verloren. In: *konkret,* Ausgabe 8: 5-6.

Meinhof, Ulrike Marie (1959): Der Friede macht Geschichte. In: *konkret,* Ausgabe 19-20: 1.

Opitz, Reinhard (1959): Plan für die Deutschen. In: *konkret,* Ausgabe 8: 1.

Röhl, Klaus Rainer (1959a): Die Waffe Stumpfsinn bockt. In: *konkret,* Ausgabe 13: 1.

Röhl, Klaus Rainer (1959b): [Titel unbekannt] In: *konkret,* Ausgabe 3: 2.

Unbekannter Autor (1959a): Seid Ihr alle wieder da? (I) In: *konkret,* Ausgabe 10: 3.

Unbekannter Autor (1959b): Seid Ihr alle wieder da? (II) In: *konkret,* Ausgabe 11: 3.

1960 (*konkret*)

Meinhof, Ulrike Marie (1960a): Gipfelschatten westwärts. In: *konkret,* Ausgabe 3: 1.

Meinhof, Ulrike Marie (1960b): Notstand? Notstand!. In: *konkret,* Ausgabe 18: 2.

1961 (*konkret*)

Andres, Stefan (1961): Ostermarsch 61. In: *konkret,* Ausgabe 8: 1.

Castro, Fidel (1961a): Gestatten, Revolution! In: *konkret,* Ausgabe 8: 3-4.

Castro, Fidel (1961b): Gestatten, Revolution! 2 In: *konkret,* Ausgabe 13: 6.

DFU (1961):Schon heute in Frieden lieben. In: *konkret,* Ausgabe 18: 9.

DFU (1961b): Dokumentation zum DFU-Wahlkongress. Anträge der DFU im nächsten Bundestag. In: *konkret,* Ausgabe 15: 6.

Grass, Günter/Schnurre, Wolfdietrich (1961): Offener Brief. In: *konkret,* Ausgabe 17: 13.

Holtkamp, Jürgen (1961a): Wir sind die Gestapo! Verstanden? Drei Augenzeugenberichte. In: *konkret,* Ausgabe 2: 3-4.

Holtkamp, Jürgen (1961b): Schuld und Sühne. In: *konkret,* Ausgabe 5: 1.

Holtkamp, Jürgen (1961c): Tot sind alle Menschen gleich. In: *konkret,* Ausgabe 14: 3-4.

Marienstras, Richard (1961): Hauptstadt der Angst. In: *konkret,* Ausgabe 22: 3-4 und 7.

Meinhof, Ulrike Marie (1961a): Hitler in Euch. In: *konkret,* Ausgabe 10: 8.

Meinhof, Ulrike Marie (1961b): Warum eigentlich Friedensvertrag?. In: *konkret,* Ausgabe 13: 1.

Röhl, Klaus Rainer (1961c): Gewusst wie! In: *konkret,* Ausgabe 11: 1.

Röhl, Klaus Rainer (1961d): Nationale Vernunft. In: *konkret,* Ausgabe 16: 1.

Unbekannter Autor (1961): Die Gretchen-Frage. KONKRET-GESPRÄCH mit Prof. Dr. Renate Riemeck. In: *konkret,* Ausgabe 17: 4 und 9.

V.H.: (1961): Glatt, Glätter, Globke. In: *konkret,* Ausgabe 14:5-6.

Wilson, Angus (1961): Beefsteak Tatar! In: *konkret,* Ausgabe 12: 3-4.

1962 (*konkret*)

Andel, Horst J. (1962): Revolution ohne Lehrbuch. In: *konkret,* Ausgabe 11: 12-13.

Deschner, Karlheinz (1962a): Ein neuer Kreuzzug? In: *konkret,* Ausgabe 2: 24.

Deschner, Karl-Heinz (1962b): Kirche und Krieg. In: *konkret,* Ausgabe 8:15.

Holtkamp, Jürgen (1962): Cha-Cha-Cha auf dem Vulkan. In: *konkret,* Ausgabe 12: 13-16.

Meinhof, Ulrike (1962a): Gegen wen? Wider ein deutsches Notstandsgesetz. In: *konkret,* Ausgabe 5: 8.

Meinhof, Ulrike (1962b): Von Mördern und Menschen. In: *konkret,* Ausgabe 5: 3.

Meinhof, Ulrike Marie (1962c): Die Würde des Menschen. In: *konkret,* Ausgabe 10: 4.

Röhl, Klaus Rainer (1962): 6000 neue Leser. In: *konkret,* Ausgabe 6: 5.

Unbekannter Autor (1962a): Ich komme wieder - Salazar. In: *konkret,* Ausgabe 2: 14.

1963 (*konkret*)

Beavouir, Simone de (1963): Das billigste Haustier der Welt. In: *konkret*, Ausgabe 2: 5-7.

Ben Bella, Achmed (1963): Wartesaal Algerien. In: *konkret*, Ausgabe 5: 3.

Meinhof, Ulrike (1963): In eigener Sache. In: *konkret*, Ausgabe 2: 7.

1964 (*konkret*)

Die Redaktion (1964): SOS Konkret. In: *konkret*, Ausgabe 7/8: 3.

Die Redaktion (1964): In eigener Sache. In: *konkret*, Ausgabe 9: 3.

Görling, Lars (1964): 491. In: *konkret*, Ausgabe 12: 22-24.

Hannover, Heinrich (1964): Notstand, Notstand über alles. In: *konkret*, Ausgabe 11: 20-22.

Holtkamp, Jürgen (1964): Reise nach Prag. Ein neuer Frühling an der Moldau. In: *konkret*, Ausgabe 3: 7-11.

Luft, Michael (1964): Hilfe, ich kriege ein Kind. Abtreibung in Deutschland. In: *konkret*, Ausgabe 6: 7-11.

Meinhof, Ulrike (1964): Lieber konkret-Leser!. In: *konkret*, Ausgabe 11: 3.

Röhl, Klaus Rainer (1964) : DDR intim. Kurzes Protokoll ohne Anspruch auf Vollständigkeit. In: *konkret*, Ausgabe 4: 7-10.

1965 (*konkret*)

Burchett, Wilfred G. (1965): Im Lager der Vietkong. In: *konkret*, Ausgabe 7: 20-23.

Geißler, Christian (1965): Nürnberg und Vietnam . In: *konkret*, Ausgabe 10: 14-15.

Heidemann, Gerd (1965): Stanleyville. In: *konkret*, Ausgabe 1: 19- 22.

Meinhof, Ulrike (1965): Notstand. In: *konkret*, Ausgabe 6: 2-3.

Röhl, Klaus Rainer (1965): Lieber Konkret-Leser! In: *konkret*, Ausgabe 8: 5.

Russell, Bertrand (1965): Vietnam. In: *konkret*, Ausgabe 3: 20-29.

Sartre, Jean-Paul (1965): Zynismus und Barberei [sic]". In: *konkret*, Ausgabe 4: 20-21.

Unbekannter Autor (1965a): Warnung! In: *konkret*, Ausgabe 6: 27.

1966 (*konkret*)

Heck, Jürgen (1966): Frankenstein 66. In: *konkret*, Ausgabe 6: 10-12.

Heuer, Rolv (1966): An den Quellen des Beat. In: *konkret,* Ausgabe 2: 24-29.

Luft, Michael (1966a): Macht die Pille sinnlich? Wie junge Mädchen lieben. In: *konkret,* Ausgabe 10: 9-11.

Luft, Michael (1966b): Pille für eine Nacht. In: *konkret,* Ausgabe 11: 9-15.

Meinhof, Ulrike (1966a): Flucht aus dem Mädchenheim. In: *konkret,* Ausgabe 9: 18-23.

Meinhof, Ulrike (1966b): Große Koalition. In: *konkret,* Ausgabe 12: 2-3.

Meinhof, Ulrike (1966c): Kuli oder Kollege? In: *konkret,* Ausgabe 11: 27.

Neumann, Robert (1966a): Ein Lübke zuviel? In: *konkret,* Ausgabe 7: 15-21.

Neumann, Robert (1966b): Was sagen Sie nun, Herr Lübke. In: *konkret,* Ausgabe 11: 28-30.

Neumann, Robert (1966c): Baute Lübke KZ's? In: *konkret,* Ausgabe 12: 14-17.

Warnenska. Monika (1966): Man nennt sie Vietkongs. In: *konkret,* Ausgabe 6: 18-23.

1967 (*konkret*)

Aust, Stefan (1967a) : Nackt wie die Sünde. Sex und Liebe in Schweden. In: *konkret,* Ausgabe 8: 22-25.

Aust, Stefan (1967b): Sex ohne Ehe. Wie frei sind Deutschlands Mädchen? In: *konkret* , Ausgabe 9: 4-10.

Aust, Stefan (1967c): Liebe unter trübem Himmel. Wie frei sind Deutschlands Mädchen? In: *konkret,* Ausgabe 10: 8-12.

Aust, Stefan (1967d): LSD in Deutschland. In: *konkret,* Ausgabe12: 16-21.

Belham, George (1967): Gelobt sei, was scharf macht! In: *konkret,* Ausgabe 3: 8-14.

Dutschke, Rudi (1967): Politisches Bücher-Magazin. In: *konkret,* Ausgabe 8: 41-42.

Guevara, Ernesto Che (1967): „Schafft zwei, drei, viele Vietnams!" In: *konkret,* Ausgabe 9: 12-13.

Guggomos, Carl (1967): Wie man Springer enteignet. In: *konkret,* Ausgabe 12: 13-14

Haper, Klaus (1967): Was Mädchen mögen. In: *konkret,* Ausgabe 12: 8-12.

Joesten, Joachim (1967): Ließ der CIA Kennedy ermorden? In: *konkret,* Ausgabe 5: 14-16.

Kienast, Gerald (1967a): Schwul! §175 in Deutschland. In: *konkret*, Ausgabe 1: 20-26.

Kienast, Gerald (1967b): §175. II.Teil. In: *konkret*, Ausgabe 3: 20-23.

Meinhof, Ulrike (1967a): Offener Brief an Farah Diba. In: *konkret*, Ausgabe 6:18-22.

Meinhof, Ulrike (1967b): Enteignet Springer! In: *konkret*, Ausgabe 9: 2-3.

Meinhof, Ulrike/Röhl, Klaus Rainer/Holtkamp, Jürgen (1967): Political Fiction: „SPIEGEL" an Springer verkauft. In: konkret, Ausgabe 6: 48-55.

Moore, Robin (1967): SS in Vietnam. In: *konkret*, Ausgabe 1: 27-29.

Röhl, Klaus Rainer (1967): Kesselschlacht. Die Notstandsübung von Berlin. In: *konkret*, Ausgabe 7: 14-16 und 32-35

Röhl, Klaus Rainer (1967): Sie küßten und sie trennten sich. In: *konkret*, Ausgabe 8: 6-7.

Unbekannter Autor: (1967a): Rote Garde an der FU? In: *konkret*, Ausgabe 1: 9.

Unbekannter Autor (1967b): Wie man Unschuld verliert. In: *konkret*, Ausgabe 4: 8.

Unbekannter Autor (1967c): Eine Lücke bei Lücke. In: *konkret*, Ausgabe 11: .22-25+45.

1968 (*konkret*)

Aust, Stefan (1968ab): Revolution der Schüler. In: *konkret*, Ausgabe 2: 9-14.

Aust, Stefan (1968): Staat der Gewalt. In: *konkret*, Ausgabe 5: 6-10 und 37.

Berliner Kollektiv (1968a): Zum Begriff der Gewalt. In: *konkret*, Ausgabe 6: 25-26.

Berliner Kollektiv (1968b): Die Ärzte von Hue. In: *konkret*, Ausgabe 6: 30- 31.

Brown, Rap (1968): Von der Revolte zur Revolution. In: *konkret*, Ausgabe 6: 29.

Couret, Bernard (1968): Madame Vietkong. In: *konkret*, Ausgabe 17: 22-25.

Duncan, Donald (1968): Fuck the army. Zerfall der amerikanischen Moral in Vietnam. In: *konkret*, Ausgabe 14: 16-20.

Dutschke, Rudi (1968): Rudi Dutschke in Prag. In: *konkret*, Ausgabe 5: 18-23.

Enzensberger, Hans Magnus (1968): Eine neue Phase des Kampfes. In: *konkret*, Ausgabe 5: 11.

Gruwe, Peter (1968): Springers Machtergreifung. Psychoanalyse der Bild-Zeitung. In: *konkret*, Ausgabe 12: 12-14.

Guggomos, Carl (1968): Giftgas gegen Kinder. Deutsche Firmen liefern chemische Kampfstoffe. In: *konkret*, Ausgabe 3: 50-51.

Haffner, Sebastian (1968): Monatslektüre. Bonn ist doch Weimar. In: *konkret*, Ausgabe 8: 44-45.

Hochhuth, Rolf (1968): Abschied von der SPD. In: *konkret*, Ausgabe 8: 36-40.

Luft, Michael (1968a): Liebe mit Gewalt. In: *konkret*, Ausgabe 6: 13-19.

Luft, Michael (1968b): Hilfe, ich kriege ein Kind! §218 oder Baby-Pille für Alle. In: *konkret*, Ausgabe 7: 7-9.

Meinhof, Ulrike (1968a): Gegen-Gewalt. In: *konkret*, Ausgabe 2: 2-3.

Meinhof, Ulrike (1968b): Der Kampf in den Metropolen. In: *konkret*, Ausgabe 3: 2-3.

Meinhof, Ulrike (1968c): Vom Protest zum Widerstand. In: *konkret*, Ausgabe 5: 5.

Meinhof, Ulrike (1968d): Notstand - Klassenkampf. In: *konkret*, Ausgabe 6: 2.

Meinhof, Ulrike (1968e): Frauenkram. Ulrike Marie Meinhof über Emanzipation und falsches Bewußtsein In: *konkret*, Ausgabe 7: 24-27 und 52.

Meinhof, Ulrike (1968f): Große Koalition. In: *konkret*, Ausgabe 12: 2-3.

Meinhof, Ulrike (1968g): Die Frauen im SDS oder In eigener Sache. In: *konkret*, Ausgabe 12: 5.

Meinhof, Ulrike (1968h): Warenhausbrandstiftung. In: *konkret*, Ausgabe 14: 5.

Noir, Pierre (1968): Augenzeuge in Saigon. Pierre Noir. In: *konkret*, Ausgabe 6: 32-34.

Ray, Michèle (1968a): Bei den Partisanen in Israel. In: *konkret*, Ausgabe 15: 12-17.

Ray, Michèle (1968b): Palästina Partisanen. In: *konkret*, Ausgabe 17: 34-37.

Reiche, Reimut (1968): Ist Ehebruch gesund? In: *konkret*, Ausgabe 16: 16-9 und 51.

Richmond, Claude (1968): Das Ende der weißen Riesen. In: *konkret*, Ausgabe 4: 16-21.

Ridder, Helmut (1968): Notstand. In: *konkret*, Ausgabe 6: 22-23.

Röhl, Klaus Rainer (1968): Lieber konkret-Leser. In: *konkret*, Ausgabe 2: 4.

Röhl, Klaus Rainer (1968b): APO, was nun? In: *konkret*, Ausgabe 8: 3.

Röhl, Wolfgang (1968): Alle gehen zur Bundeswehr. Wir nicht. (Konkret gibt Tips für Wehrunwillige. In: *konkret*, Ausgabe 8: 22-25.

Sanders, Helge (1968): Der SDS – ein aufgeblasener konterrevolutionärer Hefeteig. In: *konkret*, Ausgabe 12: 6.

Sartre, Jean-Paul (1968): Die Verbrechen der USA. In: *konkret*, Ausgabe 1: 28-33.

Schneider, Peter (1968): BILD macht dumm! In: *konkret*, Ausgabe 3:14-17.

Unbekannter Autor (1968a): Die Revolution die Spaß macht. In: *konkret*, Ausgabe 1: 16-20.

Unbekannter Autor (1968b): Alle reden von der Pille. Wir nicht. (Wir verschaffen sie Ihnen). In: *konkret*, Ausgabe 7: 28-31.

Unbekannter Autor (1968c): Napalm. Der tödliche Sirup. In: *konkret*, Ausgabe 2: 15- 16.

Wallraff, Günter (1968a): Ich war Spitzel beim SDS. In: *konkret*, Ausgabe 3: 22-24.

Wallraff, Günter (1968b): Der Feind steht links. In: *konkret*, Ausgabe 4: 24-27.

Wallraff, Günter (1968/c): Die Sklaven der Frau Baronin. In: *konkret*, Ausgabe 11: 24-27.

Weiss, Peter (1968): Vietnam-Rapport. In: *konkret*, Ausgabe 8: 26-29.

1969 (*konkret*)

Bacia, Hubert/Werth, Jürgen (1969): Bernd P. – Maler 31. Jahre. In: *konkret*, Ausgabe 15: 38-41.

Benichon, Pierre (1969): Die süssen Jungen vom Place Pigalle. In: *konkret*, Ausgabe 26:12-15.

Herzog, Marianne (1969): Heimerziehung. In: *konkret*, Ausgabe 9: 30-37.

konkret (1969): Konkret intern. In: *konkret*, Ausgabe 2: 3.

Meinhof, Ulrike (1969a): Kolumnismus. In: *konkret*, Ausgabe 2: 2.

Meinhof, Ulrike (1969b): Mitbestimmung. In: *konkret*, Ausgabe 3: 2.

Meinhof, Ulrike (1969c): Alle reden vom Wetter, In: *konkret*, Ausgabe 4: 5.

Meinhof, Ulrike (1969d): Nixon. In: *konkret*, Ausgabe 5: 5.

Meinhof, Ulrike (1969e): Doof - weil arm. In: *konkret*, Ausgabe 6: 34-37.

Moeller, Lukas Michael (1969): Prüfungsangst. In: *konkret*, Ausgabe 15: 22-25.

Röhl, Klaus Rainer (1969a): Liebe konkret-Leser. In: *konkret*, Ausgabe 2: 6.

Röhl, Klaus Rainer (1969b): Freiheit für Mangakis. In: *konkret*, Ausgabe 25: 7.

Röhl, Klaus Rainer (1969c): Liebe konkret-Leser. In: *konkret*, Ausgabe 8: 3.

Röhl, Klaus Rainer (1969d): Soll die APO CDU wählen? In: *konkret*, Ausgabe 19: 5.

Röhl, Klaus Rainer (1969e): Prof. Gärtner ist kein Giftmischer. In: *konkret*, Ausgabe 24: 7.

Röhl, Wolfgang (1969a): Die sanften Dirnen. In: *konkret*, Ausgabe 24: 12-16.

Röhl, Wolfgang (1969b): Liebe mit Gewalt. In: *konkret*, Ausgabe 26: 26-27.

Röhl, Wolfgang (1969c): „Der Laden wird zerkrümelt". Chronik einer mißglückten Eroberung. In: *konkre*t, Ausgabe 11: 48-49.

Rühmkorf, Peter (1969): Agents provocateurs. In: *konkret*, Ausgabe 11: 3.

Strecker, Reinhard (1969a): Genügend Gift für ganz Berlin. In: *konkret*, Ausgabe 18: 6-7.

Strecker, Reinhard (1969b): Terror für den Westen. In: *konkret*, Ausgabe 20: 14-17.

Unbekannter Autor (1969a): Esso-s für Deutschlands Tankstellenpächter. Der Krieg der Ölkonzerne. In: *konkret*, Ausgabe 4: 34-37.

Unbekannter Autor (1969b): Die Staffelberg-Revolte. In: *konkret*, Ausgabe 15: 42-45.

Wallraff, Günter (1969a): „Gastarbeiter" oder der gewöhnliche Kapitalismus. In: *konkret*, Ausgabe 4: 14-18.

Wallraff, Günter (1969b): „Gastarbeiter" oder der gewöhnliche Kapitalismus. In: *konkret*, Ausgabe 7: 34-37.

Wallraff, Günter (1969c): Unternehmerfreiheit oder die uferlose Entgelterhöhung in Heimarbeit. In: *konkre*t, Ausgabe 10: 40-43.

Wallraff, Günter (1969d): 21/69: Giftgas für die Bundeswehr. In: *konkret*, Ausgabe 21: 12-15.

Wallraff, Günter (1969e): Umfrage bei Giftmischern. In: *konkret*, Ausgabe 21: 16-19.

Wallraff, Günter (1969f): Die Giftmischer von Kiel. In: *konkret*, Ausgabe 23: 39-41.

1970 (*konkret*)

Bach [Vorname ungenannt] **(1970)**: Streiten Sie sich glücklich! In: *konkret*, Ausgabe 10: 24-28.

Bettelheim, Bruno (1970): Das Kind, das eine Maschine war. In: *konkret*, Ausgabe 2: 23-27.

Dufner, Reinhold (1970): Endlich wieder richtig geliebt. In: *konkret*, Ausgabe 7: 12.

Kirchknopf, Geza (1970): Mädchen, die nur Mädchen lieben. In: *konkret*, Ausgabe 12: 36-41.

März, Hans-Joachim (1970): Der Henker macht Überstunden. In: *konkret*, Ausgabe 4: 47-49.

Michels, Bernd (1970): Wie man das Finanzamt schröpft. In: *konkret*, Ausgabe 3: 38-39 und 50.

Mummert, Ingo (1970): Du und Deine Komplexe. Befehl aus dem Unbewußten. Teil 1. In: *konkret*, Ausgabe 5: 22-27.

Röhl, Klaus Rainer (1970a): Hasch macht dumm. In: *konkret*, Ausgabe 5: 8.

Röhl, Klaus Rainer (1970b): Deutsche an einem Tisch. In: *konkret*, Ausgabe 7: 8.

Röhl, Klaus Rainer (1970c): Anarchismus führt zum Faschismus. In: *konkret*, Ausgabe 12: 6.

Röhl, Wolfgang (1970): Susanne D.-Sekretärin, 20 Jahre. Ein Sex-Protokoll. In: *konkret*, Ausgabe 1: 10-15

Sartre, Jean-Paul (1970): Marx ist besser als Freud. In: *konkret*, Ausgabe 7: 22-27.

Schwarzer, Alice (1970): Mit einem Bein im Knast. In: *konkret*, Ausgabe 11: 55.

Unbekannter Autor (1970): Test: Sie sie ‚männlich'? In: *konkret*, Ausgabe 24: 48-49.

Vogel, Wolfgang (1970): „Überall war schießen". In: *konkret*, Ausgabe : 5: 14-15.

Vogel, Wolfgang/Karsunke, Yaak (1970): IPO statt APO! In: *konkret*, Ausgabe 6: 51-52.

Wallraff, Günter (1970): Ulrikes Rote Armee. In: *konkret*, Ausgabe 14: 7.

1971 (*konkret*)

Engelmann, Bernt/Wallraff, Günter (1971a): Krupp und Krause. In: *konkret*, Ausgabe 15: 14-19.

Engelmann, Bernt/Wallraff, Günter (1971b): Krupp und Krause. In: *konkret*, Ausgabe 16: 44-46.

Engelmann, Bernt/Wallraff, Günter (1971c): Gunter Sachs, der fröhlichste deutsche Ausbeuter. In: *konkret*, Ausgabe 21: 18-22.

konkret (1971): Die Redaktionsverfassung von konkret. In: *konkret*, Ausgabe 26: 31

Michels, Bernd (1971): Bonanza oder Stadtguerilla? In: *konkret* , Ausgabe 16: 8f.

Neumann, Peter (1971): Was ich noch sagen wollte... In: *konkret*, Ausgabe 26: 54.

Parnass, Peggy (1971): Schluß mit dem Gebärzwang. In: *konkret*, Ausgabe 12: 48.

Riemeck, Renate (1971): Gib auf, Ulrike! In: *konkret*, Ausgabe 24: 8-9.

Röhl, Klaus Rainer (1971): Faßt die Springer-Gruppe! In: *konkret*, Ausgabe 13: 5.

Sonntag, Cornelie (1971): Frauen sind besser. In: *konkret*, Ausgabe 12: 28-31.

Unbekannter Autor (1971): Die Rote Armee der armen Irren. In: *konkret*, Ausgabe 19: 8-9.

1972 (*konkret*)

konkret (1972): konkret. In: *konkret*, Ausgabe 20: 7.

Lollis, Nanni de (1972): Der Prostitut. In: *konkret*, Ausgabe 9: 25-31.

Röhl, Klaus Rainer (1972a): Kein Fest für Fixer. In: *konkret*, Ausgabe 8: 22-24.

Röhl, Klaus Rainer (1972b): Ulrike Meinhof - Gefangene der Baader-Gruppe?. In: *konkret*, Ausgabe 14: 17-19.

Unbekannter Autor (1972a): Die Analyse der B&M-Gruppe. In: *konkret*, Ausgabe 5: 16-20.

Unbekannter Autor (1972b): Die Analyse der B&M-Gruppe. In: *konkret*, Ausgabe 6: 40-43.

Wallraff, Günter (1972): Husten, Röcheln, die Lunge total voll Waschmittel. In: *konkret*, Ausgabe 12: 33-35.

1973 (*konkret*)

Gremliza, Hermann L./Neuhauser, Peter (1973): Dokument 1. In: *konkret*, Ausgabe16: 8-9.

konkret (1973): Konkret intern. In: *konkret*, Ausgabe 37: 4.

Redaktionsversammlung (1973): Dokument 5. In: *konkret*, Ausgabe 16: 11.

Röhl, Klaus Rainer (1973a): Recht für Ulrike Meinhof. In: *konkret*, Ausgabe 7: 6.

Röhl, Klaus Rainer (1973b): Dokument 2. In: *konkret*, Ausgabe 16: 10.

1974 (*konkret*)

Gremliza, Hermann L. (1974a): konkret intern. In: *konkret*, Ausgabe 1: 3.

8.4 Sekundärquellen

Albertz, Heinrich (1986): Erinnerungen an den 2.Juni. In: Siepmann, Eckhard/Lusk, Irene/Holtfreter, Jürgen/Schmidt, Maruta/Dietz, Gabi (Hrsg.): CheSchahShit. Die sechziger Jahre zwischen Cocktail und Molotow. Reinbek: 178-182.

Albrecht, Willy (1994): Der Sozialistische Deutsche Studentenbund (SDS). Vom parteikonformen Studentenverband zum Repräsentanten der Neuen Linken. Bonn.

Alms, Barbara/ Steinmetz, Wiebke (2000): Der Sturm. Delmenhorst.

Aly, Götz (2008): Unser Kampf. 1968 - ein irritierter Blick zurück. Frankfurt am Main.

Altendorfer, Otto (2004): Das Mediensystem der Bundesrepublik Deutschland. Band 2. Wiesbaden.

Altschull, Herbert J. (1990): Teaching Journalism as Literature and Possibilities of Artistic Growth. In: Journalism Educator, Nr.2: 54-60.

Amos, Heike (1999): Die Westpolitik der SED. 1948/49-1961. Berlin.

Andersen, Arne (1997): Der Traum vom guten Leben. Frankfurt/New York.

Anonym (1988): Deckname Stabil. Stationen aus dem Leben und Wirken des Kommunisten und Tschekisten Paul Laufer. Leipzig.

Arbeitsgemeinschaft Leseranalyse e.V. (1968): Leseranalyse für Publikumszeitschriften. Frankfurt am Main.

Arbeitsgemeinschaft Leseranalyse e.V. (1971): Leseranalyse für Publikumszeitschriften. Frankfurt am Main.

Arnold, Klaus (2008): Kommunikationsgeschichte als Differenzierungsgeschichte. Integration von system- und handlungstheoretischen Perspektiven zur Analyse kommunikationsgeschichtlicher Prozesse. In: Arnold, Klaus/Behmer, Markus/Semrad, Bernd (Hrsg.): Kommunikationsgeschichte. Positionen und Werkzeuge. Ein diskursives Hand- und Lehrbuch. Berlin: 111-133.

Arnold, Klaus/Behmer, Markus/Semrad, Bernd (2008a): Einleitung. Kommunikationsgeschichte - neue Perspektiven für ein altes Fach. In: Arnold, Klaus/Behmer, Markus/Semrad, Bernd (Hrsg.): Kommunikationsgeschichte. Positionen und Werkzeuge. Ein diskursives Hand- und Lehrbuch. Berlin: 7-16.

Arnold, Klaus/Behmer, Markus/Semrad, Bernd (2008b) (Hrsg.): Kommunikationsgeschichte. Positionen und Werkzeuge. Ein diskursives Hand- und Lehrbuch. Berlin.

AUSS Frankfurt (1969): Zur Notwendigkeit eigener Kommunikationsmedien für die Schülerbewegung. In: Liebel, Manfred/Wellendorf, Franz (Hrsg.): Schülerselbstbefreiung. Voraussetzungen und Chancen der Schülerrebellion. Frankfurt am Main: 179-184.

Aust, Stefan (1993): 1968 und die Medien. In: Jacoby, Edmund/Hafner, Georg (Hrsg.): 1968 - Bilderbuch einer Revolte. Frankfurt am Main: 81-96.

Aust, Stefan (1998): Der Baader-Meinhof-Komplex. München.

Austermann, Anton (1995): Unter der Maske des Berufs das Gesicht wahren. Die Wiederentdeckung der journalistischen Persönlichkeit. In: Aviso, Ausgabe 14: 7-10.

Baacke, Dieter (1972): Beat – die sprachlose Opposition. München.

Barth, Kuno (1969): Die Revolutionierung der Schüler. Hintergründe, Ziele, Abwehr. Mannheim.

Bauer, Markus (1994): Zwischen den Kriegen. In: Bauer, Markus (Hrsg.): Passage Marburg. Ausschnitte aus vierundzwanzig Lebenswegen. Marburg: 241-251.

Baumann, Michael (1977): Wie alles anfing. Frankfurt.

Bauß, Gerhard (1977): Die Studentenbewegung der sechziger Jahre in der Bundesrepublik und Westberlin. Köln.

Becker, Jillian (1978): Hitlers Kinder? Frankfurt am Main.

Behmer, Markus (2008): Quellen selbst erstellen. Grundzüge, Anwendungsfelder und Probleme von Oral History in der medien- und kommunikationsgeschichtlichen Forschung. In: Arnold, Klaus/Behmer, Markus/Semrad, Bernd (Hrsg.): Kommunikationsgeschichte. Positionen und Werkzeuge. Ein diskursives Hand- und Lehrbuch. Berlin: 343-361.

Bell, Daniel (1976): The Cultural Contradictions of Capitalism. New York.

Bekes, Peter/Bielefeld, Michael (1982): Peter Rühmkorf. München.

Ben, Michael (1986): Die normative Kraft des Faktischen. Zur gesellschaftlichen, wirtschaftlichen, außen- und innenpolitischen Situation der Bundesrepublik in den sechziger Jahren: In: Siepmann, Eckhard/Lusk, Irene/Holtfreter, Jürgen/Schmidt, Maruta/Dietz, Gabi (Hrsg.): CheSchahShit. Die sechziger Jahre zwischen Cocktail und Molotow. Reinbek: 39-78.

Bergmann, Uwe (1968): Das «Vietnam»-Semester. In: Bergmann, Uwe/Dutschke, Rudi/Lèvevre, Wolfgang/Bernd Rabehl, Bernd (Hrsg.): Rebellion der Studenten. Reinbek: 18-20.

Bertaux, Daniel/Bertaux-Wiame, Isabelle (1985): Autobiographische Erinnerungen und kollektives Gedächtnis. In: Niethammer, Lutz (Hrsg.): Lebenserfahrung und kollektives Gedächtnis. Die Praxis der »Oral History«. Frankfurt am Main: 146-165.

Bernhard, Patrick (2006): An der »Friedensfront«. Die APO, der Zivildienst und der gesellschaftliche Aufbruch der sechziger Jahre. In: Hodenberg, Christina von/Siegfried, Detlef (Hrsg.)(2006): Wo »1968« liegt. Reform und Revolte in der Geschichte der Bundesrepublik. Göttingen: 164-201.

Binder, Sepp (1992): Terrorismus - Herausforderung und Antwort. Bonn.

Bleyl, Henning (2007): Die Preise des Herrn Hübotter. In: taz, 23.Januar: 23.

Blitzer, Eberhard (1959): Die Abrechnung mit der *konkret*-Linken. Der Sozialistische Deutsche Studentenbund auf neuem Kurs. In: FAZ, Nr. 176 vom 1.August: 2.

Bohnsack, Günter/Brehmer, Herbert (1992): Auftrag: Irreführung. Wie die Stasi Politik im Westen machte. Hamburg.

Bohrmann, Hans (1975): Strukturwandel der deutschen Studentenpresse. Studentenpolitik und Studentenzeitschriften 1848-1974. München.

Bohrmann, Hans (1999): Entwicklung der Zeitschriftenpresse. In: Wilke, Jürgen (Hrsg.): Mediengeschichte. Bonn: 135-145.

Bossert, Jill (1992): Das Bild im Magazin: Illustration & Photographie. In Pedersen, B. Martin (Hrsg.): Graphis Magazindesign. Der internationale Überblick über die Zeitschriftengestaltung. Zürich: 59-78.

Botz, Gerhard (1988): Neueste Geschichte zwischen Quantifizierung und „Mündlicher Geschichte". Überlegungen zur Konstituierung einer sozialwissenschaftlichen Zeitgeschichte von neuen Quellen und Methoden her. In: Both, Gerhard u.a. (Hrsg): „Qualität und Quantität". Zur Praxis der Methoden der historischen Sozialwissenschaft. Frankfurt am Main/New York: 13-42.

Braun, Ina (2007): Günter Wallraff. Leben - Werk -Wirken - Methode. Würzburg.

Brielmaier, Peter / Wolf, Eberhard (1997): Zeitungs- und Zeitschriftenlayout. Konstanz.

Briem, Jürgen (1976): Der SDS. Geschichte des bedeutendsten Studentenverbandes der BRD von 1945 bis 1961. Frankfurt.

Bröckers, Mathias/Berentzen, Detlef/Brugger, Bernhard (Hrsg.) (1989): Die TAZ. Das Buch. Frankfurt.

Bruch, Rüdiger von (2003): Geschichtswissenschaft. In: Jordan, Stefan (Hrsg.): Lexikon Geschichtswissenschaft. Hundert Grundbegriffe. Stuttgart: 124-129.

Brüseke, Franz/Große-Oetringhaus, Hans-Martin (2000): Blätter von unten. Alternativzeitungen in der Bundesrepublik. Offenbach.

Burger, Reiner (1996): „Jüdisches Nachrichtenblatt" (1938-1943). Historischer Kontext, Entwicklung und Inhalte. (Unveröffentlichte Diplomarbeit) Eichstätt.

Burmester, Siegfried (2002): Ein Leben zwischen Irrtum und Hoffnung. Eine politische Biografie. Sangerhausen.

Chaussy, Ulrich (1986): Das Attentat auf Rudi Dutschke. In: Siepmann, Eckhard/Lusk, Irene/Holtfreter, Jürgen/Schmidt, Maruta/Dietz, Gabi (Hrsg.): CheSchahShit. Die sechziger Jahre zwischen Cocktail und Molotow. Reinbek: 211-221.

Chaussy, Ulrich (1999): Die drei Leben des Rudi Dutschke. Eine Biographie. Zürich.

Cherki, Alice (2002): Frantz Fanon. Hamburg.

Clausen, Bettina/Singelmann, Karsten (1992): Avantgarde heute? In: Briegleb, Klaus/Weigel, Sigrid (Hrsg.): Gegenwartsliteratur seit 1968. München: 455-490.

Clausen, Lars (1992): Die Finisten. In: Mittelweg 36, Dezember/Januar: 19-35.

Cohn-Bendit, Dany/Mohr, Reinhard (1988): 1968. Die letzte Revolution, die noch nichts vom Ozonloch wußte. Berlin.

Dauks, Klaus-Peter (2004): Neue Linke und Alternativbewegung. Eine kritische Bestandsaufnahme aus Berliner Sicht. Aachen.

Daum, Thomas (1975): Ghetto, Sprungbrett, Basis. Zum Selbstverständnis der Alternativpresse seit 1968. München.

Demoskopisches Institut Allensbach (1961): Das geistige Bild der Studenten. Ihre Einstellung zu Politik, Kultur und Hochschulfragen. Hrsg. vom Stifterverband für die deutsche Wissenschaft. Essen-Bredeney.

Ditfurth, Jutta (2008): Rudi und Ulrike. Geschichte einer Freundschaft. München.

Ditfurth, Jutta (2009): Ulrike Meinhof. Die Biografie. Berlin.

Doderer, Klaus (1993): Jugendliteratur zwischen Trümmern und Wohlstand 1945-1960. Weinheim/Basel.

Dönhoff, Marion Gräfin/Leonhardt, Rudolf Walter/Sommer, Theo (1964): Reise in ein fernes Land. Bericht über Kultur, Wirtschaft und Politik in der DDR. Hamburg.

Dorsch, Petra (1982): Die Alternativzeitungen - ihr Markt und ihre Macher. In: Media Perspektiven: 660-667.

Dose, Ralf (1990): Die Implantation der Antibabypille in den 60er und frühen 70er Jahren. In: Zeitschrift für Sexualforschung, Heft 1: 25-39.

Dröge, Franz Wilhelm (1967): Zur Methode der publizistischen Geschichtsschreibung. Münster. (Unveröffentlichtes Manuskript).

Dünnebier, Anna/Paczensky, Gert von (1999): Das bewegte Leben der Alice Schwarzer. Die Biographie. München.

Elias, Norbert (1988): Der Prozeß der Zivilisation. Soziogenetische und psychogenetische Untersuchungen. Frankfurt am Main.

Elter, Andreas (2006): Die RAF und die Medien. Ein Fallbeispiel für terroristische Kommunikation. In: Kraushaar, Wolfgang (Hrsg.): Die RAF und der linke Terrorismus. Band 2. Hamburg: 1060-1074.

Emig, Günther/Engel, Peter/Schubert, Christoph (1980): Die Alternativpresse. Kontroversen, Polemiken, Dokumente. Ellwangen.

Enseling, Alf (1962): Die Weltbühne, Organ der intellektuellen Linken. Münster.

Enzensberger, Hans Magnus (1970): Baukasten zu einer Theorie der Medien. In: Kursbuch, Ausgabe 20: 159-186.

Erhard, Ludwig (1965): Die Formierte Gesellschaft. Düsseldorf.

Eskildsen, Ute (1985):Fotografie in deutschen Zeitschriften 1946-1984. Stuttgart.

Eurich, Claus (1981): Alternativ-Publizistik. In: Koszyk, Kurt/Pruys, Hugo (Hrsg.): Handbuch der Massenkommunikation. München: 11-12.

Faulstich, Werner (2002): Die neue Jugendkultur. Teenager und das Halbstarkenproblem. In: Faulstich, Werner (Hrsg.): Die Kultur der fünfziger Jahre. München: 277-290.

Fichter, Tilman (1988): SDS und SPD. Parteilichkeit jenseits der Partei. Opladen.

Fichter, Tilman/Lönnendonker, Siegward (1979): Von der „neuen Linken" zur Krise des Linksradikalismus. In: Blanke, Bernhard/Brünneck, Alexander von/Tornow, Georgia (Hrsg.): Die Linke im Rechtsstaat. Berlin.

Fichter, Tilman/Lönnendonker, Siegward (1998): Macht und Ohnmacht der Studenten: Kleine Geschichte des SDS. Hamburg.

Fichter, Tilman P./Lönnendonker, Siegward (2008): Kleine Geschichte des SDS. Der Sozialistische Deutsche Studentenbund von Helmut Schmidt bis Rudi Dutschke. Bonn.

Fischer, Heinz-Dietrich (1981): Parteien und Presse in Deutschland seit 1945. München/New York/London/Paris.

Flieger, Wolfgang (1992): Die taz. Vom Alternativblatt zur linken Tageszeitung. München.

Forschungsstelle für Zeitgeschichte Hamburg (2009)(Hrsg.): „Kampf dem Atomtod!" Die Protestbewegung 1957/58 in zeithistorischer und gegenwärtiger Perspektive. München/Hamburg.

Fraser, Nancy (1992): Rethinking the public sphere. A contribution to the critique of actually existing democracy. In: Calhoun, Craig (Hrsg.): Habermas and the public sphere. Cambridge: 109-142.

Fraser, Nancy (1996): Öffentlichkeit neu denken. Ein Beitrag zur Kritik real existierender Demokratie. In: Scheich, Elvira (Hrsg.): Vermittelte Weiblichkeit. Feministische Wissenschafts- und Gesellschaftstheorie. Hamburg: 151-182.

Frei, Norbert (1989): Presse-, Medien-, Kommunikationsgeschichte. Aufbruch in ein interdisziplinäres Forschungsfeld? In: Historische Zeitschrift, Bd. 248: 101-114.

Frei, Norbert (2008): 1968. Jugendrevolte und globaler Protest. Bonn.

Führer, Karl Christian/Hickethier, Knut/Schildt, Axel (2001): Öffentlichkeit - Medien - Geschichte. Konzepte der modernen Öffentlichkeit und Zugänge zu ihrer Erforschung. In: Archiv für Sozialgeschichte, Ausgabe 41: 1-38.

Fuhrmann, Joachim (1969): agitprop. Lyrik, Thesen, Berichte. Hamburg.

Gadamer, Hans-Georg (1965): Wahrheit und Methode. Grundzüge einer philosophischen Hermeneutik. Tübingen.

Gallus, Alexander (2001a): Zeitschriftenporträt: konkret. In: Backes, Uwe/Jesse, Eckhard (Hrsg.): Jahrbuch Extremismus & Demokratie. Baden-Baden: 227-249.

Gallus, Alexander (2001b): Die Neutralisten. Verfechter eines vereinten Deutschland zwischen Ost und West 1945 - 1990. Düsseldorf.

Gallus, Alexander (2005): Einen Augiasstall kann man nicht beschmutzen. Was im Blatt stand, drang ins ganze Land: Die „Weltbühne" und ihr Drang, allen die Wahrheit zu sagen. In: FAZ, vom 11.Oktober: 46.

Gass-Bolm, Torsten (2006): Revolution im Klassenzimmer? Die Schülerbewegung 1967-1970 und der Wandel der deutschen Schule. In: Hodenberg, Christina von/Siegfried, Detlef (Hrsg.)(2006): Wo »1968« liegt. Reform und Revolte in der Geschichte der Bundesrepublik. Göttingen: 113-138.

Gehrs, Oliver (2005): Der Spiegel-Komplex. München.

Giefer, Thomas (2000): Politische Morde (1). Patrice Lumumba - Eine afrikanische Tragödie. Fernsehfilm, ausgestrahlt in der ARD am 1. November, 23.45 Uhr.

G.J. (1965): Zehn Jahre „Konkret". In: SZ, 29./30. Mai: 12.

Glasenapp, Jörn (2003): Titelschwund und Politisierung: Zur Illustriertenlandschaft der sechziger Jahren. In: Faulstich, Werner (Hrsg.): Die Kultur der sechziger Jahre. München: 129-144.

Godard, Jean-Luc (1965): Masculin - Feminin oder: die Kinder von Marx und Coca-Cola. Fernsehfilm (104 Minuten).

Goebel, Thomas (1999): Neue Kritik von links. Die Zeitschrift ‚konkret' am Ende der Ära Adenauer. (Unveröffentlichte Magisterarbeit). Freiburg.

Gottschlich, Jürgen (2007): Der Mann, der Günter Wallraff ist. Eine Biographie. Köln.

Grass Günter (1971): [Titel unkekannt]. In: SZ vom 16. Juli.

Grele, Ronald J. (1985): Ziellose Bewegung. Methodologische und theoretische Probleme der Oral History. In: Niethammer, Lutz (Hrsg.): Lebenserfahrung und kollektives Gedächtnis. Die Praxis der »Oral History«. Frankfurt am Main: 195-220.

Gremliza, Hermann L. (1987): 30 Jahre KONKRET. Hamburg.

Groth, Peter (2007): Materieller Gewinn ist ihm nicht alles. In: Weser-Kurier, 24.Januar, Seite unbekannt.

Grossman, Alvin (1992): Historische Rückblende. In: Pedersen, B. Martin (Hrsg.): Graphis Magazindesign. Der internationale Überblick über die Zeitschriftengestaltung. Zürich: 9-19.

Haacke, Wilmont (1961): Die Zeitschrift - Schrift der Zeit. Essen.

Haacke, Wilmont (1967): Genealogie einer politischen Zeitschrift. In: Publizistik, Jg 12: 83-99.

Haas, Hannes (1999): Empirischer Journalismus. Verfahren zur Erkundung gesellschaftlicher Wirklichkeit. Wien/Köln/Weimar.

Haas, Hannes (2004): Fiktion, Fakt & Fake? Geschichte, Merkmale und Protagonisten des New Journalism in den USA. In: Bleicher, Joan Kristin/Pörksen, Bernhard (Hrsg.): Grenzgänger. Formen des New Journalism. Wiesbaden: 43-73.

Haas, Hannes/Pürer, Heinz (1996): Berufsauffassungen im Journalismus. In: Pürer, Heinz (Hrsg.): Praktischer Journalismus. Salzburg: 355-365.

Habermas, Jürgen (1962): Strukturwandel der Öffentlichkeit. Neuwied.

Habermas, Jürgen (1990a): Die Moderne - Ein unvollendetes Projekt. Philosophisch-politische Aufsätze. Leipzig.

Habermas, Jürgen (1990b): Die nachholende Revolution. Frankfurt am Main.

Habermas, Jürgen (1994): Die Moderne - Ein unvollendetes Projekt. Philosophisch-politische Aufsätze. Leipzig.

Hachfeld, Eckhart (1967): Amadeus geht durchs Land. In: Stern, Nr.19: 180.

Hallstein, Walter (1967): Gammler und Provos. In: Frankfurter Hefte, Ausgabe 22: 409-418.

Harcup, Tony (2003): ‚The unspoken - said'. The journalism of alternative media. In: Journalism, 4 (3): 356-376.

Harpprecht, Klaus (2009): Die Legende vom Muff der 50er Jahre. In: Neue Gesellschaft/Frankfurter Hefte, Ausgabe 9: 11-14.

Hartung, Uwe/Schlüter (1990): Die Darstellung von Sexualmoral in den Illustrierten „Stern" und „Bunte" 1962-1977. In: Publizistik, Ausgabe 35: 304-327.

Hasen, Ursula (1969): Stilbildung als absatzwirtschaftliches Problem der Konsumgüterindustrie, Berlin.

Helfferich, Cornelia (2005): Die Qualität qualitativer Daten. Manual für die Durchführung qualitativer Interviews. Wiesbaden.

Helm, Ingo (1992): Literatur und Massenmedien. In: Briegleb, Klaus/Weigel, Sigrid (Hrsg.): Gegenwartsliteratur seit 1968. München: 536-556.

Heigert, Hans (1959): Ein neuer Typ wird produziert: der Teenager. In: Deutsche Jugend, Jg. 7: 117-121.

Heimann, Siegfried (1983): Die Deutsche Kommunistische Partei. In: Stöss, Richard (Hrsg.): Parteien-Handbuch. Die Parteien der Bundesrepublik Deutschland 1945-1980. Band 1: AUD bis EFP. Opladen: 901-981.

Heimpel, Hermann (1960): Gegenwartsaufgaben der Geschichtswissenschaft. In: Heimpel, Hermann (Hrsg.): Kapitulation vor der Geschichte. Gedanken zur Zeit. Göttingen: 45-67.

Herbet, Dominique (2007): 'Konkret' et 'Junge Welt.Clivage est-ouest dans la presse allemande d'extrême gauche ou émergence d'une nouvelle identité. In : Association pour la Connaissance de l'Allemagne d'Aujourd'hui (Hrsg.): Allemagne d'aujourd'hui. Paris: 16-32.

Hermann, Kai (1965): Kampagne gegen ‚Konkret'. In: ZEIT, 28. Mai, Seitenzahl unbekannt.

Hermann, Kai (1967): Die Revolte der Studenten. Hamburg,

Herzog, Dagmar (2006): »Sexy Sixties?« Die sexuelle Liberalisierung der Bundesrepublik zwischen Säkularisierung und Vergangenheitsbewältigung. In. Hodenberg, Christina von/Siegfried, Detlef (Hrsg.)(2006): Wo »1968« liegt. Reform und Revolte in der Geschichte der Bundesrepublik. Göttingen: 79-112.

Hevermann, Knut (1967): Der 2. Juni 1967. Köln.

Hickethier, Knut (1998): Medien. In: Führ, Christoph/Furck, Carl-Ludwig (Hrsg.): Handbuch der deutschen Bildungsgeschichte. Bd. 6/1: 1945 bis zur Gegenwart. München: 585-630.

Hickethier, Knut (2003): Protestkultur und alternative Lebensformen. In: Faulstich, Werner (Hrsg.): Die Kultur der sechziger Jahre. München: 11-30.

Hirzinger, Maria (1991): Biographische Medienforschung. Wien, Köln, Weimar.

hoc/ dpa/ddp/AP (2008): Peter Rühmkorf ist tot. In: http://www.spiegel.de/kultur/literatur/0,1518,558614,00.html, Zugriff am 15. August 2009.

Hodenberg, Christina von (2006a): Konsens und Krise. Eine Geschichte der westdeutschen Medienöffentlichkeit 1945-1973. Göttingen.

Hodenberg, Christina von (2006b): Der Kampf um die Redaktionen. »1968« und der Wandel der westdeutschen Massenmedien. In: Hodenberg, Christina von/Siegfried, Detlef (Hrsg.)(2006): Wo »1968« liegt. Reform und Revolte in der Geschichte der Bundesrepublik. Göttingen: 139-163.

Hodenberg, Christina von/Siegfried, Detlef (2006c): Reform und Revolte. 1968 und die langen sechziger Jahre in der Geschichte der Bundesrepublik. In: Hodenberg, Christina von/Siegfried, Detlef (Hrsg.)(2006): Wo »1968« liegt. Reform und Revolte in der Geschichte der Bundesrepublik. Göttingen: 7-15.

Hodenberg, Christina von/Siegfried, Detlef (Hrsg.)(2006): Wo »1968« liegt. Reform und Revolte in der Geschichte der Bundesrepublik. Göttingen.

Hoffmann, Jochen/Sarcinelli, Ulrich (1999): Politische Wirkungen der Medien. In: Wilke, Jürgen (Hrsg.): Mediengeschichte der Bundesrepublik Deutschland. Bonn: 720-750.

Hoffman-Riem, Wolfgang (1979): Innere Pressefreiheit als politische Aufgabe. Über die Bedingungen und Möglichkeiten arbeitsteiliger Aufgabenwahrnehmung in der Presse. Neuwied/Darmstadt.

Hollstein, Walter (1970): Der Untergrund. Berlin/Neuwied.

Holly, Elmar (1989): Die Weltbühne 1918-1933. Ein Register sämtlicher Autoren und Beiträge. Berlin.

Holtz-Bacha, Christina (1986): Mitspracherechte für Journalisten – Redaktionsstatuten in Presse und Rundfunk. Köln.

Holtz-Bacha, Christina (1999): Alternative Presse. In: Wilke, Jürgen (Hrsg.): Mediengeschichte. Bonn: 330-349.

Holzer, Horst (1966): Selbstverständnis und Inhaltsstruktur aktueller Illustrierten . Dargestellt an den Zeitschriften QUICK, REVUE, STERN. (Dissertation) München.

Holzer, Horst (1974): Materielle Basis, politische Qualität und herrschaftliche Funktion der Fernsehkommunikation. In: Dieter Baacke (Hg): Kritische Medientheorien. Konzepte und Kommentare. München: 107-125.

Huber, Joseph (1986): Alternativbewegungen. In: Mickel, Wolfgang M./Zitzlaff, Dietrich (Hrsg): Handlexikon zur Politikwissenschaft. Bonn: 5-9.

Hübotter, Klaus (o.J.): Stoppelfeld-Zeit. Ende 1994 – Mitte 1996 (Tagebuch-Verse III). Bremen.

Hübotter, Klaus (1992): Neapel-Sizilien: 1787 – 1950 -1986. Bremen.

Hübotter, Klaus (1993): 18 Briefe aus dem Gefängnis 1953/54. Bremen.

Informationsgemeinschaft zur Feststellung der Verbreitung von Werbeträgern (1965): Auflagenmeldung 2. Quartal 1965. Bad Godesberg.

Informationsgemeinschaft zur Feststellung der Verbreitung von Werbeträgern (1966): Auflagenmeldung 2. Quartal 1966. Bad Godesberg

Informationsgemeinschaft zur Feststellung der Verbreitung von Werbeträgern (1966): Auflagenmeldung 4. Quartal 1966. Bad Godesberg

Informationsgemeinschaft zur Feststellung der Verbreitung von Werbeträgern (1967): Auflagenmeldung 4. Quartal 1967. Bad Godesberg

Informationsgemeinschaft zur Feststellung der Verbreitung von Werbeträgern (1968): Auflagenmeldung 3. Quartal 1968. Bad Godesberg

Informationsgemeinschaft zur Feststellung der Verbreitung von Werbeträgern (1971): Auflagenmeldung 1. Quartal 1971. Bad Godesberg

Initiative Literatur (o.J.): Die „Finisten". In: http://www.initiative-literatur.de/finisten.html, Zugriff am 14. Juni 2009.

Jansen, Bernd/Klönne, Arno (Hrsg.) (1968): Imperium Springer. Macht & Manipulation. Köln.

Jennings, Dana Andrew (1992): Zeitschriftenumschläge. In: Pedersen, B. Martin (Hrsg.): Graphis Magazindesign. Der internationale Überblick über die Zeitschriftengestaltung. Zürich: 21-32.

Jipp, Helmuth (2003): Günter Wallraff: Einstweilige Verfügung gegeSn DIE WELT vom 19.08.2003. Hamburg.

Jipp, Helmuth (2006): Presseerklärung vom 10.01.2006. Hamburg.

Juchler, Ingo (1996): Die Studentenbewegung in den Vereinigten Staaten und der Bundesrepublik Deutschland der sechziger Jahre. Eine Untersuchung hinsichtlich ihrer Beeinflussung durch Befreiungsbewegungen und -theorien aus der Dritten Welt. Berlin.

Karl, Michaela (2003): Rudi Dutschke. Revolutionär ohne Revolution. Frankfurt am Main.

Karl, Michaela (2007): „Es lebe die Weltrevolution!" Deutsche Lebensläufe. Grafenau.

Keil, Lars-Broder (2007): Heinrich Lübke und die Staatssicherheit. In: Welt, 9. Mai. Einsehbar unter: http://www.welt.de/politik/deutschland/article862432/Heinrich_Luebke_und_die_Staatssicherheit.html, Zugriff am 15. August 2009.

Kepplinger, Hans Mathias/Hachenberg, Michael (1980): Die fordernde Minderheit. Eine Studie zum sozialen Wandel durch abweichendes Verhalten am Beispiel der Kriegsdienstverweigerung. In: KZfSS, Nr.32: 484-507.

Kepplinger, Hans Mathias (1999): Publizistische Konflikte. In: Wilke, Jürgen (Hrsg.): Mediengeschichte der Bundesrepublik Deutschland. Bonn: 698-719.

Kerbs, Diethart (1971): Die hedonistische Linke. Beiträge zur Subkultur-Debatte. Neuwied/Berlin.

Klein, Anshar/Legrand, Hans-Josef/Leif, Thomas (Hrsg.) (1999): Neue soziale Bewegungen. Impulse, Bilanzen und Perspektiven. Opladen.

Knabe., Hubertus (1999): Die unterwanderte Republik. Stasi im Westen. Berlin.

Knabe, Hubertus (2000): „Operationsgebiet" Bundesrepublik. Die Stasi im Westen. München.

Knabe, Hubertus (2001): Die unterwanderte Republik. Stasi im Westen. Berlin.

Knabe, Hubertus (2002): Der diskrete Charme der DDR. Stasi und Westmedien. Ulm.

Koenen, Gerd (2001): Das rote Jahrzehnt. Unsere kleine deutsche Kulturrevolution 1967-1977. Köln.

konkret (o.J.): Über Konkret. In: http://www.konkret-verlage.de/kvv/txt.php?text=ueber, Zugriff am 20. Juli 2008.

Koszyk, Kurt (2008): Rahmenbedingungen der Kommunikationsgeschichte. In: Bohrmann, Hans/Klaus, Elisabeth/Machill, Marcel (Hrsg.): Media Industry, Journalism Culture and Communication Policies in Europe. Köln: 311 – 334.

Köhler, Otto (1969): „Enteignet Extra-Dienst - Entmachtet Röhl". In: Spiegel, Nr. 8: 151.

Kötterheinrich, Manfred (1965): Die Konzentration in der deutschen Presse. In: Pross, Harry (Hrsg): Deutsche Presse seit 1945. Bern: 76-97.

Koetzle, Michael (1995): Die Zeitschrift twen. Revision einer Legende. In: Koetzle, Michael (Hrsg.): Die Zeitschrift TWEN. Revision einer Legende. München: 12-73.

Kraushaar, Wolfgang 1977): Notizen zu einer Chronologie der Studentenbewegung. In: Mosler, Peter (Hrsg.): Was wir wollten, was wir wurden. Reinbek: 253ff.

Kraushaar, Wolfgang (1986): Time is on my side. Die Beat-Ära. In: Bucher, Willi/Pohl, Klaus (Hrsg.): Schock und Schöpfung. Jugendästhetik im 20. Jahrhundert. Darmstadt: 214-223.

Kraushaar, Wolfgang (1998a): 1968. Das Jahr, das alles verändert hat. München.

Kraushaar, Wolfgang (1998b): Frankfurter Schule und Studentenbewegung. Von der Flaschenpost zum Molotowcocktail 1946-1995. Hamburg.

Kraushaar, Wolfgang (2000): 1968 als Mythos, Chiffre und Zäsur. Hamburg.

Kraushaar, Wolfgang (2001): 1968 und Massenmedien. In: Archiv für Sozialgeschichte (41): 317-348.

Kraushaar, Wolfgang (2006): Kleinkrieg gegen einen Großverleger. Von der Anti-Springer-Kampagne der APO zu den Brand- und Bombenanschlägen der RAF. In: Kraushaar, Wolfgang (Hrsg.): Die RAF und der linke Terrorismus. Band 2. Hamburg: 1075-1116.

Krebs, Mario (1988): Ulrike Meinhof. Ein Leben im Widerspruch. Reinbek.

Krischer, Markus (1998): Auf Seite 17 verplaudert. Gegenüber der Gauck-Behörde und der Öffentlichkeit retuschiert Günter Wallraff die entscheidende Phase seiner Kontakte zur Staatssicherheit. In: Focus, 23. November: 58.

Krischer, Markus/Schmitz, Rainer (1998): Auskunft über „Wagner“. In einer jetzt gefundenen Akte dokumentierte die Stasi ihr Verhältnis zu Günter Wallraff. In: Focus, 25. Mai: 34.

Krotz, Friedrich (1992): Kommunikation als Teilhabe. Der ‚Cultural Studies Approach‘. In: Rundfunk und Fernsehen, Ausgabe 4: 412-431.

Krotz, Friedrich (1998): Gegenöffentlichkeit. In: Jarren, Ottfried / Sarcinelli, Ulrich / Saxer, Ulrich: Politische Kommunikation in der demokratischen Gesellschaft. Ein Handbuch. Opladen: 653-654.

Krotz, Friedrich (2003): Zivilisationsprozess und Mediatisierung: Zum Zusammenhang von Medien- und Gesellschaftswandel. In: Behmer, Markus/Krotz, Friedrich/Stöber, Rudolf/Winter, Carsten (Hrsg): Medienentwicklung und gesellschaftlicher Wandel. Beiträge zu einer theoretischen und empirischen Herausforderung. Wiesbaden: 15-38.

Krüger, Heinz-Hermann (1986): Viel Lärm ums Nichts? Jugendliche ‚Existenzialisten' in den 50er Jahren. Spurensuche. In: Bucher, Willi/Pohl, Klaus (Hrsg.): Schock und Schöpfung. Jugendästhetik im 20. Jahrhundert. Darmstadt: 262-268.

Kube, Jürgen (2008): Nachruf auf eine Zeitschrift. In: http://www.faz.net/s/Rub117C535CDF414415BB243B181B8B60AE/Doc~E76779D0BC29A4004A44AF194E7FA6D2D~ATpl~Ecommon~Scontent.html, Zugriff am 15. September 2009.

Kubina, Michael (2001): Von Utopie, Widerstand und Kaltem Krieg. Das unzeitgemäße Leben des Berliner Rätekommunisten Alfred Weiland. Hamburg.

Küchler, Manfred (1980): Qualitative Sozialforschung. Modetrend oder Neuanfang? In: KZfSS, Nr. 32: 373-386.

Kumpf, Richard (2000): Alarmtauchen im Krieg. Untertauchen im Kalten Krieg. Ein Kommunist berichtet über sein Leben. Bonn.

Kurbjuweit, Dirk/Röbel, Sven/Sontheimer, Michael/Wensierski, Peter (2009): Verrat vor dem Schuss. In: Spiegel, Ausgabe 22: 42-51.

Kurz, Gerda (1979): Alternativ leben? Zur Theorie und Praxis der Gegenkultur. Berlin.

Lamnek, Siegfried (1988): Qualitative Sozialforschung. Band 1: Methodologie. München, Weinheim.

Langenbucher, Wolfgang R. (1987a): Vorwort. In: Bobrowsky, Manfred/Langenbucher, Wolfgang R. (Hrsg): Wege zur Kommunikationsgeschichte. München: 13-17.

Langenbucher, Wolfgang R. (1987b): Ein Plädoyer, Kommunikationsgeschichte endlich zu schreiben. In: Medien & Zeit, Heft 3: 13-16

Langenbucher, Wolfgang R. (2008): Wieder die biografische Blindheit. Plädoyer für Journalismus, Werke und Personen. In: Arnold, Klaus/Behmer, Markus/Semrad, Bernd (Hrsg.): Kommunikationsgeschichte. Positionen und Werkzeuge. Ein diskursives Hand- und Lehrbuch. Berlin: 185-207.

Langguth, Gerd (1983): Protestbewegung. Die Neue Linke seit 1968. Entwicklung - Niedergang - Renaissance. Köln.

Lenin, Wladimir Iljitsch (1904): Ein Schritt vorwärts, zwei Schritte zurück. Die Krise in unserer Partei. In: ders. (1956): Werke. Band 7. Ost-Berlin: 416f.

Lenk, Elisabeth (1962): Die sozialistische Theorie in der Arbeit des SDS, in: neue kritik, 13/1962: 7-11

Lenz, Reimar (1969): Manipulation von links? Konkret vor Gericht. Die Konkret-Story. Köln.

Leßner, Ulrike (2001): Ulrike Meinhof. Versuch einer Annäherung. Hörfunk-Feature SFB/ORB/NDR.

Löblich, Maria (2008): Ein Weg zur Kommunikationsgeschichte. Kategoriengeleitetes Vorgehen am Beispiel Fachgeschichte. In: Arnold, Klaus/Behmer, Markus/Semrad, Bernd (Hrsg.): Kommunikationsgeschichte. Positionen und Werkzeuge. Ein diskursives Hand- und Lehrbuch. Berlin: 433-450.

Lucius-Hoene, Gabriele/Deppermann, Arnulf (2002): Rekonstruktion narrativer Identität. Ein Arbeitsbuch zur Analyse narrativer Interviews. Opladen.

Ludwig, Andrea (1995): Neue oder deutsche Linke? Nation und Nationalismus im Denken von Linken und Grünen. Opladen.

Ludz, Peter Christian (1968): Zur politischen Ideologie der „Neuen Linken". In: Scheuch, Erwin K. (Hrsg.): Die Wiedertäufer der Wohlstandsgesellschaft. Eine kritische Untersuchung der ‚Neuen Linken' und ihrer Dogmen. Köln: 29-39.

Lübbe, Hermann (1983): Der Nationalsozialismus im deutschen Nachkriegsbewußtsein. In: Historische Zeitschrift, Ausgabe 236: 579-599.

Madrasch-Groschopp, Ursula (1999): Die Weltbühne. Porträt einer Zeitschrift. Augsburg.

Magenau, Jörg (2007): Die taz. Eine Zeitung als Lebensform. München.

Marckwardt, Wilhelm (1982): Die Illustrierten der Weimarer Zeit. Publizistische Funktion, ökonomische Entwicklung und inhaltliche Tendenzen. München.

Marcuse, Herbert (1967a): Das Ende der Utopie. Berlin.

Marcuse, Herbert (1967b): Vietnam – Die dritte Welt und die Opposition in den Metropolen. Eine Podiumsdiskussion, geleitet von Klaus Meschkat mit Rudi Dutschke, Peter Gäng, Herbert Marcuse, René Mayorga, Bahman Nirumand in: Kurnitzky, Horst/Kuhn, Hans-Martin (Hrsg.): Das Ende der Utopie. West-Berlin: 121-150.

Mausbach, Wilfried (2006): Wende um 360 Grad? Nationalsozialismus und Judenvernichtung in der »Zweiten Gründungsphase« der Bundesrepublik. In: Hodenberg, Christina von/Siegfried, Detlef (Hrsg.)(2006): Wo »1968« liegt. Reform und Revolte in der Geschichte der Bundesrepublik. Göttingen: 15-47.

Mayring, Philipp (1993): Einführung in die qualitative Sozialforschung. Eine Anleitung zu qualitativem Denken. Weinheim.

Meinhof, Ulrike/ Homann, Peter/Krahl, Hans-Jürgen/Holtkamp, Jürgen/Roth, Karl Heinz (1969): Zur Situation von Konkret. In: Rote Presse Korrespondenz, Nr 11 vom 1.Mai: 5-6.

Meinhof, Ulrike (1970): „Natürlich kann geschossen werden". Ulrike Meinhof über die Baader-Aktion. In: Spiegel, Nr. 25: 74-75.

Meinhof, Ulrike (1972): Dokumente einer Rebellion. 10 Jahre konkret-Kolumnen. Hamburg.

Meinhof, Ulrike Marie (1981): Die Würde des Menschen ist antastbar. Aufsätze und Polemiken. Berlin.

Mellies, Dirk (2007): Trojanische Pferde der DDR? Das neutralistisch-pazifistische Netzwerk der frühen Bundesrepublik und die Deutsche Volkszeitung, 1953-1973. Frankfurt am Main.

Menhard, Edigna/Treede, Tilo (2004): Die Zeitschrift. Von der Idee bis zur Vermarktung. Konstanz.

Merseburger, Peter (2009): Rudolf Augstein. Der Mann, der den SPIEGEL machte. München.

Meyrowitz, Joshua (1990): Die Fernseh-Gesellschaft II. Wie Medien unsere Welt verändern. Weinheim/Basel.

Miermeister, Jürgen (1986): Rudi Dutschke. Reinbek.

Mika, Bascha (1999): Alice Schwarzer. Eine kritische Biographie. Reinbek.

Mills, C. Wright (1960): Letter to the New Left. In: New Left Review 5: 18-23.

mk (2003): Wallraff: Ich wurde nicht geführt. Birthler: Stasi-Unterlagen belegen, daß Herr Wallraff vom MfS als IM geführt worden ist. In: FAZ, 5.September: 1.

Morsey, Rudolf (1996): Heinrich Lübke. Eine politische Biographie. Paderborn/München.

Müller, Hans Dieter (1968): Der Springer-Konzern. Eine kritische Studie. München.

Nationale Front des Demokratischen Deutschland/Dokumentationszentrum der Staatlichen Archivverwaltung der DDR (1965): Braunbuch. Kriegs- und Naziverbrecher in der Bundesrepublik und in Westberlin. Staat - Wirtschaft - Verwaltung - Armee - Justiz - Wissenschaft. Berlin.

Negt, Oskar/Kluge, Alexander (1993): Öffentlichkeit und Erfahrung. Zur Organisationsanalyse von bürgerlicher und proletarischer Öffentlichkeit. Frankfurt am Main.

Neumann, Ulrich/Magerle, Anton (2001): Stasikontakte - Neues zu Leben und Tod von Ulrike Meinhof. „Report Mainz"-Beitrag vom 7.Mai 2001, 21.00-21.45 Uhr.

Neuneck, Götz (2009): Atomares Wettrüsten der Großmächte., In: Forschungsstelle für Zeitgeschichte Hamburg (Hrsg.): „Kampf dem Atomtod!". Die Protestbewegung 1957/58 in zeithistorischer und gegenwärtiger Perspektive. Hamburg: 91-120.

Niethammer, Lutz (1985): Einführung. In: Niethammer, Lutz (Hrsg.): Lebenserfahrung und kollektives Gedächtnis. Die Praxis der »Oral History«. Frankfurt am Main: 7-36.

Nirumand, Bahman (1967): Persien. Modell eines Entwicklungslandes. Oder: Die Diktatur der Freien Welt. Reinbek.

Noelle-Neumann, Elisabeth/Peter, Erich (1967): Jahrbuch der öffentlichen Meinung 1965-1967. Allensbach.

Notz, Gisela (2004): Die autonomen Frauenbewegungen der Siebzigerjahre. Entstehungsgeschichte - Organisationsformen - politische Konzepte. In: AfS, Bd. 44: 123-148.

Oral History Association (o.J.a): Oral History. In: http://www.oralhistory.org/do-oral-history/, Zugriff am 15. Juli 2009

Oral History Association (o.J.b): Oral History Evaluation Guidelines. In: http://www.oralhistory.org/do-oral-history/oral-history-evaluation-guidelines/, Zugriff am 15. Juli 2009.

Peiser, Wolfram (2003): Gesellschaftswandel - Generationen - Medienwandel. Generationen als Träger von Veränderungen in der Gesellschaft und in den Medien. In: Behmer, Markus/Krotz, Friedrich/Stöber, Rudolf/Winter, Carsten (Hrsg): Medienentwicklung und gesellschaftlicher Wandel. Beiträge zu einer theoretischen und empirischen Herausforderung. Wiesbaden: 197-207.

Pember, Don R. (1975): The New Journalism. 1. Not Necessarily What Is New In Journalism. In: Journal of Communication, Heft 2: 67-71.

Perlentaucher (o.J.): Werner Riegel. In: http://www.perlentaucher.de/autoren/23411/Werner_Riegel.html , Zugriff am 10. August 2009.

Peters, Butz (2007): Tödlicher Irrtum. Die Geschichte der RAF. Frankfurt am Main.

Pfürtner, Stephan H. (1996): Kirche und Kontrazeption. In: Staupe, Gisela/Veith, Lisa (Hrsg.): Die Pille. Von der Lust und von der Liebe. Berlin: 83-99.

Podewin, Norbert (2001): Albert Norden. Der Rabbinersohn im Politbüro. Berlin.

Pörksen, Bernhard (2004): Die Tempojahre. Merkmale des deutschsprachigen New Journalism am Beispiel der Zeitschrift *Tempo*. In: Bleicher, Joan Kristin/Pörksen, Bernhard (Hrsg.): Grenzgänger. Formen des New Journalism. Wiesbaden: 307-336

Pöttker, Horst (1999): Zwischen Politik und publizistischer Professionalität. Zum journalistischen Umgang mit der NS-Vergangenheit seit 1945. In: Wilke, Jürgen (Hrsg.): Massenmeiden und Zeitgeschichte. Konstanz: 648-663.

Pöttker, Horst (2008): Brauchen wir noch (Kommunikations-)Geschichte? Plädoyer für ein altes Fach mit neuem Zuschnitt. In: Arnold, Klaus/Behmer, Markus/Semrad, Bernd (Hrsg.): Kommunikationsgeschichte. Positionen und Werkzeuge. Ein diskursives Hand- und Lehrbuch. Berlin: 19-43.

Presse- und Informationsamt der Bundesregierung (1959): „Konkretes" Beispiel kommunistischer Infiltration. In: Bulletin vom 28.Februar: 379-380.

Presse- und Informationsamt der Bundesregierung (1966): Gefälschte Dokumente. In: Bulletin vom 2. September: 912.

Prinz, Alois (2003): Lieber wütend als traurig. Die Lebensgeschichte von Ulrike Marie Meinhof. Weinheim.

Prokein, Dieter (1998): Pardon wird nicht gegeben. In: Rössler, Patrick (Hrsg.): Moderne Illustrierte – Illustrierte Moderne. Zeitschriftenkonzepte im 20. Jahrhundert. Stuttgart: 100-108.

Prokop, Dieter (1974): Chancen spontaner Gegenöffentlichkeit. Medienpolitische Alternativen. In: Baacke, Dieter (Hrsg.): Kritische Medientheorien. München: 126-159.

RED/Agit 883 (1970): 883 wird in Zukunft ständig Material liefern zur Kampagne: Zerschlagt konkret! In: Agit 883, Nr.69: 7.

Riemeck, Renate (1972): Wahres über Ulrike. In: Wagenbach, Klaus (1981): Nachwort. In: Meinhof, Ulrike Marie (1981): Die Würde des Menschen ist antastbar. Aufsätze und Polemiken. Berlin: 103-107.

Riemeck, Renate (2002): Ich bin ein Mensch für mich. Aus einem unbequemen Leben. Stuttgart.

Ringshausen, Gerhard (2003): Die Kirchen - herausgefordert durch den Wandel in den sechziger Jahren. In: Faulstich, Werner (Hrsg.): Die Kultur der 60er Jshre. München: 31-48

Rodriguez, Clemencia (2001): Fissures in the mediascape. An international study of citizens' media. Cresskill.

Rogers, Everett M. (1983): Diffusion of Innovations. New York.

Röhl, Bettina (1995): Unsere Mutter - „Staatsfeind Nr.1". In: Spiegel, Nr. 29: 88-109.

Röhl,Bettina (2006): „Ich habe diese Zeitung durchgesetzt". Manfred Kapluck und die verbotene KPD - Auszüge aus dem Buch von Bettina Röhl. In: Spiegel, Nr. 11: 48.

Röhl, Bettina (2007): So macht Kommunismus Spass! Ulrike Meinhof, Klaus Rainer Röhl und die Akte konkret. Hamburg.

Röhl, Klaus Rainer (1974): Fünf Finger sind keine Faust. Eine Abrechnung. München.

Röhl, Klaus Rainer (1998): Fünf Finger sind keine Faust. Eine Abrechnung. München.

Röhl, Klaus Rainer (2009a): Mein langer Marsch durch die Illusionen. Leben mit HITLER, der DKP, den 68ern, der RAF und ULRIKE MEINHOF. Wien.

Rössler, Patrick (1998a): Die Revolution findet in der Redaktion statt. In: Moderne Illustrierte - Illustrierte Moderne. Zeitschriftenkonzepte im 20. Jahrhundert. Stuttgart: 78-87.

Rössler, Patrick (1998b): Moderne Illustrierte - Illustrierte Moderne. In: Rössler, Patrick: Moderne Illustrierte - Illustrierte Moderne. Zeitschriftenkonzepte im 20. Jahrhundert. Stuttgart: 9-25.

Rogers, Everett M. (1983): Diffusion of Innovations. New York.

Rosskopf, Annette (2002): Friedrich Karl Kaul. Anwalt im geteilten Deutschland (1906-1981). Berlin.

Roth, Karl Heinz (1971): Psychologische Kampfführung. Invasionsziel DDR - vom Kalten Krieg zur Neuen Ostpolitik. Hamburg.

Roth, Roland (1985): Neue soziale Bewegungen in der politischen Kultur der Bundesrepublik - eine vorläufige Skizze. In: Brand, Karl-Werner (Hrsg.): Neue soziale Bewegungen in Westeuropa und den USA. Frankfurt am Main: 20-82.

Roth, Roland/Rucht, Dieter (2008): Die sozialen Bewegungen in Deutschland seit 1945: ein Handbuch. Frankfurt/Main.

Rühmkorf, Peter (1972): Die Jahre die Ihr kennt. Anfälle und Erinnerungen. Reinbek.

Rühmkorf, Peter (1988): Werner Riegel. „...beladen mit Sendung Dichter und armes Schwein". Zürich.

Rühmkorf, Peter (2004a): Tabu II. Tagebücher 1971-1972. Reinbek.

Rühmkorf, Peter (2004b): Wenn ich mal richtig ICH sag...Göttingen.

Rühmkorf, Peter (2007): Die heilige Johanna und der Schuft. Erinnerungen an die frühen Jahre. In: Röhl, Bettina: So macht Kommunismus Spass! Ulrike Meinhof, Klaus Rainer Röhl und die Akte konkret. Hamburg: 9-16.

Rupp, Hans Karl (1980): Außerparlamentarische Opposition in der Ära Adenauer. Der Kampf gegen die Atombewaffnung in den fünfziger Jahren. Eine Studie zur innenpolitischen Entwicklung der BRD. Köln.

Rusinek, Bernd (2000): Von der Entdeckung der NS-Vergangenheit zum generellen Faschismusverdacht - akademische Diskurse in der Bundesrepublik der 60er Jahre. In: Schildt, Axel/Siegfried, Detlef/Lammers, Karl Christian: Dynamische Zeiten. Die 60er Jahre in den beiden deutschen Gesellschaften. Hamburg: 114-147

Salzinger, Helmut (1969): „Raus Klainer Röhl" In: 16. Mai: 229-251. Nachzulesen in: http://www.zeit.de/1969/20/Raus-Klainer-Roehl, Zugriff am 15. Mai 2009.

Schelsky, Helmut (1975): Die skeptische Generation. Frankfurt am Main.

Schenk, Michael (1987): Medienwirkungsforschung. Tübingen.

Scheuch, Erwin K. (1968): Das Gesellschaftsbild der „Neuen Linken". In: Scheuch, Erwin K. (Hrsg.): Die Wiedertäufer der Wohlstandsgesellschaft. Eine kritische Untersuchung der ‚Neuen Linken' und ihrer Dogmen. Köln: 104-123.

Scheuch, Erwin K. (1977): Soziologie der Freizeit. In: Scheuch, Erwin K./Gerhard Scherhorn,: Freizeit, Konsum. Stuttgart: 1-192.

Schildt, Axel (1998): Von der Not der Jugend zur Teenager-Kultur: Aufwachsen in den 50er Jahren. In: Schildt, Axel/Sywottek, Arnold (Hrsg.): Modernisierung im Wiederaufbau. Die westdeutsche Gesellschaft der 50er Jahre. Bonn: 335-348.

Schildt, Axel (1999): Massenmedien im Umbruch der fünfziger Jahre. In: Wilke, Jürgen (Hrsg.): Mediengeschichte. Bonn: 633-648.

Schildt, Axel (2000): Materieller Wohlstand - pragmatische Politik - kulturelle Umbrüche. Die 60er Jahre in der Bundesrepublik. In: Schildt, Axel/Siegfried, Detlef/Lammers, Karl Christian: Dynamische Zeiten. Die 60er Jahre in den beiden deutschen Gesellschaften. Hamburg: 21-53.

Schildt, Axel (2002): Modernisierung im Wiederaufbau. Die westdeutsche Gesellschaft der fünfziger Jahre. In: Faulstich, Werner (Hrsg.): Die Kultur der fünfziger Jahre. München: 11-22.

Schildt, Axel (2003): Nachwuchs für die Rebellion - die Schülerbewegung der späten 60er Jahre. In. Reulecke, Jürgen (Hrsg.): Generationalität und Lebensgeschichte im 20. Jahrhundert. München.

Schmidt, Siegfried J. (2003): Medienentwicklung und gesellschaftlicher Wandel. In: Behmer, Markus/Krotz, Friedrich/Stöber, Rudolf/Winter, Carsten (Hrsg): Medienentwicklung und gesellschaftlicher Wandel. Beiträge zu einer theoretischen und empirischen Herausforderung. Wiesbaden: 135-152.

Schmidtke, Michael (2003): Der Aufbruch der jungen Intelligenz. Die 68er Jahre in der Bundesrepublik und den USA. Frankfurt/New York.

Schmolke, Michael (2004): Theorie der Kommunikationsgeschichte. In: Burkart, Roland/Hömberg, Walter (Hrsg.): Kommunikationstheorien. Ein Textbuch zur Einführung. Wien: 234-257.

Schneider, Michael (1986): Demokratie in Gefahr? Der Konflikt um die Notstandsgesetze: Sozialdemokratie, Gewerkschaften und intellektueller Prozeß (1958-1968). Bonn.

Scholl, Armin (2005): Vom Dissens zur Dissidenz. Die Bedeutung alternativer Gegenöffentlichkeit für die Gesellschaft (Unveröffentlichter Habilitationsvortrag an der Uni Münster).

Schönfeldt, Rolf (1983): Die Deutsche Friedens-Union. In: Stöss, Richard (Hrsg.): Parteien-Handbuch. Die Parteien der Bundesrepublik Deutschland 1945-1980. Band 1: AUD bis EFP. Opladen: 848-876.

Schreiber, Hermann (1999): Henri Nannen. Drei Leben. München.

Schreiber, Hermann (2001): Henri Nannen. Der Herr vom stern. München.

Schroeder, Tom/Miller, Manfred (1986): Haare auf die Szenen. Zur Gegenkultur der Hippieyippieyeahmakelovenotwarandfuck&luck-Generation. In: Bucher, Willi/Pohl, Klaus (Hrsg.): Schock und Schöpfung. Jugendästhetik im 20. Jahrhundert. Darmstadt: 224-232.

Schuster, Paul (1992): Literatur- und Kulturzeitschriften. In: Briegleb, Klaus/Weigel, Sigrid (Hrsg.): Gegenwartsliteratur seit 1968. München: 616-639.

Schütt, Peter (1968): Literarisierung des Straßenbildes. In: Kaiser, Rolf-Ulrich: Protestfibel. Formen einer neuen Kultur Bern: 113-127.

Schütt, Rüdiger (2009a): Zwischen den Kriegen. München. In: Schütt, Rüdiger (2009): Zwischen den Kriegen. München: 9-40.

Schütt, Rüdiger (2009b) (Hrsg.): Zwischen den Kriegen. München.

Schütze, Fritz (1976): Zur Hervorlockung und Analyse von Erzählungen thematisch relevanter Geschichten im Rahmen soziologischer Feldforschung. In: Arbeitskreis Bielefelder Soziologen (Hrsg.): Kommunikative Sozialforschung. Band2. München: 159-260.

Schütze, Fritz (1977): Die Technik des narrativen Interviews in Interaktionsfeldstudien - dargestellt an einem Projekt zur Erforschung von kommunalen Machtstrukturen. Bielefeld.

Schwendter, Rolf (1993): Theorie der Subkultur. Hamburg.

SDS-Bundesvorstand (o.J.a): Dokument 7. In: Dokumentation. Unveröffentlichte Dokumente aus der Arbeit des Sozialistischen Deutschen Studentenbundes aus der Zeit vom 1.1.1958 bis 1.3.1961. Frankfurt am Main: 6.

SDS-Bundesvorstand (o.J.b.): Dokument 26. In: Dokumentation. Unveröffentlichte Dokumente aus der Arbeit des Sozialistischen Deutschen Studentenbundes aus der Zeit vom 1.1.1958 bis 1.3.1961. Frankfurt am Main: 15.

Seeliger, Rolf (1968): Die außerparlamentarische Opposition. München.

Seidel, Jutta (1992): Individual- und Kollektivbiographien: zwei Wege historischer Erkenntnis. In: Lechner, Manfred/Wilding, Peter (Hrsg.): „Andere" Biographien und ihre Quellen. Wien/Zürich: 9-16.

Seiffert, Helmut (1996): Einführung in die Wissenschaftstheorie. München

Sichtermann, Barbara (1996): Die Frauenbewegung und die Pille. In: Staupe, Gisela/Veith, Lisa (Hrsg.): Die Pille. Von der Lust und von der Liebe. Berlin: 55-66.

Siegfried, Detlef (2000a): Zwischen Aufarbeitung und Schlußstrich. Der Umgang mit der NS-Vergangenheit in den beiden deutschen Staaten 1958 bis 1969. In: Schildt, Axel/Siegfried, Detlef/Lammers, Karl Christian (Hrsg.): Dynamische Zeiten. Die 60er Jahre in den beiden deutschen Gesellschaften. Hamburg: 77-113.

Siegfried, Detlef (2000b): Vom Teenager zur Pop-Revolution. Politisierungstendenzen in der westdeutschen Jugendkultur 1959 bis 1968. In: Schildt, Axel/Siegfried, Detlef/Lammers, Karl Christian (Hrsg.): Dynamische Zeiten. Die 60er Jahre in den beiden deutschen Gesellschaften. Hamburg: 582-623.

Siegfried, Detlef (2006a): Protest am Markt. Gegenkultur in der Konsumgesellschaft. In: Hodenberg, Christina von/Siegfried, Detlef (Hrsg.)(2006): Wo »1968« liegt. Reform und Revolte in der Geschichte der Bundesrepublik. Göttingen: 48-78.

Siegfried, Detlef (2006b): Time Is on My Side. Konsum und Politik in der westdeutschen Jugendkultur der 60er Jahre. Göttingen.

Siemens, Anna Maria (2006): Durch die Institutionen oder in den Terrorismus: Die Wege von Joschka Fischer, Daniel Cohn-Bendit, Hans-Joachim Klein und Johannes Weinrich. Frankfurt am Main.

Siemens, Anne (2007): Für die RAF war er das System, für mich der Vater. Die andere Geschichte des deutschen Terrorismus. München.

Siepmann, Eckhard (1986): Vietnam – Der große Katalysator. In: Siepmann, Eckhard/Lusk, Irene/Holtfreter, Jürgen/Schmidt, Maruta/Dietz, Gabi (Hrsg.): CheSchahShit. Die sechziger Jahre zwischen Cocktail und Molotow. Reinbek: 195-201.

Simmel, Georg (1989): Über sociale Differenzierung. In: Simmel, Georg: Gesamtausgabe. Bd 2. Frankfurt am Main: 109-295.

Skriver, Ansgar (1970): Schreiben und schreiben lassen. Innere Pressefreiheit – Redaktionsstatute. Karlsruhe.

Skriver, Ansgar (2002): Von der Schülermitverwaltung zur Kampagne „Kampf dem Atomtod!" Der Berliner Studentenkongreß gegen Atomrüstung 1959 und die Auseinandersetzung des „Gespräche"-Kreises mit der „konkret"-Gruppe. In: Hermann, Ulrich (Hrsg.): Protestierende Jugend. Jugendopposition und politischer Protest in der deutschen Nachkriegsgeschichte. Weinheim/München: 387-404.

Sösemann, Bernd (1999): Die 68er Bewegung und die Massenmedien. In: Wilke, Jürgen (Hrsg.): Mediengeschichte der Bundesrepublik Deutschland. Bonn: 672-697.

Sommer, Theo (2009) (Hrsg.): 60 Jahre Bundesrepublik im Spiegel der ZEIT. Sechzig prägende Kontroversen. Hamburg.

Sontheimer, Kurt (1996): Die Adenauer-Ära. Bd1: Grundlegung der Bundesrepublik. München.

SPD (1959): SPD-Parteivorstands-Protokoll vom 13. Februar 1959. Archiviert in: AdsD.

Spivak, Gayatri Chakravorty (1988). Can the subaltern speak? In: Nelson, Cary/Grossberg, Lawrence (Hrsg.): Marxism and the interpretation of culture. Basingstoke: 271-313.

Stamer, Sabine (2001): Cohn-Bendit. Die Biografie. Hamburg/Wien.

Stamm, Karl-Heinz (1988): Alternative Öffentlichkeit. Die Erfahrungsproduktion neuer sozialer Bewegungen. Frankfurt am Main/New York.

Staritz, Dietrich (1984): Die Kommunistische Partei Deutschlands. In: Stöss, Richard (Hrsg.): Parteien-Handbuch. Die Parteien der Bundesrepublik Deutschland 1945-1980. Band 2: FDP bis WAV. Opladen: 1663-1809.

Starr, Louis M. (1985): Oral History in den USA. Probleme und Perspektiven. In: Niethammer, Lutz (Hrsg.): Lebenserfahrung und kollektives Gedächtnis. Die Praxis der „oral history". Frankfurt am Main: 37-74.

Steininger, Christian (2002): Die freie Presse: Zeitung und Zeitschrift. In: Faulstich, Werner (Hrsg.): Die Kultur der fünfziger Jahre. München: 231-247.

Stock, Martin (2001): Innere Medienfreiheit - Ein modernes Konzept der Qualitätssicherung. Baden-Baden.

Stöber, Rudolf (2005): Deutsche Pressegeschichte. Von den Anfängen bis zur Gegenwart. Konstanz.

Stöckle, Frieder (1990): Zum praktischen Umgang mit Oral History. In: Vorländer, Herwart (Hrsg.): Oral History. Mündlich erfragte Geschichte. Göttingen: 131-158.

Stolle, Uta (1970): Die Ursachen der Studentenbewegung im Urteil bürgerlicher Öffentlichkeit. In: Das Argument 58, Berlin: 375.

Straßner, Erich (1997): Zeitschrift. Tübingen.

Studnitz, Hans-Georg von (1967): Die Wahrheit ist: Links immer lauter. In: WamS vom 2. Mai.

Theweleit, Klaus (1996): What did we do to our song, girl...(boy)... Zu Pillen, zur Pille und zu einigen Schicksalen des Sexuellen in Deutschland von 1960 bis heute. In: Staupe, Gisela/Veith, Lisa (Hrsg.): Die Pille. Von der Lust und von der Liebe. Berlin: 21-54.

Thieme, Hans/Kapfhammer, Günther (1982): Erfragte Zeitgeschichte. Zur ‚oral history' in Bayerisch-Schwaben. Augsburg.

Thompson, Paul (1984): Historiker und Mündliche Geschichte. In: Botz, Gerhard/Weidenholzer, Josef (Hrsg.): Mündliche Geschichte und Arbeiterbewegung. Eine Einführung in Arbeitsweisen und Themenbereiche „geschichtsloser" Sozialgruppen. Wien/Köln: 55-84.

Till, Wolfgang (1995): Vorwort. In: Koetzle, Michael (Hrsg.): Die Zeitschrift TWEN. Revision einer Legende. München: 7.

Tolmein, Oliver/Winkel, Detlef zum (1989): tazsachen. Krallen zeigen – Pfötchen geben. Hamburg.

Treffinger, Charles (1968): [Titel unbekannt] In: Druck und Papier. Zentralorgan der Industriegewerkschaft Druck und Papier. Heft 25/26, Stuttgart.

Unbekannter Autor (1962b): Leid-Artikel. In: Spiegel, Nr. 13: 38.

Unbekannter Autor (1964): Warmer Regen. In: Spiegel, Nr. 32: 34.

Unbekannter Autor (1965b): Fehler und Fouls. In: Spiegel, Nr. 4: 33.

Unbekannter Autor (1967d): Übertriebene Generation. In: Spiegel, Nr.41: 154-170.

Unbekannter Autor (1969c): „konkret" und der Sex-Konsum. In: Zeit, 16.Mai: Seitenzahl unbekannt. Nachzulesen in: http://www.zeit.de/1969/20/konkret-und-der-Sex-Konsum, Zugriff am 15. Mai 2009.

Unbekannter Autor (1969d): K2r. In: Spiegel, Nr. 34: 34.

Unbekannter Autor (1969e): Ach, Ulrike. In: Spiegel, Nr. 20: 106.

Unbekannter Autor (1969/1970): Boykottiert Konkret. In: FUB/Zi6/APO-Archiv, SDS-BV: Korrespondenz 1969/70.

Unbekannter Autor (1973a): Marx und Mäuschen. In: Spiegel, Nr. 48: 98f.

Unbekannter Autor (1973b): Allesamt saublöd. In: Spiegel, Nr. 23: 86.

Unbekannter Autor (1973c): 12 Uhr mittags. In: Spiegel, Nr. 15: 83.

Unbekannter Autor (1988): Krauses Karlchen. In: Spiegel, Nr.5: 76-78.

Unbekannter Autor (2007a): Autonome Seiten. Mit Geld aus der DDR ist vor 50 Jahren ‚konkret' gestartet. In: Süddeutsche Zeitung, 3. September: 21.

Vetter, Thomas (1990): „Kampf dem Atomtod!" Die Auseinandersetzung um eine Ausrüstung der Bundeswehr mit Doppelzweckwaffen Ende der fünfziger Jahre. Erlangen.

Vilar, Esther (1971): Der dressierte Mann. Gütersloh.

Vorländer, Herwart (1990a): Vorbemerkung. In: Vorländer, Herwart (Hrsg.): Oral History. Mündlich erfragte Geschichte. Göttingen: 5.

Vorländer, Herwart (1990b): Mündliches Erfragen von Geschichte. In: Vorländer, Herwart (Hrsg.): Oral History. Mündlich erfragte Geschichte. Göttingen: 7-28.

Vowe, Klaus Walter (1978): Gesellschaftliche Funktionen fiktiver und faktographischer Prosa. Roman und Reportage im amerikanischen Muckracking Movement. Frankfurt am Main/Bern/Las Vegas.

Wagenbach, Klaus (1981): Nachwort. In: Meinhof, Ulrike Marie (1981): Die Würde des Menschen ist antastbar. Aufsätze und Polemiken. Berlin: 185-189.

Wagner, Jens-Christian (2007): Der Fall Lübke. In: ZEIT, 19. Juli: 74.

Wallisch, Gianluca (1995): Journalistische Qualität. Definitionen – Modelle – Kritik. Konstanz.

Wallraff, Günter (2004): Ganz unten. Mit einer Dokumentation der Folgen. Köln.

Weichler, Kurt (1983): Gegendruck. Lust und Frust der alternativen Presse. Reinbek.

Weichler, Kurt (1987): Die anderen Medien. Theorie und Praxis alternativer Kommunikation. Berlin.

Weißler, Sabine (1986): Sexy Sixties. In: Siepmann, Eckhard/Lusk, Irene/Holtfreter, Jürgen/Schmidt, Maruta/Dietz, Gabi (Hrsg.): CheSchahShit. Die sechziger Jahre zwischen Cocktail und Molotow. Reinbek: 138-147.

Werder, Lutz von (1984): Kinderläden. In: Siepmann, Eckhard/Lusk, Irene/Holtfreter, Jürgen/Schmidt, Maruta/Dietz, Gabi (Hrsg.): CheSchahShit. Die sechziger Jahre zwischen Cocktail und Molotow. Reinbek: 107-111.

Wersig, Gernot (2009): Einführung in die Publizistik- und Kommunikationswissenschaft. Baden-Baden.

Wesemann, Kristin (2007): Ulrike Meinhof. Kommunistin, Journalistin, Terroristin - eine politische Biografie. Baden-Baden.

Wildenmann, Rudolf/Kaase, Max (1968): „Die unruhige Generation". Eine Untersuchung zu Politik und Demokratie in der Bundesrepublik. Mannheim.

Wilke, Jürgen (1999): Massenmedien und Vergangenheitsbewältigung. In: Wilke, Jürgen (Hrsg.): Mediengeschichte. Bonn: 649-671.

Wilke, Jürgen (2000): Grundzüge der Medien- und Kommunikationsgeschichte: von den Anfängen bis ins 20. Jahrhundert. Köln/Weimar/Wien.

Wilke, Jürgen (2003): Die Tagespresse der sechziger Jahre: Krisensymptome und Selbstbehauptung. In: Faulstich, Werner (Hrsg.): Die Kultur der sechziger Jahre. München: 213-230.

Wilke, Jürgen (2008): Grundzüge der Medien- und Kommunikationsgeschichte. Köln/Weimar/Wien.

Wimmer, Jeffrey (2007): (Gegen-)Öffentlichkeit in der Mediengesellschaft. Analyse eines medialen Spannungsverhältnisses. Wiesbaden.

Winkler, Willi (2009): Mit der Zeit vergeht die Lust. In: http://www.sueddeutsche.de/kultur/768/485197/text/, Zugriff am 3. September 2009.

Zeuner, Bodo (1972): Veto gegen Augstein. Der Kampf in der „Spiegel"-Redaktion um Mitbestimmung. Hamburg.

Zimmermann, Clemens (2006): Die Zeitschrift - Medium der Moderne. Publikumszeitschriften im 20. Jahrhundert. In: Zimmermann, Clemens/Schmeling, Manfred (Hrsg.): Die Zeitschrift - Medium der Moderne. Deutschland und Frankreich im Vergleich. Bielefeld: 15-42.

Zimmermann, Peter (1984): Rock'n Roller, Beats und Punks. Rockgeschichte und Sozialisation. Essen.

8.5 Liste der *konkret*-Autoren (1957-1973)[807]

Abbas Turqui, Nadji
Abel Rainer K
Abendroth, Wolfgang
Abosch, Heinz
Adolffs, Peter
Agnoli, Johannes
Ahlmark-Michanek, Kristina
Ahmed, Mustapha Ben
Al-Ani, Ghalib
Algren, Nelson
Allaun, Frank
Alleg, Henri
Altenberg, Clarissa
Altvater, Elmar
Andel, Horst J
Anders, Günther
Anders, Richard
Andersch, Alfred
Andres Stefan
Angeli, Claude
Apel, Hans
Apitz, Bruno
Aragon. Louis
Arnaud, Georges
Arseni, Kitty
Ashe, Penelope
Asimov, Isaac
Aspenström, Werner
Atten, Benjamin
Aue, Walter
Auer, Guy von
Aust, Stefan
Austen, Sven

Baal, Hans-Peter
Bacia, Hubert
Baier., Lothar
Bakojannis, Paul
Ballusek, Lothar v.
Baranowsky, Wolfgang
Barthel(s), Walter
Barzel, Lothar
Bastian, Werner
Bauer, Fritz
Bauer, Rudolph
Baumgart, Reinhard
Bautz, Peter
Baxandall, Lee
Beauvoir, Simone de
Becher, Johannes R.
Beckelmann, Jürgen
Beckert, Karl

807 Die Liste beruht auf einer Durchsicht sämtlicher verfügbarer Ausgaben der *konkret*-Jahrgänge 1957-1973. Da einige Ausgaben nicht zugänglich und einige Artikel nicht namentlich gekennzeichnet waren, erhebt diese Auflistung keinen Anspruch auf Vollständigkeit.

Beckmann, Max
Beha, Erdmute
Behncke, Claus/Behnken, Klaus
Behr, Klaus
Behrendt, Joachim Ernst
Beier, Jürgen
Belham, George
Belka, Walter Jörg
Benichon, Pierre
Benitez, Fernando
Bense, Max
Berger, James
Bergmann, Alfred
Bertram, Wolfgang
Besuchow, Heinz
Bettelheim, Bruno
Beumer, G.
Beutin, Wolfgang
Bichsel, Peter
Biegert, Claus
Bieler, Manfred
Biermann, Wolfgang
Bilke, Jörg B.
Bischoff, Bengta
Bissinger, Manfred
Blome, Horst Wilhelm
Blumenbach, Dedo
Blumer, Giovanni
Bobrowski, Johannes
Bock, Peter J.
Bodden, Ilona
Bodelle, Jürgen
Böbel, Ernst
Boehlich, Walter
Bönner, Karl-Heinz
Bohrer, Karl-Heinz
Borbeck, Christian
Borchert, Wolfgang
Born, Nicolas
Bornemann, Ernest
Borsbach, Werner
Bosch, Manfred
Botwid, Hans
Bourdet, Claude
Bourguiba, Habib
Boyksen, Dimitrius
Born, Nicolas
Borsbach, Werner
Brandenburg, Günther
Brandes, Ursula
Brandner, Uwe
Brandstner, Gerhard
Brandt, Heike
Brandt, Theodor
Bräker, Ulrich
Braun, Volker
Braunburg, R.
Brecht, Bertolt
Brecht, Julius
Brehm, Erich
Breier, Horst
Bresser, Klaus
Bretscher, Walter
Breuer, Wolfgang
Brezan, Jurij
Brigl, Kathrin
Brinkmann, Rolf Dieter
Brockway, Fenner

Broder, Henryk M.
Bronnert, Barbara
Brown, Rap
Bruce, Henry M.
Brückner, Peter
Brüdigam, Heinz
Brügmann, Wolf Gunter
Brühl, Hanno
Bruhns, Wibke
Bruker, M.O.
Brumm, Dieter
Bryll, Ernest
Buch, Hans Christoph
Buchholz, Martin
Budzinski, Klaus
Burchard, J.
Burchett, Wilfred G.
Busch, Dieter

Camara, Dom Helder
Carmichael, Stokeley
Carrera Andrade, Jorge
Casella, Alessandro
Castilla, Tomás Arenas
Castro, Fidel
Caviglioli, François
Celant, Ennio Frank
Chien, Tien
Chotjewitz, Peter O.
Chotjewitz-Häfner, Renate
Christiansen, Martin
Cleaver, Eldridge
Clemens, Bernd
Cohn, Jürgen

Cohn-Bendit, Daniel
Comfort, Alex
Conell, Iven S.
Connolly, Michael
Cordes, Cornelius
Corleis, Jürgen
Corleis, Jutta
Corso, Gregory
Coslin, Bernd
Couret, Bernard
Cramer, Hans-Curt
Cramer, Heinz von
Cramer, Olaf
Cremer, Jan
Crimi, Bruno
Cummings, E.E.
Cyran, Wolfgang
Czinzoll, Hans

Dagerman, Stig
Dahl, Peter
Dalldorf, Erich
Davies, D.T.
Davies, Harold
Davis, Angela
Debray, Regis
Dedecius, Carl
Degenhardt, Franz-Josef
Dehler, Thomas
Delling, Manfred
Depestre, René
Desanti, Dominique
Deschner, Karlheinz
Deutscher, Fried

Deutsch-Korn, Inge
Dienstag, Monika
Diettrich, Karsten
Dietze, Wilfried
Dietze, Wolfram
Diop, David
Doberstein, Thomas
Dörr, Rüdiger
Doletzki, Leo[808]
Dolicki, Zbigniew
Donat, Gregor
Dorn, Elio Tilmann
Doutiné, Heike
Dreckmann, Alfred
Driest, Burkhard
Dufner, Reinhold
Duhm, Dieter
Dumont, René
Duncan, Donald
Dunn, Nell
Dutschke, Rudi
Duve, Freimut
Dygat, Stanislaw

Ebert, Wolfgang
Eckardt, Wolfgang
Eckert, Rainer
Edel, Alfred
Edwards, Bob
Ehlermann, Dieter
Ehlers, Kai
Ehrenburg, Ilja
Ehrler, Klaus
Eichel, Manfred
Eichholz, armin
Einstein, Carl
Einstein, Siegfried
Eisler, Hans
Elektorowicz, Leszek
Ellwein, Thomas
Elmar, Dieter H.
Elsner, Gisela
Ely, Norbert
Emmerich, Edward
Emrich, Wilhelm
Engelmann, Bernt
Enzensberger, Christian
Enzensberger, Hans Magnus
Esche, Dieter
Esser, Hansmartin
Esser, Manfred
Evert, Karl-Friedrich

Faber, Georg
Faber, Anne-Marie
Fäbel, Wolf
Fabian, Jennifer
Falck, Colin
Falkenroth, Arnold
Farner, Konrad
Farokhzad, Freydoum
Fauser, Joerg Christian
Farrugia, Jean
Feestall, J.R.
Ferlinghetti, Larence
Ferreiro, Antonio

808 Pseudonym Peter Rühmkorfs.

Fest, Joachim
Fichte, Hubert
Figner, Ilse
Findlay, D.K.
Finger, Ilse
Fischer, Dietrich
Fischer, Fritz
Fleck, Fritz
Florian, Alexander
Fonda, Jane
Fontara, Johannes[809]
Frahm, Egon
Franke, Walter
Franzmann, Edgar
Freise, Eberhard Bernd
Freundlich, Elisabeth
Fried, Claus
Fried, Erich
Frieder, John[810]
Friedrichs, Jürgen
Friesel, Uwe
Fuchs, Gerd
Fuchs, Günther Bruno
Fuchs, Sabine
Fühmann, Franz
Furness, Eirene

Gabel, Wissarion
Gärtner, Edgar
Galard, Hector de
Galea, Manfred
Gallner, Rudolf
Galvão, Henrique
Gamm, Hans-Jochen
Gansel, Norbert
Garey, Edward
Gathmann, W.
Gavi, Phillipe
Gay, Jürgen
Gehrcke, Wolfgang
Geiselberger, Siegmar
Geiss, Imanuel
Geissler, Christian
Georg, Hans
Geppert, Hans J.
Gernhardt, Robert W.
Gerstorf, Hans
Geschke, Günter
Gessler, Werner
Geulen, Reiner
Gfellschild, Manfred
Gierke, Julius von
Giese, Hans
Ginsberg, Allen
Giuglaris, Marcel
Givrot, Jaques
Glaser, Frank
Glaser, Hermann
Glaser, Michael
Glaßbrenner, Adolf
Goeb, Alexander
Goebel, Gerhard
Göring, Gerd
Görling, Lars
Görlitz, Walter

809 Pseudonym Peter Rühmkorfs
810 Gemeinsames Pseudonym von Werner Riegel und Peter Rühmkorf.

Görts, Gerhard
Gollwitzer, Helmut
Gombrowicz, Witold
Goodman, Robert
Gordian, Albrecht
Gotter, Bruno
Gover, Robert
Grässe, W.
Granitzki, Arthur
Granzow, Hermann
Grass, Günter
Grassi, Urs
Green, Felix
Green, Graham
Greene, Gael
Greer, Germaine
Gregor, Ulrich
Gremliza, Hermann L.
Greve, Wulf
Griewank, Karl
Grimm, Rolf
Gripp, Lewald
Grisolia, Alberto
Grochowiak, Stanislaw
Grodzky, Rainer
Gröper, Klaus
Großherr, Dieter
Grossmann, Heinz
Grubbe, Peter
Gruber, Franz
Grüber, Heinrich
Grün, Max von der
Grünberger, Richard
Grützbach, Frank
Grunert, Barbara
Grunert, Manfred
Gruwe, Peter
Grzimek, Waldemar
Guevara, Ernesto che
Guggomos, Carl L.
Guillén, Nicolás
Guttoso, Renato
Gutzeit, Dirk

Haas, Jörg-Dieter
Haas, Walter
Habe, Hans
Habermas, Ferdinand
Habib, Kadhum
Hachfeld, Eckart
Haderlev, Jürgen
Haffner, Sebastian
Hagedorn, Hans
Hagelstange, Rudolf
Hagemann, Walter
Hagen, Jens
Hagen, Wilhelm
Hahn, Alexander
Hahn, Peter
Halbe, Frank
Hamann, Andreas
Hamm, Peter
Hammer, Wolfgang
Handke, Peter
Handt, Ute
Hanisch, Günter
Hannover, Heinrich
Hano, Horst

Hansen, Karl-Heinz
Hansen, Uwe
Haper, Klaus
Harig, Ludwig
Harlan, Thomas Christoph
Harries, H.C.
Hart, Otto W.
Hassauer, Friedel
Haufs, Rolf
Haug, Wolfgang Fritz
Hauser, René
Hausner, Rolf
Hausner, Rudolf
Havemann, Robert
Hazel, Hazel E.
Heck, Jürgen
Heckmann, Hermann
Heckmann, Wolf
Heeg, Peter
Heidemann, Gerd
Heiland, Odo
Heim, Volker
Heimbrecht, Hans-Jörg
Heine, Heinrich
Heine, Peter
Heine, Werner
Heinemann, Gustav
Heintz, Georg
Heintze, Friedrich
Heine, Gerd
Heise, Hans-Jürgen
Heißenbüttel, Helmut
Henning, Rolf
Hentschel, Dirk
Henze, Ludwig
Herbst, Peter
Herburger, Günter
Hergenröder, Udo
Hermlin, Stephan
Herms, Uwe
Hernández, Miguel
Herterich
Herzog, G.H.
Herzog, Marianne
Heuer, Rolv
Hielscher, Altmu
Hiepe,, Richard
Hikmet, Nazim
Hilbert, Paul
Hildebrand, Werner
Hiller, Kurt
Hindemith, Joachim
Hingst, Hans
Hinz, Karl Michael
Hipp, Rüdiger
Hirsch, Kurt
Hirschauer, Gerd
Hochhuth, Rolf
Ho Chi Minh
Hoddis, Jakob van
Hoehl, Egbert
Hofmann, Alexander von
Hofmann, Florentine
Hofmann, Hilmar
Hofmann, Werner
Hofstätter
Holda, Edward
Hollander, Walter von

Hollo, Anselm
Hollstein, Walter
Holt, Bert
Holtkamp, Jürgen
Holz, Arno
Holz, Hans Heinz
Holz, Peter
Holzer, Horst
Homann, Peter
Horkheimer, Max
Hotzel, Curt/Kurt
Houdart, Jean
Houw, Kwee Hin
Hrdlicka, Alfred
Huber, Wolfgang
Huchel, Peter
Hübotter, Klaus
Hülsmann, Dieter
Huffschmid, Jörg
Hughes, Langston
Huies, William B.
Hunold, Günther
Hutten, Ulrich von
Hutzmann, Franz

Ilf, I.
Inwand, Hans
Italiaander, Rolf
Ivanij, Ivan

Jacob, Alfred
Jaeger, H.
Jäggi, Max
Jaeggi, Urs
Jänicke, Gisbert
Jahn, Gerhard
Jahnn, Hans Henny
Janis, Irving L.
Jankowski, Jerzy
Jens, Walter
Jensen, Stefan
Jewtuschenko, Jewgenij
Jipps, Fichard
Joachim, Dorothee
Jochimsen, Luc
Joesten, Joachim
Johnson, Paul
Joho, Wolfgang
Jung, Franz
Jungblut, Christian
Jungk, Robert

Kabel, Rainer
Kaffsack, Hans-Jochen
Kahl, Reinhard
Kahlau, Heinz
Kahler, Fritz
Kahn, Helmut W.
Kaiser, Joachim
Kaiser, Rolf Ulrich
Kalbfuß, Heinrich
Kaneck, J.
Kant, Hermann
Kantorowicz, Alfred
Kappstein, Stefan
Kapteina, Felicitas
Kardoff, Ursula von
Karol, K.S.

Karsunke, Yaak
Kasiske, Rolf
Kaufmann, Raimund
Kaul, Friedrich Karl
Kefer, Conrad[811]
Keilhau, Carl
Kennedy, Robert
Kerker, Armin
Kesten, Hermann
Khebaili, Moussa
Kidel, Boris
Kienast, Gerald
Kilian, Hans
Kiljman, Claude
King, James
King, Martin Luther
Kirchhoff, Annegret
Kirchknopf, Geza
Kirsch, Rainer
Kirsch, Sarah
Kisker, Peter
Kittner, Dietrich
Klar, Michael
Klatt, Rosa
Klaus, Helga
Klee, Ernst
Klein, Michael
Klein, Zyphius
Kleinschmidt, Wolfdieter
Kleinstück, Johannes
Kließ, Werner
Klinger, Pawel
Klokocka, Vladimir
Klowski, Jean
Kluge, Alexander
Knaut, Horst
Knapp, Udo
Knilli, Friedrich
Knoppe, Wolf-Diethard
Kobra, Kurt
Koch, Gerda
Kochnitzki, Johanna
Kockott, Götz
Kofler, Leo
Köhler, Otto
König, Heinrich
König, Marianne
Körner, Wolfgang
Kogon, Eugen
Kohut, Oskar
Kolle, Oswald
Kommerell, Gerd
Koniecki, Dieter
Kopkind, Andrew
Kopp, Heinz
Korff, August Hermann
Kosinski, Jerzy
Koszutski, Kizimierz
Kotulla, Thomas
Kovacevic, Richard
Kraemer, Dieter
Krakauer, Siegfried
Kramer, David
Krause, Joseph P.
Krause, Ulrich
Krauss, Werner

811 Pseudonym von Werner Riegel.

Krechel, Ursula
Kressmann, Willy
Kreuder, Ernst
Krey, Michael
Krings, Anita
Krippen, Peter
Kroetz, Franz Xaver
Kubin, Alfred
Kuby, Erich
Kühn, Heinz
Küspert, Ulla
Kuhldrodt, Dietrich
Kuhnke, Klaus
Kunert, Günter
Kuntz, Karl-Michael
Kurbjuhn, Martin
Kusche, Lothar
Kwapisz, Jerzy

Lackschéwitz, Klaus
Lafaurie, Serge
Lamb, Hans
Landefeld, Hermann
Landers, Frederik G.
Landfinger, Thomas
Lang, Wilhelm
Lange, Hartmut
Langhans, Rainer
Lasa, Rolf
Lauer, Gerd
Lauschke, Gerd
Leante, Cesar
Lebe, Markus
Lebel, Jean Jacques
Lec, Stanislaw Jerzy
Lechner, Hansgeorg
Ledig, Gerd
Ledig-Rowohlt, Heinrich Maria
Legio, René
Lehmann, Han(ne)s-Peter
Lehmann, Lutz
Leigh, Michael
Lemoine, Jacques
Lenz, Reimar
Leo, Walter
Leonhard, George B.
Leschnitzer, Adolf
Lettau, Reinhard
Lichtenstein, Alfred
Lieb, Wolfgang
Lindau, Rudolf
Lindlau, Dagobert
Linke, B.W.
Lipinska, Suzanna
Lipinski, Eryk
Lippe-Gaus, Harro
Lippmann, Walter
Lipsius-Eckstein, Wendla
Lissagaray, Prosper
Löffler, Henner
Loew, Rainer
Loland, Dörte
Lorenz, Günter W.
Ludwig, Leo
Lübben, Harald
Lützenkirchen, Willy

812 Pseudonym Klaus Rainer Röhls.

813 Pseudonym Peter Rühmkorfs.

Miller, Henry
Millet, Kate
Mills, Wright C.
Mitscherlich(-Seifert), Monika
Mittelstrass, John S.
Mochalski/y, Herbert
Modemann, Richard
Moeller, Michael Lukas
Möller, Walter
Moers,Hermann
Mohn, Susanne
Montand, Ives
Moore, Robert
Moore, Robin
Morgner, Irmtraud
Moss, Ernest L.
Mphahlele, Ezekiel
Mrozek, Slawomir
Müller, Albrecht
Müller, Gero
Müller-Jentsch, Walter
Müller-Plantenberg, Urs
Mulélé, Pierre
Mummert, Ingo
Muschg, Walter
Myrdal, jan

Naether, Claus Michael
Ndola, K.
Nedelmann, Carl
Negt, Oskar
Nehru, Jawaharlal Pandit
Neruda, Pablo
Nestmann, Peter
Nettelbeck, Uwe
Neuhauser, Peter
Neumann, Gilbert
Neumann, Heinz
Neumann, Joachim
Neumann, Kurt
Neumann, Nikolaus
Neumann, Robert
Neuss, Wolfgang
Neusüß, Arnhelm
Niekisch, Ernst
Niemöller, Martin D.
Nierhaus [Vorname unbekannt]
Nik, Peter
Nirumand, Bahman
N'Krumah, Kwamé
Nohara, Eric
Noir, Pierre
Noll, Alfred
Noll, Dieter
Nossack, Hans Erich
Nowak, Tadeusz
Nuez
Nussbaum, Heinrich von

Oberländer, Harry
Odinga, Musah
Oehrens, Holger
Oestermann, Axel-R.
Okopenko, Andreas
Omm, Peter
Opitz, Reinhard
Ormond, Henry
Ost, Peter

Reichelt, Hans-Peter
Reichert, Carl-Ludwig
Reinfrank, Arno
Reinsch, Dieter
Reisner, Stefan
Remmler, Renate
Reschke, Torsten
Revermann, Klaus H.
Richmond, Claude
Richter, Hans Werner
Ridder, Helmug
Rieck, Horst
Riedemann, Werner
Riegel, Werner
Riemeck, Renate
Ripkens, Martin
Ristock, Harry
Risz, Herbert
Ritter, Roman
Rivera, Diego
Robert, Peter w.
Robert, Max
Robertson, Julian
Röhl, K/Claus-Rainer
Röhl, Wolfgang
Römer, Tillmann
Roos, Peter
Rosenfeld, Oreste
Rot, Michael
Rotcage, Lionel
Rotfelder, Kurt
Rowohlt, Harry
Roth, Hans-Werner
Roth, Jürgen
Roth, Karl Heinz
Roth, Wolfgang
Rothe, Friedrich
Rothe, Joachim
Rouleau, Eric
Rudy, Eugen
Rühmkorf, Peter
Rulfo, Juan
Rumpolt, Jesaias
Runge, Erika
Russel, Bertrand

Sachs, E.S.
Sack, John
Sadournin, Sandrine
Sagan, Francoise
Salisbury, Harrison E.
Salvatore, Gaston
Salzbrunn, Christian
Sander, Helke
Sartre, Jean Paul
Schäfer, Amadeus
Schäfer, Georg
Schaefer, Hans
Schamberger, Klaus
Schaumann, Margarete
Schedler, Melchior
Scheuch, Manfred
Scheunemann, Rainer
Schickel, Joachim
Schilling, Wilfried
Schleifstein, Josef
Schlichting, Manfred
Schloff, Sebastian

Schmidmaier, Werner
Schmidt, Arno
Schmidt, Gotthard
Schmidt, Gunter
Schmidt, Uwe
Schmitz, Gerhard
Schmitz, Jupp
Schnabel, Ilka
Schneider, Detlev/f
Schneider, Michael
Schneider, Peter
Schneider, Rolf
Schnurre, Wolfdietrich
Schober, Siegfried
Schöfberger, Rudolf
Schöfer, Erasmus
Schönfeld, Gerti
Schönfelder, Edgar
Schönherr, Dietmar
Schollwer, Wolfgang
Schonauer, Franz
Schoop, Raimond
Schreiber, Rupert
Schrimpf, Hans
Schröter, Klaus
Schröter, Martin
Schubert, Rainer
Schümann, Kurt
Schütt, Peter
Schütte, Wolfram
Schütze, Bernd
Schulte, Gerd
Schultz, Rudolf
Schultz, Uwe
Schulze, Hartmut
Schumacher, Ernst
Schwarzer, Alice
Schwarzkopf, Ekkehard
Schwarzschild. Leopold
Schwenger, Hannes
Schygulla, Hanna
Schwerin, Manfred
Scipion, Robert
Sculczynski, Leon
Seale, Bobby
Sebestyén, György
Seeliger, Rolf
Seghers, Anna
Seifert, Jürgen
Seifert, Monika
Selby, Hubert
Selz, Jean
Semmer, Gerd
Semmler, Christian
Servan-Schreiber, Jean-Jacques.
Seßlinger, Rolf
Seyppel, Joachim
Shan, Ben
Sibton, Guy
Siebeck, Wolfram
Siegert, Stefan
Siepmann, Eckhard
Sigel, Kurt
Sikorra, Horst
Sillitoe, Allan
Siné
Sjöman, Vilgot
Sliwiak, Tadeusz

Snyder, Gary
Soares, Mario
Sommer, Siegfried
Sonntag, Cornelia
Sontag, Susan
Sorel, Boris
Spall, Peter van
Spandau, Ernst
Spargel, Karl
Sperr, Monika
Spille, Rolf
Spitzer, John
Spitzweg, Ferdinand
Spivack, Robert G.
Spoo, Eckart
Springer, Michael
Stahmer, Gerd C.
Starakis, Jean
Stavis, Ger
Steffen, Jochen
Steffens, Klaus
Steiger, Dominik
Stein, Ul(l)i
Steinarr, S.
Stempel, Hans
Stenberg, Brigitta
Stern, Hans
Stevenson, Robert Louis
Stiller, Klaus
Stöhr, Martin
Stössel, Jürgen P.
Strachan, Harold
Strack, Helmut
Straeten, Joachim
Straubert, Dieter
Strecker, Reinhard
Strittmatter, Erwin
Strohmeyer, Klaus
Sturm, Dieter
Süverkrüp, Dieter
Suyin, Han
Sweezy, Paul. M.
Swierzy, Waldemar

Tata, Eric
Teufel, Fritz
Thiel, R.E.
Thönnessen, Werner
Thoma, P.
Thome, Rudolf
Thomsen, Winfried
Thoursie, Ragnar
Thresen, Hans
Tietze, Eva[814]
Todd, Olivier
Tödther, Fred
Tönnissen Ann
Törne, Volker von
Tomayer, Horst
Torrès, Henri
Touré, Sekou
Toyo, Eskor
Traxler, Egon
Trefflinger, Charles
Treppeg, Jürgen

814 Nach ihrer Heirat im Jahr 1964 hieß und schrieb Tietze unter dem Namen Eva Rühmkorf.

Trettin, Achim
Troll, Thaddäus
Trollms, Wolff
Trumbo, Dalton
Turnbull, Gael

Uexküell, Gösta von
Uhlemann, Thomas
Uhu, Ulrike
Unger, Tomi
Unruh, Fritz von
Urbina Ortiz, Ivan
Urhammer, Christian

Valera, Fernando
Valin, Claude
Vennberg, Karl
Venohr, Wolfgang
Vesper, Guntram
Vet, Anton van der
Vicky
Viet, Hong
Vilar, Esther
Vilmar, Fritz
Vogel, Wolfgang
Vogt, Hans-Peter
Volta, Kurt
Vring, Thomas von der

Wächter, F.K.
Waldmann, Werner
Walenczyk, jerzy
Wallraff, Günter
Walser, Martin
Wambach, Peter
Wand, Kurt
Wandrey, Uwe
Warnenska, Monika
Weber, A. Paul
Weerth, Georg
Wehrhart, Otto
Weidenheim, Johannes
Weidl, Erhard
Weil, Henk
Weischenberg, Siegfried
Weisenborn, Günther
Weisgärber, Karl
Weiss, Peter
Weißenborn, Theodor
Weizsäcker, Carl Friedrich von
Wekwerth, Manfred
Wellmann, H.H.
Wells, Patricia
Wenzig, Herbert
We(h)rhart, Otto
Werner, Frank
Werner, Gerd P.
Werner, Harald
Werner, Wolfgang
Werres, Johannes
Werth, Jürgen
Wesche, E.A.
Wesel, Uwe
Wesker, Arnold
Westhoff, H.D.
Wetz, Jean
Weyland, Uli
Weyrauch, Wolfgang

Wichmann, Manfred
Wiegand, Ilse
Wiegenstein, Roland H.
Wienbarg, Ludolf
Wiens, Pual
Wildenhahn, Klaus
Wilke (Dramaturg)
Williams, Emlyn
Wilson, Angus
Wilson, Harold
Wingert, Erdmann
Winkelmann, Rolf
Winkler, Marion
Winter, Claus
Winters, Gero
Witzleben, Uta von
Wolf, Christa
Wolf, Ernst
Wolf, Peter
Wolff, Karl-Dietrich
Wolff, Reinhard
Wollschläger, Hans
Wolmar, Tjalf
Wondratschek, Wolf
Wulff, Erich
Wygodzki, Stanislwa
Wyrwoll, Regina

Ylipe

Zacharias, Gerhard
Zaller, Bernd
Zamory, Eberhard
Zenkel, Gerhard
Zenker, Helmut
Zepp, Monika
Zerdick, Axel
Ziegenbalg, Lutz
Ziem, jochen
Ziesel, Kurt
Zie Tzaro
Zihlmann, Max
Zille, Heinrich
Zilliacus, Konni
Zimmermann, Hans Dieter
Zischka, Anton
Zoll, Rainer
Zurbuch, Werner
Zweig, Arnold
Zwerenz, Gerhard

Zeitfracht Medien GmbH
Ferdinand-Jühlke-Straße 7
99095 Erfurt, Deutschland
produktsicherheit@kolibri360.de